सपनों का सारथी
(Visualise Your Success)

सपनों का सारथी

(Visualise Your Success)

डॉ. अनिरुद्ध रावत • आनंद चौबे

प्रकाशक
प्रभात प्रकाशन प्रा. लि.
4/19 आसफ अली रोड, नई दिल्ली–110002
फोन : 011–23289777 • हेल्पलाइन नं. : 7827007777
इ–मेल : prabhatbooks@gmail.com ❖ वेब ठिकाना : www.prabhatbooks.com

संस्करण
2025

पेपरबैक मूल्य
तीन सौ पचास रुपए

मुद्रक
आर–टेक ऑफसेट प्रिंटर्स, दिल्ली

———— ★ ————

SAPANON KA SARATHI
by Dr. Aniruddha Rawat • Shri Anand Choubey

Published by **PRABHAT PRAKASHAN PVT. LTD.**
4/19 Asaf Ali Road, New Delhi-110002

ISBN 978-93-90372-31-7

₹ 350.00 (PB)

समर्पित

उन सभी को, जो इससे
प्रेरणा ले सकें...

अभिमत

अभावों, रिक्तियों व वंचनाओं की ओट में निरुपायता से अतिक्रमित हो जाना बहुसंख्यक मनुष्यों की सहज जीवन-शैली होती है। ये सभी अकर्मण्यता की पुष्टि के लिए कारगर कुतर्क होते हैं। इस स्थिति के विपरीत यह भी संभव हो सकता है कि इन्हीं से वह प्रेरक-शक्ति हासिल की जाए, जो इनका प्रतिकार कर सके। व्यापक जीवन-प्रवाह में यथास्थिति के स्वीकार भाव से ग्रस्त मनुष्यों से यह उम्मीद करना बेमानी है। इस भाव के विरुद्ध स्वत:स्फूर्त चेतना जब तक क्रियाशील नहीं रहती, तब तक किसी कल्पित उन्मेष की संभवता चरितार्थ नहीं हो सकती। मनुष्य के स्वभाव में वह जिजीविषा सन्निहित होती है कि उसके समक्ष कठिनतम चुनौतियाँ भी जल के बुलबुलों की भाँति क्षणिक होती हैं।

यह कृति एक ऐसे ही साधारण मानव के स्वत:स्फूर्त बोध का साक्षात्कार कराती है। बाल्यकाल से ही प्रचलित ढर्रे से विलग जीवट सोच को साकार करता एक व्यक्तित्व अपनी भिन्न दृष्टि को इस तरह से विन्यस्त करता है कि जीवन-राह की सारी प्रतिकूलताएँ उसके समक्ष बौनी नजर आती हैं। जिस वय में अदम्य इच्छाशक्ति, साहस और पराक्रम की कल्पना भी दुष्कर लगती है; ऐसे में एक शख्स उसे निरंतर मूर्त करता है। उसके दृढ़ संकल्प ही उसे विशिष्ट पहचान देने लगते हैं। ईमानदारी, समर्पण, दूसरों की परवाह की नैतिक अभिलाषा बाल्यावस्था व किशोरावस्था के ऐसे अपराजेय अस्त्र हैं, जिनसे किसी भी मनुष्य के श्रेष्ठ व लोकप्रिय होने का अनुमान लगाया जा सकता है।

यह कृति आत्मविश्वास, कर्तव्यनिष्ठा के कठिन प्रसंगों को सहज ही व्यक्त करती है। इसके नायक की कल्पनाशक्ति के प्रति गहरी आस्था इस कहानी का मूल आधार है। संपूर्ण कथा नायक के 'पावर ऑफ विजुअलाइजेशन' के इर्द-गिर्द ही घूमती है। जीवन में बताई गई राह के अनुरूप क्रियान्वयन के अलावा एक निजी

दृष्टि और मौलिक कलात्मक आकांक्षा भी क्रियाशील हो सकती है, इसे भी हम सघनता से इस कृति में पाते हैं।

'सपनों का सारथी' पढ़कर पाठकों को निश्चय ही प्रतिकूलता के सम्मुख जीवटता और जीने की कला का आनंद अनुभव होगा तथा चरित्र नायक का जीवन उन्हें एक रहस्य की तरह जानने की उत्कंठा से तो भरेगा ही, साथ ही स्वयं में सन्निहित सामर्थ्य के प्राकट्य में भी सहायक होगा।

यह पुस्तक सुधि पाठकों के मर्म को स्पर्श करके अपनी उपादेयता को पूर्ण कर लेगी। इस चरित्र-लेखन के लेखक-द्वय को बधाई एवं साधुवाद।

—प्रो. मुकेश पांडेय

कुलपति

बुंदेलखंड विश्वविद्यालय,

झाँसी (उ.प्र.)

भूमिका

जैसे किसी व्यक्ति के जीवन-चरित्र व घटनाक्रम को लिपिबद्ध करना कठिन है, वैसे ही किसी कथा का लिखना। जीवन के इतने विविध आयाम हैं कि उन्हें एक स्थान पर समेटना लगभग असंभव सा प्रतीत होता है। अनुभवों व सफल व्यक्तियों की आत्मकथाओं से एक बात तो स्पष्ट हो चुकी है कि जिन लोगों ने उल्लेखनीय सफलताएँ अर्जित की हैं, वे कठोर परिश्रमी होने के साथ-साथ सकारात्मक सोच के भी धनी रहे हैं। उन्होंने जो पाया, वह कल्पना, सकारात्मकता व निरंतर श्रमसाध्य की परिणति मान सकते हैं।

इस पुस्तक में ऐसी ही एक कहानी पढ़ने को मिलेगी, जो परिकल्पना से परिणति तक के तमाम पड़ावों को बयान करेगी। यह कहानी एक संदेश देती है कि सफलता के मार्ग की अड़चनें इतनी ताकतवर नहीं, जो किसी के जीवन-संघर्ष को विफल कर सकें। बचपन में अभावों के दंश युवा अवस्था के संघर्ष को विषाक्त नहीं कर सकते। देश का उद्धार विलासिता व सुखभोग से नहीं, बल्कि त्याग, हौसला व दृढ़ संकल्प से ही हो सकता है।

सफलता पाने के लिए ऐसी उपलब्धियों की आवश्यकता होती है, जिनको पाना हर किसी व्यक्ति के वश की बात नहीं। इसके लिए अटल संकल्प, एकाग्रता व लक्ष्य-प्राप्ति की तीव्र ललक होनी चाहिए। ये उपलब्धियाँ किसी एक या दो कार्यों का प्रतिफल नहीं होतीं, बल्कि जीवन-काल के दौरान सिद्ध किए गए संयम, त्याग व इच्छाशक्ति का परिणाम होती हैं। सफलता की मंजिल का रास्ता काँटों व दृश्य-अदृश्य आपदाओं से भरा रहता है, जिनको जीतने में अधिकांश लोग हताश व साधन-विहीन होकर अपने साध्य को त्यागकर अपने भाग्य को दोष देते रहते हैं। वे मनुष्य, जो इन काँटों को श्रम-साधना से मजबूत बनाए गए पैरों से कुचलकर उन्हें मार्ग की बाधा नहीं बनने देते, अपने साध्य तक पहुँच जाते हैं।

हौसले की पगडंडी पर मेहनत का नायक झंझावातों से टकराता हुआ अपने स्वप्नों को पंख प्रदान करता है। इन झंझावातों में वह एक कुशल सारथी की तरह अपने सपनों को उनकी पूर्णता तक पहुँचाता है। समय के क्रूर प्रहार उसके पंखों को गीला करने की कोशिश तो करते हैं, लेकिन लगातार उड़ने का अखंडित संकल्प समय के प्रहारों को बौना साबित कर देता है।

कहानी का मुख्य पात्र ऐसे ही संघर्षों व अभावों से जूझता एक ऐसा बालक है, जो साधन-विहीन होने के बाद भी नैराश्य की शरण नहीं लेता, बल्कि अँधेरे में भी राह खोजने की कोशिश में लगा रहता है। वह मार्ग के अँधेरे को नहीं कोसता, सूर्य के उजाले का इंतजार नहीं करता, बल्कि अपने लक्ष्य को पाने के लिए नन्हे जुगनुओं की रोशनी से ही अपने मार्ग को प्रशस्त करता हुआ अपने साध्य तक पहुँचता है। अंधकार, अभाव, नैराश्य व एकाकीपन उसके लिए व्यवधान नहीं बनते, बल्कि उसके लक्ष्य-प्राप्ति में सहायक हो जाते हैं।

इस कहानी का पात्र अलौकिक कल्पनाशक्ति का एक अद्‌भुत प्रतिमान है। बाल्यावस्था में उसके द्वारा देखे गए स्वप्न उसे नित्य आगे बढ़ने की ऊर्जा प्रदान करते हैं। वह अपने सपनों का सारथी बनकर उन्हें धरातल पर उकेरता है और अंततोगत्वा अपने अटल संकल्पों का अवलंब लेकर दुर्गम स्थानों तक अपनी उपस्थिति दर्ज कराता है।

कहानी का मुख्य पात्र बिहार के एक सुदूर गाँव में रहनेवाला बालक है, जिसके पिता की कृषि से प्राप्त आय इतनी अल्प होती है कि वे अपने बेटे को किसी अच्छे स्कूल में दाखिला भी नहीं दिला सकते। वह बालक अपनी 'पावर ऑफ विजुअलाइजेशन' से अपने सपनों को साकार करता है और दुनिया की सबसे अधिक वेतन वाली जॉब प्राप्त कर लेता है। वह अपनी शिक्षा गाँव की पाठशाला से प्रारंभ करता है। अंग्रेजी माध्यम विद्यालय में दाखिला लेने का उसका स्वप्न एक उत्प्रेरक की तरह उसके हौसलों को पंख प्रदान करता है, जिसके परिणामस्वरूप वह विषम परिस्थितियों के चलते भी इंजीनियरिंग की सर्वोच्च परीक्षा को पास करने में प्रथम प्रयास में ही सफल हो जाता है। पुन: उसके बाल्यकाल के स्वप्न उसे अपनी राह बदलने को प्रेरित करते हैं और वह विशाल महासागरों को अपने हौसले का प्रमाण देता हुआ जहाज पर नौकरी करता है तथा डॉलर में वेतन प्राप्त करता है।

देश-प्रेम, समाज-सेवा, उसके माता-पिता द्वारा सही गई कठिनाइयाँ व गाँवों में व्याप्त कुरीतियाँ उसे बेचैन करती हैं और वह इनका समाधान देने के लिए वैभव-

संपन्न नौकरी को छोड़ने का मन बना लेता है। वह देश की प्रतिष्ठित व श्रेष्ठ मानी जानेवाली कठिन परीक्षा को अपनी लगन व एकाग्रता से उत्तीर्ण कर अपने स्वप्न को साकार करता है।

लेकिन अभी उसके हौसले की उड़ान का अंत नहीं होता। बचपन में शारीरिक रूप से कमजोर, दुबला-पतला, बीमार वह कुपोषित बालक आगे चलकर शरीर सौष्ठव की साधना कर कराटे में महारथ हासिल करता है और पृथ्वी के सर्वोच्च शिखर माउंट एवरेस्ट पर दो बार चढ़ाई कर विश्व को अपने साहस से परिचित कराता है। कहानी का मुख्य पात्र विषमताओं के मध्य अपने लक्ष्य को सर्वोच्चता प्रदान करता हुआ श्रमसाधना के महामंत्र को आत्मसात् करता हुआ अपनी हिमालयी कल्पना को यथार्थ में परिणीत करने की चेष्टा करता है।

यह कहानी इसी अद्‍भुत व प्रतिभासंपन्न बालक के 'पावर ऑफ विजुअलाइजेशन' को बयाँ करते हुए उसके संघर्षों की एक शृंखला प्रस्तुत करती है, जो पाठकों को सकारात्मक चिंतन से जोड़ती हुई अपने लक्ष्य-प्राप्ति के मार्ग पर ले जाएगी एवं उनकी अबूझ उलझनों को रास्ता दिखलाएगी।

इस पुस्तक के लेखन में उन सभी ने अपने-अपने अनुभव साझा किए हैं, जिन्होंने बगिया के इस कल्पवृक्ष को फलते-फूलते एवं सँवरते-निखरते देखा है तथा वृक्ष के फलीभूत होने में अपना आत्मिक योगदान दिया है। यह कथा-शृंखला एक पीढ़ी से दूसरी पीढ़ी में संघर्ष से सफलता के उदाहरण को प्रतिस्थापित करने में सहायक है।

प्रत्येक को इस पुस्तक से इसलिए गुजरना चाहिए, ताकि उसे न केवल एवरेस्ट जैसी बुलंदियों पर पहुँचने के गुर सीखने को मिल सके, अपितु यह बोध भी हो सके कि स्कूल के दिनों में पढ़ाई के लिए कम संसाधन होने के बावजूद कोई जुझारू इनसान किस तरह एक श्रेष्ठ स्थान तक पहुँचने का स्वप्न देख सकता है।

यह पुस्तक संघर्ष, जुझारूपन व चलते रहने की प्रवृत्ति का प्रेरक व्याख्यान है। यह पुस्तक मरुस्थल में खड़े एक नन्हे पौधे द्वारा स्वयं को विस्तार देने की अमरगाथा है। यह गाथा अगली पीढ़ी को जीने की कला के अतिरिक्त चुनौतियों से सामना कर मार्ग बनाने की एवं अभावों में डूबे जनमानस को निष्पक्ष संबल प्रदान करने की प्रेरणा देती है।

यह कथा आपकी चेतना को कर्मयोग के दैवीय चिंतन से जोड़ती हुई उत्तम की प्राप्ति के मार्ग पर ले जाएगी एवं आपके अंदर की अबूझ उलझनों को रास्ता

दिखलाएगी। नायक के भगीरथी प्रयासों से आपको लगेगा कि उसके प्रयासों के सामने सागर भी छोटा है और विपत्तियाँ भी उससे मैत्री करने को विवश हैं।

हम इस पुस्तक के पाठकों के माध्यम से कथा के मुख्य पात्र को धन्यवाद कहना चाहते हैं कि उन्होंने अपने जीवन-संघर्ष के बेहतरीन पन्नों को हमारे सामने खोला व लोगों के कठिन व अवसादपूर्ण जीवन में सकारात्मकता का रसायन घोलकर उन्हें अपना लक्ष्य प्राप्त करने के लिए प्रेरित किया; वरना इस दुनिया में बहुत से ऐसे शानदार रहस्य हैं, जो हमारी आँखों से ओझल होते हुए हमेशा अछूते व अनजान रहते हुए खत्म हो जाते हैं।

इस पुस्तक के लेखन की परिकल्पना मुख्य पात्र के माता-पिता, परिवार, सगे-संबंधी, मित्र, गाँव, स्कूल/कॉलेज एवं पूर्व की सेवाओं के सहकर्मी, ग्रामीणों व अध्यापकों के सहयोग के बिना संभव न होती, जिन्होंने अपनी स्मृतियों के झरोखे से पाठकों को मुख्य पात्र के जीवन-संघर्ष के दर्शन कराए। यदि उन्होंने अपने संस्मरण साझा न किए होते तो इस पुस्तक का लेखन असंभव था। धीरज सिंह चौहान के नाम का उल्लेख किए बिना आभार का यह क्रम अधूरा रहेगा, जिन्होंने इस पुस्तक के संयोजन में महत्त्वपूर्ण योगदान दिया।

—डॉ. अनिरुद्ध रावत

—आनंद चौबे

(1)

आधा आषाढ़ बीत चुका था। रिमझिम फुहारों ने तपी हुई धरती को कुछ राहत दी तो खुशी के प्रतीक के रूप में बाग-बगीचों व पहाड़ियों को भी धरती ने हरा-भरा कर दिया। दिन में दम निकालने वाली उमस व रात में शीतल खुशनुमा माहौल मन को एक अजीब सी राहत देता था। पीपल के पत्तों पर जब वर्षा की बूँदें गिरतीं तो ऐसा लगता, मानो पीपल का वृक्ष एक अल्हड़ बालक की तरह तालियाँ बजाकर बारिश का आनंद ले रहा हो। पत्तों की यह करतलध्वनि कानों को मंत्रमुग्ध कर रही थी।

रात के लगभग 2 बजे थे, तभी अचानक बच्ची के रोने की आवाज ने दीक्षा को मीठी नींद से जगा दिया। गहरी नींद से जागना बहुत दुःखदायी व मन को खिन्न करनेवाला होता है, किंतु एक माँ के लिए रोते हुए बच्चे को दुलार करने के सामने कोई भी आराम व सुख की कल्पना करना बेमानी लगता है। बच्ची के रोने से दीक्षा की आँखें ऐसे खुल गईं, जैसे वह सोई ही न हो। उठकर बच्ची को देखा, गोद में उठाया और ममता के वशीभूत होकर छाती से चिपका लिया। कमरे की बत्ती जलाई, बच्ची की पीठ को थपथपाते हुए कमरे में ही चहलकदमी करने लगी।

शायद किसी डरावने सपने ने उसे उठा दिया था।

दीक्षा ने तुरंत ही बच्ची को गोद में उठाया और सीने से चिपकाकर उसे सुलाने के लिए एक लोरी गाने लगी।

करीब बीस मिनट बाद बच्ची को बिस्तर पर लिटाकर दीक्षा ने फिर से सोने की कोशिश की, किंतु अब आँखों में नींद कहाँ! नींद तो मानो बीच में टूटकर, बुरा मानकर दूर चली गई थी।

ढाई बज गए थे। सुबह 5 बजे जागना हमेशा से ही दीक्षा की दिनचर्या का अभिन्न हिस्सा रहा था। जब उसे पूर्ण यकीन हो गया कि अब नींद नहीं आएगी तो

बेड के बगल में रखी हुई पुस्तकों में से अमृतलाल नागर का 'नाच्यौ बहुत गोपाल' उपन्यास उठाकर पढ़ने लगी।

रविंद्र देर रात किसी दौरे से लौटे थे और कुछ लिखते-लिखते ड्राइंगरूम में ही सो गए थे। अगली सुबह उन्हें झाँसी जिले की एक तहसील मऊरानीपुर के दौरे पर निकलना था, इसलिए दीक्षा ने उन्हें जगाना उचित नहीं समझा; और पुस्तक पढ़ते-पढ़ते कब नींद आई, उसे पता ही न चला। सुबह जब वह जागी तो देखा कि रविंद्र ने नहा-धोकर पूजा कर ली थी और किचन में उसके लिए चाय बना रहे थे। रात में बच्ची के रोने की आवाज रविंद्र ने भी सुनी थी। उन्हें पता था कि दीक्षा की लगभग आधी रात तो बच्ची को सुलाने में ही बीत गई थी। उसकी नींद पूरी न हुई होगी। अतः दीक्षा को जगाना रविंद्र ने उचित नहीं समझा। यों तो रविंद्र के सरकारी बँगले में अनेक नौकर-चाकर भी थे, किंतु सुबह का चाय-नाश्ता दीक्षा अपने हाथों से ही तैयार करती थी। दीक्षा के इस कार्य को आज रविंद्र ने करने का मन बना लिया था।

आज उठने में देर हो जाने पर जब दीक्षा ने रविंद्र को स्वयं चाय बनाते हुए पाया तो उसे दुःख तो हुआ, किंतु अगले ही पल उसका मन-मयूर गर्व से नर्तन करने लगा। वह अपने भाग्य की मन-ही-मन सराहना करने लगी। विरली नारियों को ही ऐसे सुखद आनंद की अनुभूति होती होगी।

आज संपूर्ण जिले का अधिकारी उसके लिए चाय बना रहा था।

उसने ऐसे उदार एवं सरल व्यक्तियों के बारे में या तो पुस्तकों में या फिर फिल्मों में ही सुना था।

पुरुष-प्रधान समाज में ऐसे उदाहरण बहुत कम देखने को मिलते हैं। उसने अपने जीवन में भी ऐसे विरले ही लोगों के बारे में सुन रखा था, किंतु आज वह ऐसे व्यक्ति को अपने पति के रूप में प्रत्यक्ष देख रही थी। रविंद्र को ऐसा करता देख एक पल को तो दीक्षा अवाक् सी खड़ी रह गई, किंतु फिर तुरंत ही तेजी से दौड़ते हुए वह किचन की ओर लपकी।

"अरे-अरे, यह क्या कर रहे हैं आप? लाइए, ये सब मुझे दीजिए, मैं चाय बना देती हूँ। आपने क्यों तकलीफ की? मुझे जगा दिया होता! आप जाकर तैयार होइए। आपको आज जल्दी जाना है न!" दीक्षा ने मानो शिकायत भरे अंदाज में नेत्रों में प्रेम भरकर रविंद्र से आग्रह किया।

रविंद्र ने थोड़ी सी मुसकान के साथ दीक्षा को बड़े प्रेम से देखा और एक चुटकी

ली—"क्यों, मेरे हाथ की चाय अच्छी नहीं बनती क्या? आप तो रोज ही चाय-नाश्ता बनाती हो, आज मुझे ही यह काम करने दो। मैं भी अच्छी चाय बनाता हूँ, मैडम।"

"जब आप चाय पीते ही नहीं तो फिर आपको क्या पता कि अच्छी चाय होती कैसी है?" दीक्षा ने भी मजाक करते हुए कहा।

"जिनका विवाह नहीं होता तो क्या वे बारातों में भी नहीं जाते?" रविंद्र ने मुसकुराते हुए दीक्षा की बात का प्रत्युत्तर दिया।

"अरे, जिलाधिकारी होकर भी आप चाय बना रहे हैं! अच्छा लगता है क्या?"

प्रेम व सम्मान में पगी हुई भावनाओं के साथ ही दीक्षा ने रविंद्र को किचन से बाहर कर दिया तथा चाय का मग लेकर बाहर आई।

किचन से बाहर निकलते हुए रविंद्र ने दीक्षा की तरफ देखते हुए कहा, "आप इतनी जल्दी क्यों जाग गईं? बच्ची ने आपको रात भर सोने नहीं दिया। आपकी नींद भी पूरी नहीं हुई होगी! थोड़ा आराम कर लेती।"

पति से इस सहानुभूति, प्रेम व सम्मान को पाकर दीक्षा भावुक हो गई। उसका गला रुँध गया, वह एक शब्द भी न बोल सकी। बस, सजल आँखों से ईश्वर को बार-बार धन्यवाद दे रही थी कि उसने उसे पति के रूप में एक देवता दे दिया था।

रविंद्र भी ऐसी सुलक्षणा व त्यागमयी पत्नी को पाकर प्रसन्न थे।

यह नवयुगल सामंजस्य, परस्पर त्याग व सम्मान का एक श्रेष्ठ प्रतिमान था, जो आत्मश्लाघा व पद की गरिमा से परे एक सामान्य युगल की तरह साधारण जीवन-यापन करने में विश्वास रखता था।

दीक्षा उत्तर प्रदेश के जनपद गाजियाबाद में भारतीय वन-सेवा में एक वरिष्ठ अफसर थी, किंतु आज किचन में एक साधारण गृहिणी की तरह चाय बनाते हुए देखकर कोई भी उसके पद व प्रतिष्ठा का अनुमान नहीं लगा सकता था।

दीक्षा केवल छह दिन की छुट्टी पर झाँसी आई थी। रविंद्र जनपद झाँसी में ही जिलाधिकारी के पद पर तैनात थे।

झाँसी उत्तर प्रदेश के बुंदेलखंड का एक छोटा सा जिला है। बुंदेलखंड अपने शौर्य, साहस, वीरता, संस्कृति व ललितकलाओं के लिए विश्वविख्यात है। रविंद्र भी साहस और वीरता का एक अनूठा उदाहरण थे। एक वीरपुरुष के द्वारा इस वीर भूमि का कुशल प्रबंधन निश्चय ही एक सुखद अनुभूति देनेवाला था।

आज जुलाई महीने की 4 तारीख थी और कल 5 तारीख को उनकी लाड़ली बिटिया का अन्नप्राशन संस्कार का उत्सव था। रुद्राणी नाम रखा था बेटी का। दीक्षा इस कार्यक्रम

को धूमधाम से मनाना चाहती थी। काम की अति व्यस्तता के चलते दोनों का ही एक साथ रह पाना बहुत कठिन हो जाता था। इसी कार्यक्रम के लिए ही तो दीक्षा झाँसी आई थी।

(2)

जरीदार टोपी से सुसज्जित अर्दली ने ड्राइंगरूम में अखबार पढ़ने में मशगूल रविंद्र को बड़ी अदब से झुककर अभिवादन करके कहा, "साहब, गाड़ी तैयार है।"

अर्दली की तरफ देखते हुए रविंद्र ने धीरे से 'हाँ' में सिर हिलाया, अखबार को मेज पर रखा और तेज आवाज में किसी काम में व्यस्त दीक्षा को अपने जाने की सूचना दी।

"मैं जा रहा हूँ, शाम को 5 बजे तक आना होगा।" कहकर रविंद्र बँगले के पोर्च में खड़ी हुई चमचमाती सफेद इनोवा की तरफ तेजी से बढ़े। सुरक्षा में तैनात पुलिस बल ने जमीन पर एड़ियाँ ठोककर गर्मजोशी से अपने साहब का अभिवादन किया। गाड़ी में बैठकर रविंद्र ने अधेड़ उम्र के ड्राइवर से धीरे से कहा, "चलिए, चाँदजी!"

ड्राइवर का नाम चाँद अली था। वह अधेड़ उम्र का था। इतने बड़े प्रशासनिक अधिकारी से स्वयं के लिए 'जी' शब्द सुनने की तो चाँद अली ने कभी कल्पना भी नहीं की थी। अभी तक जितने भी अधिकारी उसकी गाड़ी में बैठे, सभी ने अपने रुतबे के अनुरूप उसे अकड़कर ही आदेश दिया था, जिसका वह आदी हो गया था। किंतु इस अप्रत्याशित, सहज सम्मान को पाकर वह अधेड़ ड्राइवर भी अपने साहब के संस्कारों, सरलता व व्यक्तित्व का मुरीद हो गया था।

भावुकतावश कुछ भी न कह सका चाँद अली। उसने अपनी आँखों के गीले किनारों को हथेली से पोंछा, 'हाँ' में सिर हिलाया और एक्सीलरेटर पर अपने दाएँ पैर का दबाव बढ़ाता चला गया।

इनोवा हवा से बातें करते हुए आगे बढ़ने लगी। उसके पीछे सुरक्षाकर्मियों से भरी एक बोलेरो उसे एस्कार्ट कर रही थी।

रविंद्र यूँ तो जिलाधिकारी थे। इस पद को सरकार ने बहुत ताकत व रुतबा प्रदान किया है, किंतु रविंद्र में अपने आई.ए.एस. होने का कोई भी दंभ या अभिमान नहीं था। चेहरे पर सौम्यता, सरल मुसकान, वाणी में मृदुता तथा कार्यों में तीव्रता रविंद्र के व्यक्तित्व को कई गुना आकर्षक बनाती थी। अपने अधीनस्थों से भी वे बड़े सम्मान व मृदु वाणी में बात करते। जब उनका कोई अधीनस्थ अधिकारी उनके

दफ्तर के कक्ष में आकर वापस जाता तो बाहर निकलकर अपने साहब के सरल व्यवहार व प्रभावशाली व्यक्तित्व से प्रभावित होकर उनकी तारीफों के पुल बाँधता। कलेक्ट्रेट के कर्मचारियों में भी यही चर्चा होती—

"ऐसे सरल स्वभाव के अधिकारी मैंने तो अपने पूरे जीवन में नहीं देखे। कभी किसी को डाँटते-डपटते नहीं देखा उन्हें।" एक होमगार्ड का जवान दूसरे से कहता।

दूसरा जवान कुछ सोचते हुए 'हाँ' में सिर हिलाता, मानो पिछले सभी अधिकारियों के व्यवहार को याद कर रहा हो।

दीक्षा के लिए नौकरी करना और बच्ची की देखभाल भी, दोनों एक साथ करना कठिन तो था, किंतु पहाड़ों में जनमी दीक्षा का हृदय व साहस भी पर्वत के समान अडिग था। बड़ी मुश्किल से छह दिन की छुट्टी मिली थी, जिसे वह यूँ ही नहीं बिताना चाहती थी। उसकी योजना इन छुट्टियों को रविंद्र के साथ बिताने की थी, जिसका इंतजार वह पिछले दो महीने से कर रही थी।

दो महीने पहले रविंद्र किसी सरकारी काम से दिल्ली आया था, तब बगल के जिले गाजियाबाद आकर उन्होंने अपनी पत्नी दीक्षा से मुलाकात की थी। उसके पास रुकने का ज्यादा समय नहीं था। केवल छह घंटे का समय था रविंद्र के पास अपनी पत्नी व बच्ची से मिलने का। इन छह घंटों में रविंद्र, मानो अपनी बच्ची को छह महीने का दुलार देना चाह रहा था।

बच्ची को गोद से उतारने का मन ही नहीं कर रहा था रविंद्र का। बच्ची भी अपने पिता के स्नेहिल स्पर्श का आनंद ले रही थी तथा पता नहीं किस बात या आवाज पर अपने कोमल मसूढ़े दिखाकर हँस पड़ती थी। बच्ची की हँसी की एक झलक पाने के लिए रविंद्र बेचैन हो उठता था। अपनी बिटिया को पिता का संपूर्ण प्यार देने में रविंद्र मजबूर था और शायद यही कारण था कि बच्ची के साथ खेलते हुए रविंद्र भोजन करना भी भूल गया था। बच्ची के साथ एक बच्चे की तरह खेलते हुए देखकर नौकरानी सरोज, जो बहुत वाचाल थी और बच्ची की आया का काम भी करती थी, खिलखिलाकर हँसी और वात्सल्य के भाव अपने चेहरे पर लाकर बोली—"लाइए साहब, बिटिया को मुझे दे दीजिए। आप हाथ-मुँह धो लीजिए, तब तक मैं खाना लगाती हूँ। ऐसे तो आप सारे दिन ही इसके साथ खेलते रहेंगे।"

रविंद्र ने मानो सरोज की बात सुनी ही न थी, वह बच्ची को कभी कंधे पर, कभी गोद में उठाता तो कभी हवा में उछालता और बच्ची की किलकारियों पर मंत्रमुग्ध हो जाता था।

"लाइए न साहब, बिटिया को मुझे दे दीजिए। अभी जितनी हँसेगी, रात में उतनी ही रोएगी।" अधिकारपूर्वक सरोज ने रविंद्र से कहा।

"रहने दे सरोज, बहुत दिनों बाद तो टाइम मिल पाता है तुम लोगों से मिलने का। जी भरकर खेलने दे जरा। पता नहीं, फिर कब आना होगा!"

रविंद्र के लहजे में एक पीड़ा थी, एक वेदना थी।

"जब दीदी का तबादला आपके पास ही हो जाएगा, तब खेलना जी भरकर, मैं नहीं रोकूँगी।"

रविंद्र ने फीकी मुसकान के साथ कहा, "तेरी यह इच्छा पूरी होना बहुत कठिन है, सरोज।"

"लेकिन नामुमकिन तो नहीं!" सरोज हाथ हिलाते हुए बोली।

"हाँ, नामुमकिन तो कुछ भी नहीं। खैर, जब होगा, तब देखा जाएगा।"

सरोज किसी अदृश्य डर से भयभीत हो गई और कुछ दुःखी होकर बोली, "तो क्या आप लोग मुझे अपने साथ नहीं ले जाएँगे?"

सरोज के इस अपनेपन से भरे प्रश्न को सुनकर रविंद्र उसके त्याग व समर्पण की मन-ही-मन प्रशंसा करने लगा।

दीक्षा के ऑफिस जाने के बाद सरोज ही तो बच्ची की पूरी देखभाल किया करती थी। रुद्राणी दीक्षा से ज्यादा तो सरोज से घुल-मिल गई थी। सरोज पास के ही एक कस्बे में रहती थी। वह बिल्कुल अकेली थी। कोई भी नहीं था उसका। बस, दीक्षा व नन्ही रुद्राणी को ही वह अपना परिवार मानती थी और बच्ची की देखभाल व दीक्षा की मदद करने में ही उसका पूरा समय बीतता था। वह कभी भी अपने घर नहीं जाती थी। आखिर था ही कौन उसका वहाँ?

"बोलिए न साहब, नहीं ले जाएँगे क्या?" सरोज ने फिर से प्रश्न दोहराया।

रविंद्र एकदम से चौंक गया और नेत्रों में सरोज के प्रति आभार भरकर 'हाँ' कहकर बाथरूम में चला गया।

सरोज बच्ची के लिए दूध बनाने किचन में चली गई।

(3)

दो महीने बाद दीक्षा को छुट्टी मिली तो उसने रविंद्र के पास झाँसी जाने का मन बना लिया। उसने रवानगी के दो दिन पहले ही अपना बैग पैक कर लिया था।

राजधानी एक्सप्रेस में सोमवार का रिजर्वेशन था।

दीक्षा लंबी यात्रा ट्रेन से ही करना पसंद करती थी। रविंद्र के लिए उसने कुछ सफेद हाफ शर्ट्स व कुछ पुस्तकें भी रख ली थीं, जो दीक्षा उपहार के रूप में अपने पति को देना चाहती थी।

रविंद्र को सफेद हाफ शर्ट पहनना बहुत पसंद था।

जिस दिन दीक्षा को निकलना था, उस रात उसे मारे खुशी के नींद भी न आई।

वियोग-विरह में तपी हुई एक प्रेयसी, प्रेमी के साथ संयोग की शीतलता के अलौकिक व सुखद अहसास का मन-ही-मन आनंद ले रही थी।

अधिक प्रसन्नता भी बेचैनी को जन्म देती है।

आज की रात, मानो उस साल की सबसे लंबी रात लग रही थी दीक्षा को।

ए.सी. फर्स्ट में रिजर्वेशन था। बच्ची को आहिस्ता से बर्थ पर लिटाकर दीक्षा ने पानी का एक घूँट पिया और आराम से बैठकर बाहर के नजारे देखने लगी। हवा की गति से चलती हुई गाड़ी दीक्षा को बहुत धीमी लग रही थी। रविंद्र के बारे में कुछ सोचकर दीक्षा मुसकरा देती थी तो कभी अचानक ही हँस देती थी। पति के मनभावन विचारों में, मानो वह सराबोर हो गई थी।

"आप कहाँ जाएँगी, मैडम?" तभी एक भद्र पुरुष के कोमल स्वर ने दीक्षा की तंद्रा को भंग किया।

अपने खयालों में डूबी हुई दीक्षा को अपने सहयात्री की उपस्थिति का आभास ही नहीं हुआ था।

मि. सुखविंदर लंबे कद वाले, गोरे, तगड़े व अधेड़ उम्र के व्यक्ति थे। खिचड़ी दाढ़ी चेहरे पर खूब फब रही थी और सिर पर बँधी पगड़ी उनके व्यक्तित्व को और भी प्रभावशाली बना रही थी। कुछ सोचकर दीक्षा ने जबाव दिया, "झाँसी जाऊँगी।"

"मैं भोपाल जा रहा हूँ।"

सुखविंदर ने वार्त्तालाप आगे बढ़ाने के उद्देश्य से पूछा, "तो क्या झाँसी की ही रहनेवाली हैं आप?"

"नहीं।"

"अच्छा, तो फिर किसी संबंधी के घर जा रही होंगी?"

यद्यपि दीक्षा काफी हँसमुख व व्यवहार-कुशल थी, पर पता नहीं क्यों उसे अपने सहयात्री का यूँ बेबाक होकर उससे बात करना पसंद नहीं आया।

दीक्षा ने इस बार उसकी बात का कोई प्रत्युत्तर नहीं दिया और एक अंग्रेजी

नॉवेल लेकर उसके पन्ने पलटने लगी। सुखविंदर ने जब देखा कि उसकी सहयात्री का उससे बात करने में कोई इंट्रेस्ट नहीं है तो उन्होंने चादर ओढ़ी और सोने का उपक्रम करने लगे। अचानक दीक्षा को महसूस हुआ कि उसके प्रश्न का जवाब न देकर उसने थोड़ी सी धृष्टता कर दी है। लिहाजा अपनी गलती को सुधारते हुए धीरे से बोली, "जी, मेरे पति वहाँ पर पोस्टेड हैं। उन्हीं के पास जा रही हूँ।"

दीक्षा ने जानबूझकर अपने पति के पद का जिक्र नहीं किया था।

बात करने के शौकीन सुखविंदर ने जब देखा कि दीक्षा ने उनसे कुछ कहा है तो बात करने की लालच में उठ बैठे और मुसकुराते हुए बोले, "वेरी गुड।"

दीक्षा को लगा कि उनकी यह मुसकराहट वास्तविक नहीं है, शायद वह जबरन ही मुसकुराने का प्रयास कर रहे थे। उनकी मुसकराहट के पीछे दुःख का भाव साफ झलक रहा था, जिसे दीक्षा ने बड़ी आसानी से पढ़ लिया था।

वार्त्तालाप के दौरान दीक्षा ने उनके अपार दुःख का पता लगा ही लिया। सुखविंदर ने कोरोना काल में अपने परिवार को खो दिया था। वह पेशे से एक व्यापारी थे तथा दिल्ली में एक फर्म के मालिक थे। वह व्यापार से संबंधित किसी निजी काम से भोपाल जा रहे थे।

शोक व अकेलेपन ने सुखविंदर को वाचाल बना दिया था। वह स्वयं को बातों में व्यस्त रखकर अपने दुःख को भुलाने का असफल प्रयास करते थे, किंतु कहीं-न-कहीं उनका दुःख उनकी बातों में प्रकट हो ही जाता था।

दीक्षा उनके कष्ट का मन-ही-मन अनुमान लगाने लगी।

व्यक्ति व्यापार अथवा नौकरी करता है, धन कमाता है, परंतु जिसके लिए यह सब करता है, जब वह ही नहीं तो इन सबका क्या फायदा!

दीक्षा के मन में सुखविंदर के लिए सहानुभूति थी।

"लीजिए भाईसाहब, थोड़ा भोजन कर लीजिए।" दीक्षा ने सरोज के द्वारा बनाई गई पूड़ियाँ व आलू-परवल की सब्जी सुखविंदर की ओर बढ़ाते हुए कहा।

बिना किसी औपचारिकता के सुखविंदर ने पूड़ियाँ ले लीं और 'धन्यवाद' कहकर खाने लगे।

यहाँ-वहाँ की बातों में समय कब निकल गया, दीक्षा को पता ही नहीं चला।

गाड़ी झाँसी स्टेशन पर पहुँच चुकी थी।

रविंद्र स्वयं उसे लेने स्टेशन पर आया था।

यद्यपि दो माह पहले ही दीक्षा रविंद्र से मिली थी, लेकिन आज रविंद्र को

देखकर उसे लगा कि उन्हें मिले जैसे कई वर्ष बीत गए हों।

वियोग में बिताए गए कुछ पल भी एक वर्ष की तरह लगते हैं और संयोग में बिताया गया एक वर्ष भी कुछ दिनों की तरह ही लगता है।

सफेद इनोवा रविंद्र, दीक्षा और उनके हृदय के अंश को लेकर सरकारी आवास की ओर दौड़ी जा रही थी।

(4)

रविंद्र दिन भर दौरे पर रहते या सरकारी कामकाज में व्यस्त रहते थे। उन्हें शाम को ही घर आने का समय मिलता था, यह बात दीक्षा को भलीभाँति पता थी। लेकिन आज तो रविंद्र जल्दी आने की बात कहकर गया था।

आज वह रविंद्र को उनका प्रिय भोजन बनाकर खिलाएगी।

खिचड़ी-चोखा रविंद्र के प्रिय भोजनों में से एक था। रविंद्र ने कई बार स्वयं खिचड़ी-चोखा बनाकर दीक्षा को खिलाया था। उसे खाकर दीक्षा का पेट तो भरता ही था, आत्मा भी तृप्त हो जाती थी।

दीक्षा रसोई में डिनर बनाने की तैयारी करने लगी। सरोज बच्ची को खिलाने-पिलाने में व्यस्त थी। सब्जियाँ काटते हुए दीक्षा धीरे किंतु मधुर स्वर में एक गीत गुनगुनाने लगी—

"कुछ न कहो, कुछ भी न कहो
क्या कहना है, क्या सुनना है
मुझको पता है, तुमको पता है
समय का ये पल, थम सा गया है
और इस पल में, कोई नहीं है
बस एक मैं हूँ, बस एक तुम हो
कुछ न कहो·· "

शाम को लगभग 4 बजे रविंद्र अपने आवास पर पहुँचे। उन्हें भी अपनी पत्नी व बच्ची से मिलने की जल्दी थी, सो उन्होंने सारा काम जल्दी ही निपटा लिया था।

दीक्षा को गाता हुआ देख, वे किचन के दरवाजे की आड़ में छुपकर गीत का आनंद लेने लगे। बहुत दिनों बाद रविंद्र ने दीक्षा को इतनी फुरसत में इस प्रकार गाते सुना था। जीवन की आपाधापी में दीक्षा का यह शौक कहीं गुम सा हो गया था।

उसे डिस्टर्ब करके रविंद्र इस सुख से वंचित नहीं होना चाहता था, इसलिए वह चुपचाप खड़े होकर गीत सुनता रहा।

अपनी धुन में मस्त दीक्षा ने गीत आगे बढ़ाया—

"कितने गहरे हलके, शाम के रंग हैं छलके,
परवत से यों उतरे बादल, जैसे आँचल ढलके
और इस पल में कोई नहीं है···"

रविंद्र से अब रहा न गया। गीत की अगली पंक्ति न चाहते हुए भी उसके मुँह से निकल गई—

"बस एक मैं हूँ, बस एक तुम हो।"

गाते हुए रविंद्र ने किचन में प्रवेश किया।

रविंद्र को अचानक आया देखकर दीक्षा सकपका गई और थोड़ी झेंप भी गई। गीत बंद हो गया था।

"अरे, रुक क्यों गई? आगे गाओ, गाओ न! बहुत अच्छा गा रही हो।"

बनावटी नाराजगी के साथ दीक्षा ने शिकायती अंदाज में कहा, "ऐसे चोरों की तरह क्यों आए? मैं तो डर ही गई थी। आपके आने का तो मुझे पता ही न चला।"

"अरे, यहाँ किस बात का डर?" रविंद्र ने हँसते हुए कहा।

"अच्छा, यह बताओ कि आपने गाना कब सीख लिया? कवि के साथ-साथ आप तो गायक भी निकले।" दीक्षा ने अपनी झेंप मिटाते हुए रविंद्र से सवाल किया।

"आपकी संगति का ही असर है यह सब। अब आगे जाने मैं क्या-क्या बनता हूँ।" रविंद्र के लहजे में शरारत व प्रेम था।

"अच्छा चलो, बातें बाद में बनाना। पहले मुझे खाना बनाने दो। बहुत देर हो गई है। रुद्राणी के भी जागने का समय हो गया है। फिर शाम को घूमने भी तो चलना है।"

"भोजन आप क्यों बना रही हैं? शेर सिंह, प्यारे, राजकुमार—ये सब कहाँ गए?" रविंद्र ने पूछा।

"आज मैंने ही सबको किचन से छुट्टी दे रखी है।" दीक्षा ने उत्तर दिया।

"ठीक है, फिर बनाओ भोजन, मैंने कहाँ रोका है!"

"अच्छा बताओ तो जरा, क्या पक रहा है आज?"

दुनिया भर का प्रेम अपनी वाणी में घोलती हुई दीक्षा बोली, "आपकी ही पसंद का खिचड़ी-चोखा।"

यह नाम सुनते ही रविंद्र के चेहरे पर उस बालक की सी प्रसन्नता आ गई, जो अपने प्रिय पकवानों का नाम सुनकर खुशी से उछल पड़ता है।

खिचड़ी-चोखा रविंद्र के लिए केवल एक भोजनमात्र ही नहीं था, बल्कि उसके यू.पी.एस.सी. की तैयारी के संघर्ष से भरे दिनों का साथी भी था। जाने कितने महीने रविंद्र ने खिचड़ी-चोखा खाकर ही बिताए थे। इस भोजन के सामने छप्पन व्यंजनों का स्वाद भी फीका था। किंतु उसे यह भोजन मिले अरसा बीत चुका था।

रविंद्र फ्रेश होकर, ड्राइंगरूम में बैठकर अपने मोबाइल पर मैसेज चेक करने लगा। किचन से खिचड़ी-चोखे की सरस व मधुर सुगंध ने रविंद्र की भूख को कई गुना बढ़ा दिया था।

उसे नानी के हाथ की बनी खिचड़ी याद आ गई, जिसे वह अपने बचपन में खाता था, जो किसी अमृत से कम स्वादिष्ट न लगती थी। वह व गुड्डू भैया बड़े चाव से खिचड़ी खाते थे।

रविंद्र के विचारों में अचानक ही उसका गाँव नाचने लगा। अनायास ही उसे अपने बचपन की एक घटना याद आ गई। कुरसी पर बैठा हुआ रविंद्र दीवार पर लगी हुई घड़ी को एकटक देखने लगा। किंतु वह उस घड़ी में समय नहीं, बल्कि अपने अतीत की तसवीरें देख रहा था। बचपन की स्मृतियाँ रविंद्र की नजरों के सामने जीवंत हो उठीं।

(5)

बचाओ···बचाओ···

बूढ़ी गंडक नदी के किनारे कोहराम मचा हुआ था। सभी लड़के बदहवास से चीखते चिल्लाते हुए कभी एक-दूसरे को देखते, तो कभी नदी में डूबते हुए अखिलेश को। उसे तैरना नहीं आता था। नदी का बहाव अखिलेश को गहरे पानी की ओर ले गया था। वह डूबने लगा। उसके नाक व मुँह में पानी भर जाने के कारण वह चीख भी न पा रहा था। चेहरे पर भय व कातरता के भाव लिये हुए अखिलेश ने निरीह दृष्टि से किनारे पर खड़े हुए मित्रों को एक झलक देखा, फिर उसका सिर नदी के जल में कहीं विलीन हो गया। उसका दम घुट रहा था। इस वक्त उसे अपने उन मित्रों से आशा थी कि वे उसे डूबने से बचा लें, जिनके साथ उसने इतने दिन अठखेलियाँ करते हुए बिताए थे। किंतु उसकी यह आशा निराशा में बदल गई। किसी भी बालक ने अपनी जान जोखिम में डालकर उसे बचाने की हिम्मत नहीं जुटाई।

बचने का एक अंतिम प्रयास करते हुए अखिलेश ने तेजी से अपने हाथ–पाँव से पानी को पीटना शुरू कर दिया। एक पल के लिए अखिलेश का सिर पानी से ऊपर झाँका। किनारे पर खड़े लड़कों में कुछ आशा जागी। वे और जोर से चिल्लाए, किंतु कोई भी बालक उसे बचाने का साहस न जुटा पाता। अगले ही पल अखिलेश का सिर पुनः जलराशि में डूब गया।

मित्रों के मुँह से चीख निकल गई। सभी को लगा कि अखिलेश बूढ़ी गंडक नदी की गोद में सदैव के लिए समा गया है। पानी में डूबते हुए अखिलेश को भी लगने लगा कि यही उसके जीवन का अंतिम दिन है। आज उसकी जीवन–लीला का पूर्णतः अंत हो जाएगा। अब वह अपने बाल सखाओं से दोबारा कभी न मिल पाएगा। शून्य में जाते हुए मस्तिष्क में अखिलेश को अपने पिता व माता की याद आई, जिनके लिए वह परिवार में सबसे प्रिय था। वह कामना करने लगा कि कहीं से कोई लहर आकर उसे किनारे पर ले जाए अथवा कोई देवदूत ही आकर उसके प्राण बचा ले; किंतु ऐसा लग रहा था कि न तो इनसान और न ही देवों के पास उसे बचाने का समय था।

तभी

'छपाक⋯!'

किसी के नदी में कूदने की तेज आवाज हुई।

कौतूहलवश सभी बालकों ने आवाज की दिशा में देखा।

एक चिरपरिचित, दुबला–पतला लड़का तेज गति से जल की धारा को चीरता हुआ, अखिलेश की ओर तैरता हुआ बढ़ रहा था। उसे देखकर बालकों के मुरझाए हुए चेहरों पर आशा कि किरणें थिरकने लगीं।

यह वीर बालक रविंद्र था।

उनकी बाल–टोली में करीब पंद्रह बालक थे, जिनमें केवल रविंद्र को ही सबसे अच्छा तैरना आता था।

अखिलेश की किनारे से दूरी लगभग तीस मीटर थी, जिसे रविंद्र ने बिजली की गति से तैरकर पार कर लिया था। रविंद्र शरीर से जितना दुबला–पतला था, अखिलेश का शरीर उतना ही भारी–भरकम।

एक पल को तो कोई भी कह देता कि यह दुबला–पतला बालक अपने से दोगुने वजन के बालक को बचा ही नहीं सकता। शायद खुद ही न डूब जाए, किंतु रविंद्र की टोली के सभी सदस्य उसके साहस से भलीभाँति परिचित थे।

तेजी से तैरता हुआ रविंद्र अखिलेश के पास पहुँचा। अखिलेश लगभग डूब ही गया था। जल की सतह पर उसका कोई भी चिह्न नहीं दिखाई दे रहा था। उसे खोजने के लिए रविंद्र ने नदी के मटमैले जल में गोता लगाया और अखिलेश को खोजने का प्रयास किया। अखिलेश एक हाथ की दूरी पर ही था। वह लगभग अचेत हो गया था। उसके लंबे बाल जलीय घास की तरह ऊपर की ओर तैर रहे थे।

रविंद्र ने एक पल भी गँवाए बिना अखिलेश के बालों को कसकर पकड़ा और उसे ऊपर की ओर खींचा। अब अखिलेश का सिर पानी के ऊपर था और उसे साँस लेने के लिए पर्याप्त हवा उपलब्ध थी।

किनारे पर खड़े लड़के रोमांच, आश्चर्य व कौतूहल के मिश्रित भावों के साथ मुँह खोले यह रोमांचक दृश्य देख रहे थे। एक भाई अपनी जान जोखिम में डालकर अपने भाई को मौत के मुँह से बाहर निकालकर ला रहा था।

एक हाथ से अखिलेश को थामे व दूसरे हाथ से बूढ़ी गंडक नदी की ताकतवर लहरों को चीरता हुआ रविंद्र किनारे की ओर बढ़ा, किंतु अब रविंद्र में और अधिक संघर्ष करने की शक्ति शेष न बची थी। किनारे से थोड़ा पहले रविंद्र की शक्ति ने जवाब दे दिया। उसके हाथ-पैरों में भारी पीड़ा हो रही थी। रविंद्र को किनारे पर पहुँचना मुश्किल लग रहा था।

क्या दोनों भाइयों का ही आज जलराशि में डूबकर अंत हो जाएगा?

क्या बाल-टोली के दो सदस्य उन्हें सदैव के लिए अलविदा कह जाएँगे?

किनारे पर खड़े बालकों के मन में ये विचार लगातार संचरित हो रहे थे।

रविंद्र शारीरिक रूप से भले ही कमजोर था, किंतु उसमें मानसिक व आत्मिक बल की प्रचुरता थी।

मानसिक बल सदैव शारीरिक बल से श्रेष्ठ होता है। रविंद्र यदि एक बार कोई काम करने का मानसिक संकल्प लेता तो उसे पूरा करके ही मानता। उसके मानसिक संकल्प ने उसे असीम शारीरिक ऊर्जा प्रदान की और कुछ ही पलों में वह अखिलेश को लेकर किनारे पर पहुँच गया।

सभी लड़के उन्हें बचाने के लिए नदी में कूद पड़े और दोनों को खींचकर बाहर ले आए।

'रविंद्र भैया ने बचा लिया अखिलेश भैया को।' एक बालक उत्साह में आकर चिल्लाने लगा।

जब रविंद्र किनारे पर पहुँचा, पूरा लस्त पड़ चुका था। उसके हाथ-पैरों ने मानो

हिलने तक से मना कर दिया था। साँसें धौंकनी की तरह चल रही थीं। हृदय ऐसे धड़क रहा था, मानो किसी भी पल उसकी छाती को फाड़कर बाहर निकल आएगा।

अखिलेश तो बेहोश पड़ा हुआ था, किंतु रविंद्र तेजी से हाँफ रहा था। अखिलेश को बचाने में रविंद्र ने अपनी पूरी ताकत झोंक दी थी। किनारे पर आकर रविंद्र गीली मिट्टी पर लेट गया और अपनी तेज चल रही साँसों को नियंत्रित करने लगा।

कुछ लड़के मूर्च्छित पड़े हुए अखिलेश के पेट को दबाकर पानी बाहर निकालने लगे। कुछ उसके तलवों और हथेलियों को तेजी से रगड़ने लगे। कुछ लड़के डॉक्टर की भाँति अखिलेश की नब्ज टटोलने लगे।

जिसे जो उपाय सूझता, वह करता।

थोड़ी देर बाद अखिलेश को चेतना आई। बाल-टोली ने अखिलेश को चारों ओर से घेर लिया था, मानो कोई अजूबा देख रहे हों।

कुछ देर बाद रविंद्र उठकर खड़ा हो गया और अखिलेश का हाल जानने के लिए उसके कंधे पकड़कर झझकोरता हुआ बोला, 'अब कैसा लग रहा है, गुड्डू भैया?' अखिलेश ने कोई जवाब नहीं दिया। उसके चेहरे पर ऐसे भाव थे, मानो नशे में हो। वह जमीन पर लेटा हुआ, आँखें खोले लड़कों को विस्मय से देख रहा था और अपने जीवित होने की पुष्टि कर रहा था।

आज शायद पहली बार अखिलेश ने मृत्यु को इतने निकट से देखा था।

अखिलेश को जागा हुआ देखकर सभी लड़के हर्षातिरेक में चिल्लाने लगे, 'गुड्डू भैया को होश आ गया।'

'बड़ी देर से बेहोश पड़े थे।' शंकर ने मानो कोई पुराना रहस्य खोला।

'मैंने तो सोचा था कि अब शायद वे बचेंगे नहीं।'

तभी उनमें से सबसे कम उम्र का एक बच्चा बोला, 'गुड्डू भैया! जब नाक में पानी भर जाता है तो कैसा लगता है?'

अखिलेश व अन्य सभी लड़के उस छोटे साथी के भोले प्रश्न पर ठहाका लगाकर हँसने लगे, जिन्हें देखकर वह नन्हा बालक थोड़ा झेंप गया।

उनके ऊपर से आज बहुत बड़ा संकट टल गया था।

इन सबसे अलग हटकर रविंद्र अखिलेश को देखकर मुसकरा रहा था। आज उसने अपनी जान की परवाह न करते हुए उसे बचाया था। आखिर क्यों न बचाता! अखिलेश उसका पक्का दोस्त व मौसेरा भाई जो था। वह उम्र में उससे एक साल बड़ा था।

यह खबर दावानल की भाँति पूरे गाँव में फैल गई। गाँव के अन्य लड़के भी थोड़ी ही देर में नदी-किनारे एकत्र हो गए। फिर पूरा वृत्तांत सुनकर, तालियाँ बजाकर रविंद्र की प्रशंसा करने लगे। गाँव के इतिहास में यह घटना महत्त्वपूर्ण थी।

बाल-सभा ने निश्चय किया कि रविंद्र को उसकी वीरता व साहस के लिए सम्मानित किया जाना चाहिए। लड़कों ने रविंद्र को अपने कंधे पर उठा लिया और उसे एक गेंद की तरह ऊपर उछालने लगे।

एक बालक ने गर्वपूर्वक कहा, 'रविंद्र कोई साधारण लड़का नहीं है, योद्धा है। देखा नहीं कि कैसे बिना डरे वह गहरे पानी में कूद गया।'

दूसरा बोला, 'किसी की भी हिम्मत न पड़ रही थी।'

तभी किसी ने अखिलेश को चिढ़ाने की मंशा से पूछा, 'तैरना नहीं आता तो इतने गहरे पानी में गए ही क्यों थे? किनारे पर बैठकर लोटे से नहाते!'

अखिलेश चिढ़ा नहीं, बल्कि मुसकुराते हुए उसके व्यंग्य का उत्तर देता हुआ बोला, 'मैं तो बस, यह देखना चाहता था कि किसमें दम है मुझे बचाने का? कौन मेरा सबसे सच्चा हितैषी है?'

ऐसा कहकर कृतज्ञता से भरे नेत्रों से अखिलेश ने रविंद्र की ओर देखा, जो अभी भी किसी देवदूत की भाँति खड़ा-खड़ा मुसकरा रहा था।

'अब कैसे हो, गुड्डू भैया?' रविंद्र ने पूछा।

अखिलेश के पास इस प्रश्न का उत्तर देने के लिए शब्द न थे। इसका उत्तर अखिलेश ने अलग ही ढंग से दिया।

वह तुरंत उठा और रविंद्र के गले से लिपटकर फूट-फूटकर रोने लगा।

रविंद्र का भी यही हाल था। उसकी आँखों से भी प्रेमाश्रुओं की अविरल धारा प्रवाहित हो रही थी।

दोनों भाइयों का यह प्रेममिलन देखकर अन्य लड़के भी दोनों से लिपटकर रोने लगे। दोनों दोस्तों को बचाकर ईश्वर ने टोली को आज एक बहुत बड़ा उपहार दिया था।

(6)

गाँव में कोई भी घटना घटे, वह अधिक समय तक छिपी नहीं रह सकती।

खबर उड़ते-उड़ते घर तक पहुँची।

उस समय घर में केवल नानी, पूनम मौसी और रंजना थीं। रंजना रविंद्र की मौसेरी

बहन थी, जो उम्र में उससे पाँच साल बड़ी थी। रविंद्र रंजना का सगा भाई तो न था, किंतु वह उसे सगे भाई से कहीं ज्यादा स्नेह करती थी। रविंद्र पूनम मौसी का भी बड़ा दुलारा था। अपनी माँ से दूर रहते हुए वह मौसी में ही अपनी माँ की छवि पाता था। वह अपनी तीन सगी बहनों से ज्यादा रंजना के लिए जान की बाजी भी लगा सकता था। मौसेरे भाई-बहनों में ऐसा प्रगाढ़ प्रेम विरले ही देखने को मिलता है। रविंद्र के जीवन में जितना प्रभाव रंजना का दृष्टिगोचर होता है, उतना किसी अन्य भाई या बहन का नहीं।

गाँव के ही किसी बालक ने कुछ नाटकीय अंदाज में हाँफते हुए नानी व रंजना से शिकायत कर दी थी और सर्वप्रथम सूचना देने का श्रेय लेना चाहा था।

'नानी-नानी, रविंद्र और गुड्डू आज नदी में डूबते-डूबते बचे। नदी किनारे बड़ी भीड़ है। गुड्डू को तो होश ही नहीं था। पूरे ही डूब गए थे। रविंद्र ने बचाया।' बदहवास सा होकर बोला शंकर।

यह सुनकर मानो नानी के सिर पर पहाड़ टूट पड़ा। अति घबराहट के कारण वह चीख उठी, 'क्या! क्या बक रहा है तू!'

मारे घबराहट के नानी का सिर चकराने लगा। उनके प्राण बसते थे रविंद्र में। अधेड़ उम्र की नानी के हाथ से डर, आतंक व अनहोनी की आशंका के परिणामस्वरूप आलुओं से भरी थाली जमीन पर गिरी। आलू लुढ़कते हुए यहाँ-वहाँ जा गिरे। कोने में बँधी हुई कबरी बछिया ने उन्हें खाना शुरू कर दिया था।

किसी अनहोनी की आशंका से भयभीत नानी ने लगभग चीखते हुए आवाज लगाई, 'रंजना, ओ रंजना! पूनम, ओ पूनम! कहाँ गई? जल्दी आ। पता नहीं रविंद्र और अखिलेश को क्या हो गया है? चल, चल, जल्दी चल, देर न कर।'

विलाप करती हुई नानी व्याकुल व व्यथित होकर नंगे पाँव ही बूढ़ी गंडक नदी की ओर दौड़ पड़ी। उस समय उस बूढ़े तन में पता नहीं, कहाँ से बिजली की शक्ति आ गई थी।

उनके पीछे-पीछे रंजना भी रोते हुए भागी जा रही थी। किसी अनहोनी की आशंका से दोनों का हृदय बैठा जा रहा था।

नानी की चार बेटियों में सबसे बड़ी वाली बेटी का पुत्र था रविंद्र। रविंद्र से बड़ी उसकी दो सगी बहनें भी थीं, जो अपने पिता के साथ बसही गाँव में रहती थीं। रंजना दूसरे नंबर की बेटी की पुत्री थी। अखिलेश तीसरे नंबर की बेटी का पुत्र था। रविंद्र और अखिलेश नानी के यहाँ रहकर पढ़ते थे।

मूल से अधिक सूद प्यारा होता है।

घबराहट व भय ने नानी का बुरा हाल कर दिया था।

'क्या हुआ होगा दोनों बालकों को? ठीक तो होंगे न? गोपाल अखिलेश के बेहोश होने की बात कर रहा था। उसे कुछ हो न गया हो! नहीं-नहीं, छठ माता सब ठीक करेंगी।' सोचती हुई नानी दौड़ी जा रही थी।

परेशान व्यक्ति नकारात्मक विचारों का भंडार होता है। कुछ अनहोनी की आशंका से नानी का हृदय बैठा जा रहा था। उसकी बेटियों ने अपने हृदय के टुकड़ों को बड़ी आशा व विश्वास से उसके पास भेजा था। अब वही उन सभी बच्चों की माँ थी। उन्हें वह अपनी बेटियों की अमानत की तरह पाल रही थी, जिनका पालन-पोषण, पढ़ाना-लिखाना नानी का ही उत्तरदायित्व था।

यदि कुछ अनर्थ हो गया तो वह अपनी बेटियों को क्या उत्तर देगी कि वह उनकी दी हुई अमानत को सुरक्षित न रख पाई! उसे उन दोनों बालकों के मासूम चेहरे आँखों के आगे नाचते दिखाई दे रहे थे। तेज दौड़ने पर साँसें, मानो शरीर छोड़ने को तैयार थीं। उस कम दूरी के रास्ते में नानी ने सभी देवी-देवताओं का स्मरण कर लिया था। माता के मंदिर पर अखंड पाठ व गाँव की सभी कन्याओं के भोज का संकल्प भी कर लिया था। बस, उसकी आँखों के तारे, हृदय के टुकड़े सुरक्षित रहें। वह उन पर अपना सब कुछ लुटा देने को तैयार थी। उनसे अधिक मूल्यवान नानी के लिए कुछ भी न था।

नानी को आया देखकर व उनकी भाव-भंगिमा देखकर सभी बालकों ने नानी को ऐसे रास्ता दिया, जैसे ताजा मक्खन गरम चाकू को मार्ग दे देता है। दोनों बालकों को सुरक्षित देखकर नानी ने उन्हें अपने सीने से लगा लिया और अनवरत चूमते हुए उन पर संपूर्ण वात्सल्य उड़ेल दिया, जैसे कि मेले में खोए बालक के पुनः मिल जाने पर उसकी माँ उस पर चुंबनों की झड़ी लगाकर अपने पीड़ित हृदय को वात्सल्य के रस से शीतलता प्रदान करती है।

किंतु यह क्या! अगले ही पल सभी बच्चे, विशेषकर रंजना यह देखकर हैरान हो गई कि वात्सल्य की मूर्ति बनी नानी ने अचानक ही रौद्र रस का चोगा ओढ़ लिया और दोनों बालकों के गालों व पीठ पर एक के बाद एक थप्पड़ बरसाने लगीं।

दोनों बालकों को मानो इसका पूर्वाभास था, लिहाजा उन्हें नानी के इस रूप परिवर्तन पर अधिक अचरज नहीं हुआ। थप्पड़ मारने के साथ-साथ नानी ने जोर से रोना भी शुरू कर दिया था।

कुछ बालक वहाँ से दूरियाँ बनाते हुए धीरे-धीरे खिसक लिये कि कहीं उन पर

भी थप्पड़ों की बारिश न हो जाए।

दोनों बालक भी फूट-फूटकर रो रहे थे। रविंद्र भी रोते हुए नानी को रोने से रोकने का असफल प्रयास कर रहा था।

'क्यों रे गुड्डू, तू यहाँ आया ही क्यों और आया ही था तो नदी में उतरा क्यों? अगर तुझे कुछ हो जाता, तो मेरे तो प्राण ही निकल जाते। दुष्ट को न तो अपनी, न किसी और की चिंता है। चल, घर चल, निकालती हूँ तेरा तैरना।'

नानी को रणचंडी में परिवर्तित होते देख शरीर से पहले से ही कमजोर रविंद्र के मन में अब डर संचरित होने लगा। उसने वहाँ से निकलने में ही अपनी भलाई समझी, तभी नानी ने लाल, नम व सूजी हुई आँखों से रविंद्र को घूरा। रविंद्र समझ गया कि अब उसकी बारी है।

'क्यों रे रविंद्र, तू नदी में क्यों उतरा?' कहने के साथ ही तीन-चार थप्पड़ नानी ने उसके गाल पर रसीद कर दिए। रोते हुए रविंद्र ने हिचकियाँ लेते हुए कहा, 'गुड्डू भैया को बचाने के लिए कूदा था, नानी। अगर नहीं कूदता तो…'

आगे का वाक्य पूरा किए बिना ही रविंद्र के आँसुओं का बाँध टूट पड़ा और किसी अनहोनी की आशंका के स्मरणमात्र से ही वह बिलखकर रोने लगा।

'हाँ नानी, रविंद्र भैया ने ही गुड्डू भैया को बचाया है। यदि रविंद्र भैया न होते तो…'

मित्रमंडली के एक छोटे बालक ने नानी को सच्चाई बताई।

आगे की बात शायद नानी ने सुनी ही नहीं थी। वह उठी और अपने दोनों बालकों को अपने आँचल से चिपका लिया।

नानी के व्यवहार में परिवर्तन देख दूर हटते हुए बालकों का साहस बँधा और वे अब निकट आने लगे।

रंजना भी अपने दोनों प्यारे भाइयों को सुरक्षित पाकर खुशी से रोए जा रही थी। साथ ही उन दोनों भाइयों पर उसे गुस्सा भी आ रहा था कि उन्होंने अपनी जान जोखिम में क्यों डाली!

नानी का हाल आज उस असहाय हिरणी की तरह था, जिसके दोनों बच्चे मौत के मुँह से बाहर निकलकर सुरक्षित उसके पास वापस लौट आए हों। आनंद, विस्मय, रुदन व हर्ष के मिले-जुले भावों का संचरण उसमें होने लगा था।

हाय भाग्य! आज एक नेत्र ने दूसरे नेत्र को बचा लिया था।

मित्रता व भ्रातृप्रेम का इससे अनुपम प्रतिमान शायद संभव ही नहीं था।

दोनों भाई अपराधी की तरह नानी के दरबार में सिर झुकाए खड़े थे।

चारों तरफ सन्नाटा था।

केवल हवा की साँय-साँय ही सुनाई दे रही थी। नानी का क्रोध तुरंत स्नेह में बदल गया और स्नेह भी वह नहीं, जो प्रगल्भ होता है और अपनी सारी कसक शब्दों में बिखेर देता है।

'जरा से बच्चे में कितना त्याग, कितना साहस, कितना प्रेम, कितना सद्भाव और कितना विवेक है! भाई को डूबता देखकर कितनी पीड़ा का अनुभव किया होगा इसने। उसे बाहर लाते हुए कितनी शारीरिक पीड़ा हुई होगी! इतना धैर्य, व साहस कैसे आया इस नन्हे से बालक में!' सोचकर नानी सुखद विस्मय से भर गई।

नानी का मन गद्गद हो गया और अब एक और विचित्र बात हुई। बालक रविंद्र ने बूढ़े रविंद्र का पार्ट खेला तथा बूढ़ी नानी बालिका बन गईं। वह रोने लगीं, आँचल फैलाकर रविंद्र को आशीर्वाद व दुआएँ देने लगीं, उसे दीर्घायु होने के लिए अदृश्य देवी-देवताओं का स्मरण कर गिड़गिड़ाने लगीं व आँसू की बड़ी-बड़ी बूँदें गिराने लगीं। रविंद्र एक बुजुर्ग की भाँति नानी को ढाढस बँधाने व शांत करने का प्रयास करने लगा। वह भी शायद नानी के इस विचित्र व्यवहार का रहस्य नहीं समझ पा रहा था।

(7)

आधी रात जा चुकी थी, आकाश में तारों के थाल सजे हुए थे और उन पर बैठे हुए देवगण स्वर्गीय पदार्थ सजा रहे थे, किंतु उनमें किसी को भी वह परमानंद प्राप्त न हो सकता था, जो बूढ़ी नानी को रविंद्र के साहसिक व दैवीय कार्य के बारे में विचार करके प्रतीत हो रहा था। पास ही चारपाई पर रविंद्र लेटा हुआ था। उसने आज प्रात:काल नानी से पहली बार इतनी मार खाई थी, किंतु यह सजा आज उसे पारितोषिक की तरह प्रतीत हो रही थी। भोले-भाले बच्चों की भाँति, जो मिठाइयाँ या खिलौने पाकर मार और तिरस्कार सब भूल जाते हैं, वैसे ही रविंद्र सब कुछ भुलाकर आज अपनी तैराकी पर मन-ही-मन गर्व कर रहा था, जिसके कारण उसने आज एक अनिष्ट होने से बचा लिया था।

तारों की दूधिया रोशनी में भोले रविंद्र का चेहरा देखकर नानी के एक-एक रोंये से सदिच्छा व आशीर्वाद टपक रहा था। नानी के साथ ही लेटी हुई रंजना अधखुले नेत्रों से इस स्वर्गिक दृश्य का आनंद लेने में निमग्न थी।

'क्यों रे रविंद्र! सो गया क्या?'

नानी रविंद्र को सोते से नहीं जगाना चाहती थी, किंतु यह प्रश्न करके यह सुनिश्चित करना चाहती थी कि वह सो गया है अथवा आँखें मींचे ही लेटा हुआ है?

'लगता है, सो गया।' नानी धीरे स्वर में बुदबुदाई।

'जागा हुआ हूँ, नानी।' तपाक से बोला रविंद्र, 'नींद ही नहीं आ रही है।'

'क्या सोच रहा है?'

'कुछ भी तो नहीं।'

'सुबह मैंने तुझे जो गुस्से में मारा, तुझे लगी तो नहीं?'

'नहीं, नानी! बिल्कुल भी नहीं। तुम्हारे मुलायम हाथों से मुझे चोट लगती ही नहीं।' नानी को अपराध-बोध से उबारने के लिए रविंद्र ने शानदार अभिनय किया।

किंतु नानी तो नानी है। उसकी माता की भी माता है।

तुरंत उसके झूठ को समझ गईं और प्रेम-मिश्रित शिकायती अंदाज में बोली, 'झूठा कहीं का।'

इस प्यारी झिड़की ने रविंद्र को मानो गुदगुदा दिया, वह करवट बदलकर धीरे-धीरे मुसकुराने लगा।

'अच्छा, एक बात तो बता, बऊआ! तूने तैरना कब सीख लिया? किसने सिखाया?'

'किसी ने नहीं, खुद ही सीख लिया।'

गाँव के अन्य लोगों ने भी इस घटना को सुना था और गाँव के चौक पर आज रविंद्र ही चर्चा का विषय था।

शहरों में बड़ी-बड़ी घटनाएँ भी इतना महत्त्व नहीं पातीं, किंतु ग्रामीण क्षेत्रों में छोटी घटना भी महत्त्वपूर्ण हो जाती है; किंतु यह घटना इतनी छोटी भी तो न थी।

'देखने में तो बहुत दुबला-पतला दिखाई देता है। इतना कि दो फर्लांग भी दौड़े तो हाँफ जाए।'

बीड़ी के धुएँ को किसी मँझे हुए कलाकार की भाँति नाक व मुँह से निकालते हुए गाँव के एक बूढ़े ने कहा।

'इतना साहस गाँव के किसी भी लड़के में न होगा।'

मनोवैज्ञानिक जैसे अंदाज में हाल ही में ग्रैजुएट हुए एक युवक ने मानो सभी को ब्रह्मज्ञान देते हुए कहा, 'जो देखने में कृशगात हो, जो कम बोलता हो, वह बहुत ही साहसी व दृढ़ संकल्प का मालिक होता है। वह एक बार मन में जो करने की

ठान लेता है, पूरा करके ही दम लेता है।'

रविंद्र के मामले में उसका अध्ययन गलत भी तो नहीं था। इसका प्रमाण आज सभी गाँववासियों को मिल भी गया था।

तैराकी रविंद्र का सहज शौक था, जिसकी वजह से ही तो उसने आज अपने भाई का जीवन बचाया था। उसका यह शौक उसके लिए अभी तक एक खेल था, जिसे आज उसने एक वरदान में परिणीत होते हुए देखा था। उसने मन बना लिया कि अगली सुबह से ही वह अब तैरने का नियमित अभ्यास करेगा व अन्य साथियों को भी सिखाएगा। उसने तैराकी में कुशल होने की मानसिक जिद कर ली थी। किंतु किसे पता था कि बचपन में बालमन में तैराकी सीखने का संकल्प कालांतर में उसके स्वप्न को साकार करते हुए तालाब, नदी आदि से सर्वोपरि महासागरों में तैरने की नियति का कारण बनेगा और यह घटना रविंद्र व सभी बालकों की बाल-स्मृति से कभी भी न मिटनेवाला एक अध्याय बनकर अमर हो जाएगी।

इस घटना को दो माह बीत चुके थे। नानी ने नदी में नहाने की सख्त मनाही कर रखी थी। गाँव के बड़े लड़के-लड़कियों को बच्चों की निगरानी के लिए भी कह रखा था। कोई हलधर या चरवाहा मवेशियों को लेकर जब भी नदी के निकट से गुजरता, तो नदी पर एक निगाह अवश्य डालता और शाम के समय नानी को सूचित करता। अब नदी पर जाना खतरे से खाली नहीं था। उसका सारा दिन अब पढ़ने-लिखने, अखिलेश के साथ खेल खेलने अथवा आम के बगीचे में साथियों के साथ पकड़म-पकड़ाई खेलने में ही बीतता था।

(8)

बूढ़ी गंडक नदी के तट पर बीस एकड़ में फैला हुआ आम का एक बाग था। उमस से भरी एक शाम थी। रविंद्र अखिलेश व अन्य लड़कों के साथ आम के बाग में खेल रहा था। झुरमुटा होने लगा था। आम के विशाल वृक्ष काले से दिखने लगे थे। झींगुरों की झनकार पूरे बाग में गूँजने लगी। कभी-कभी चमगादड़ों के उड़ने की फड़फड़ाहट सुनाई दे जाती।

अँधेरा होता जानकर जुगनुओं ने भी अपना कार्य प्रारंभ कर दिया और झुंड बनाकर टिमटिमाते हुए, मानो ऐसी चीज की खोज में निकल पड़े थे, जो है ही नहीं।

वर्षों से गाँव में यह बात फैली थी कि बगीचे के अंदर भूत है। रात में इसका

भय इतना बढ़ जाता कि कोई इस बाग में जाने की हिम्मत न करता।

'अँधेरा हो गया। चलो, घर चलते हैं।' अखिलेश ने निर्देश देते हुए कहा।

'अभी खाना न बना होगा, थोड़ी देर और खेलते हैं, फिर चलते हैं!' रविंद्र ने असहमति व्यक्त करते हुए कहा।

'तुम्हें डर नहीं लगता है?'

'किसका?'

'भूत का?'

रविंद्र हँसा, मानो कोई बचकाना बात सुन ली हो और बोला, 'ये भूत-भूतनी कुछ नहीं होते। ये सब कमजोर दिलवालों की कल्पनाएँ हैं और कुछ नहीं।'

'आ हा-हा-हा', किसी झगड़ालू औरत की तरह ही हाथ हिलाकर अखिलेश बोला 'कोई भ्रम नहीं है। सभी जानते हैं कि रात के समय इस बाग में भूत आ जाता है।'

अखिलेश का समर्थन करते हुए अंजेश ने भी अपनी बात रखी, 'कुछ दिन पहले ही रामनारायण बाग में आया था, रात में मिट्टी खोदने। भूत ने उसे खूब दौड़ाया। सारी हेकड़ी निकल गई महाराज की। दस दिन बुखार रहा।'

रविंद्र को इन दकियानूसी बातों पर खीज आ रही थी। उनसे अधिक बहस न करते हुए बात को समाप्त करने की मंशा से वह बोला, 'ठीक है, मत मानो, लेकिन भूत-प्रेत सब कथा-कहानियों की बातें हैं। असल में कुछ भी नहीं।'

भय का जहरीला प्याला आपको तब तक नहीं प्रभावित कर सकता, जब तक आप स्वयं अपने हाथों से उठाकर उसे अमृत समझकर न पी जाएँ।

रविंद्र का भय व शंका से दूर-दूर तक का कोई नाता नहीं था।

रविंद्र भूत न होने की बात पर अडिग था और बाकी सभी भूत होने की बात पर।

'इतना ही विश्वास है तुम्हें तो जरा बाग के उस छोर तक अकेले जाकर दिखाओ, तो जानूँ।' अंजेश चुनौती भरे अंदाज में बोला।

रविंद्र समझ गया कि जिस प्रकार नेत्रहीन के लिए दर्पण बेकार है, उसी प्रकार बुद्धिहीन के लिए ज्ञान की चर्चा।

'अब क्यों चुप हो गए? कहना तो आसान है, करना मुश्किल।' भीड़ में से किसी की आवाज आई।

अपना पक्ष मजबूत होता हुआ देखकर अंजेश की थ्योरी को बल मिला और वह उपहासात्मक शैली में बोला, 'जाओ-जाओ, उस पार जाओ! अब जाते क्यों नहीं?'

रविंद्र को सदैव से ही चुनौतियाँ स्वीकारना अच्छा लगता था। निडर, सहज व

शांत भाव से रविंद्र ने अखिलेश की ओर देखा, मानो उसकी मंशा जानना चाहता हो।

अखिलेश नहीं चाहता था कि रविंद्र इस चुनौती को स्वीकार करे और किसी मुसीबत में पड़े। उसके सभी दोस्तों और भाइयों में प्रिय था, रविंद्र। भूत होते हों अथवा नहीं, किंतु अखिलेश रविंद्र को बाग में जाने का जोखिम उठाने की अनुमति नहीं दे सकता था।

रविंद्र के उसकी ओर ऐसे देखा मानो बाग में न जाने की अनुमति माँग रहा हो कि अखिलेश ने स्वयं को असहज महसूस किया। अजीब धर्म-संकट में फँस गया वह। एक ओर भ्रातृप्रेम और दूसरी ओर अपनी बात को सही सिद्ध करने का लालच व सभी साथियों के एकमत होने के दबाव से अखिलेश समझ नहीं पा रहा था कि वह रविंद्र से क्या कहे?

कुछ सकुचाते हुए अखिलेश बोला, 'हाँ-हाँ, जाओ, यदि भूत नहीं होते हैं तो बाग को पार करके दिखाओ।'

रविंद्र तो इसी का इंतजार कर रहा था। गुड्डू की अनुमति पाकर रविंद्र ने एक पल भी गँवाए बिना अँधेरे बाग की ओर तेजी से कदम बढ़ा दिए। सभी का हृदय तेजी से धड़क रहा था, सिवाय रविंद्र के।

निराशा संभव को असंभव बना देती है। आशा असंभव को संभव। मनुष्य कितना ही हृदयहीन हो, उसके हृदय के किसी-न-किसी कोने में पराग की भाँति रस छुपा रहता है। जिस तरह पत्थर में आग छुपी रहती है, उसी तरह मनुष्य के हृदय में चाहे वह कितना ही क्रूर क्यों न हो, उत्कृष्ट परोपकारी, बीरोचित व कोमल भाव छुपे रहते हैं।

सभी बालकों ने रविंद्र को उस भूतिया बाग में जाने के लिए उकसा तो दिया था, किंतु अब उसकी सलामती को लेकर चिंतित थे।

वे जानते थे कि रविंद्र धुन का पक्का है। एक बार जो संकल्प किया तो पूरा होने पर ही चैन लेगा।

अखिलेश को अब पछतावा हो रहा था कि उसने नाहक ही रविंद्र को जाने के लिए कहा। अब उसे रोकने की मंशा से बोला, 'रहने दे रविंद्र, रहने दे, देर हो रही है, नानी राह देखती होगी।'

लेकिन अखिलेश की बात को अनसुनी करके रविंद्र तेजी से आगे बढ़ते हुए, डर के इस चक्रव्यूह को तोड़ने का संकल्प लिए हवा से प्रतिस्पर्धा करते हुए आम के झुरमुटों में ओझल हो गया।

सभी दोस्त भयभीत, दु:खी व चिंतित होकर उसके लौट आने की उम्मीद में बगीचे के किनारे खड़े होकर उसकी प्रतीक्षा करने लगे।

आज रविंद्र ने मानो गाँववालों, विशेषत: अपने साथियों का भय व अंधविश्वास दूर करने की ठान ही ली थी।

धीरे-धीरे घना अँधेरा गहराने लगा।

रविंद्र सधे कदमों से आगे बढ़ता जा रहा था। सूखे पत्तों पर जब उसका पैर पड़ता तो 'चर्र' की कर्कश आवाज उत्पन्न होती, जो उसके प्रत्येक कदम का साथ दे रही थी।

चमगादड़ों ने चीखना शुरू कर दिया था। अबाबील आकर अपने घोंसलों में चिमटी थीं। बीच-बीच में कुत्तों के रोने की आवाज माहौल को और भी डरावना बना रही थी। लगभग दस मिनट हो चुके थे।

सकारात्मकता उत्साह की जननी है। सकारात्मकता में तेज है, बल है, जीवन है, आशा है, यही संसार की संचालिका शक्ति है।

डरावनी आवाजों को संगीत की तरह मानकर लगभग पंद्रह मिनट और चलने पर रविंद्र को जलधारा की आवाजें आने लगीं। शीतल वायु उसके चेहरे को स्पर्श करके शीतलता दे रही थी।

यह बूढ़ी गंडक नदी का किनारा था।

रविंद्र बाग को पार कर नदी किनारे खड़ा होकर, उसकी जल-रश्मियों को निडर, निर्बाध रूप से आगे बढ़ता देख प्रफुल्ल हो रहा था।

इस चुनौती को उसने स्वीकार करके अपनी बात को सत्य सिद्ध कर लिया था। रविंद्र वापस लौटा। अब उसकी चाल में गर्व-मिश्रित उत्साह था, जो उसे अपने प्रतीक्षारत मित्रों की ओर उड़ाए ले जा रहा था।

यह कृशगात, अंतर्मुखी बालक संकल्पशक्ति का इतना बड़ा पुरोधा होगा! भय जिसे छू तक न पाया हो, जो परमार्थ व समाज के सुधार के लिए किसी भी प्रकार की चुनौती से परहेज न करता हो, यह लोगों की कल्पना से परे था। उसकी संकल्पशक्ति को देखकर शायद प्रकृति भी उसकी सहायता करती थी।

भयभीत प्राणी यथार्थ को नहीं देख पाता। वही सीमेंट, जो ईंट पर चढ़कर पत्थर हो जाता है, वही सीमेंट मिट्टी पर चढ़ाए जाने पर मिट्टी हो जाता है।

उसे सकुशल लौटता देखकर मित्रमंडली, विशेषकर अखिलेश ने राहत की साँस ली, शांत स्वभाव के इस कमजोर, किंतु निर्भीक बालक ने बगीचे में भूत होने

की अफवाह को निर्मूल साबित कर दिया था। तब से वह आम का बगीचा गाँव के बच्चों का क्रीड़ास्थल बन गया। लोग देर शाम तक बगीचे में बैठकर मजे से गप्पे मारते और बालक रविंद्र के साहस की प्रशंसा करते।

(9)

मार्च की एक सुबह थी। रविंद्र की कक्षा पाँच की वार्षिक परीक्षाएँ कल ही समाप्त हुई थीं। परीक्षा की समाप्ति के बाद लड़कों के मन में वही अनुभूति होती है, जो जेल से हाल ही में रिहा हुए कैदी को। अब वह स्वतंत्र है, वह जो मन चाहे कर सकता है। वह सो सकता है, खेल सकता है; किंतु रविंद्र मानो अपवाद था। उसे परीक्षाओं का समाप्त होना रास नहीं आ रहा था। परिश्रम-पसंद व्यक्ति को अवकाश प्रिय नहीं होते। पहले तो दिन का एक बड़ा हिस्सा विद्यालय में बीतता था, किंतु अब वह भी समाप्त हो गया था।

अब विद्यालय जुलाई में खुलेंगे। वह कक्षा छह में चला जाएगा, किंतु गाँव का विद्यालय कक्षा पाँच तक ही था। इसके बाद बेगूसराय में पढ़ने की सुविधा थी। यही रविंद्र की चिंता का मुख्य कारण था।

रविंद्र के पिता की माली हालत ऐसी न थी कि वे उसे शहर के किसी अंग्रेजी विद्यालय में पढ़ा सकें। पिछली बार जब पिताजी उससे मिलने आए थे तो उसने उनसे शहर में पढ़ने की इच्छा जाहिर की थी, जिसे पूरा करने में पिताजी ने असमर्थता प्रकट की थी। स्पष्ट 'न' सुनकर रविंद्र का दिल ही टूट गया था। बच्चों की कल्पनाएँ व आशाएँ राई का पर्वत बना लेती हैं, जिसके जमींदोज होने पर अपार पीड़ा होती है।

रविंद्र का चचेरा भाई तेजप्रताप उससे दो वर्ष बड़ा था तथा बेगूसराय के ही एक अच्छे अंग्रेजी माध्यम के स्कूल में पढ़ता था। रविंद्र के चाचा की माली हालत अच्छी थी। उन्होंने तेजप्रताप को अच्छे-से-अच्छे स्कूल में दाखिला दिलाया था। तेजप्रताप भी पढ़ने में तेज था। जब भी रविंद्र नानी के घर से अपने माता-पिता के पास बसही गाँव जाता तो तेज प्रताप को देखता था। वह बन-ठनकर रिक्शे से स्कूल जाता था। नीली पैंट, सफेद कमीज व मैरून धारीदार टाई, काले जूते और मोजे, दोनों कंधों पर टँगा हुआ स्कूल बैग, यह सब देखकर रविंद्र मंत्रमुग्ध सा बहुत देर तक तेजप्रताप को देखता व उसमें अपने प्रतिबिंब की भी कल्पना करता। रविंद्र सोचता—'कैसा होता होगा शहर का इंग्लिश मीडियम स्कूल ? सुंदर व बड़ी इमारतें होंगी स्कूल की, जिनमें

साफ-सुथरे कपड़े पहने हुए गुड्डे-गुड़ियों सरीखे सुंदर बच्चे पढ़ने आते होंगे! वे अंग्रेजी में धड़ाधड़ बातें करते होंगे! अध्यापक भी सुंदर, अंग्रेजी परिधान में अंग्रेजी बोलते होंगे! रविंद्र मानो मन-ही-मन परीलोक की कल्पना करने लगता। उसने यह भी सुन रखा था कि स्कूल में खेलने के लिए सुंदर बगीचा होता है, जिसमें झूले व सरकपट्टी भी होती हैं। रविंद्र मन-ही-मन झूलों पर खूब झूलता व सरकपट्टी पर बार-बार सरकता व अपने चचेरे भाई तेजप्रताप के भाग्य की सराहना करता।

बालकों के सुलभ स्वभाव में ऐसी परिस्थितियों में उनके मन में ईर्ष्या का सहज उदय हो जाता है, किंतु बालक रविंद्र अपवाद था। वह अंतर्मुखी, शरीर से कमज़ोर, किंतु शांत विचारों का पुरोधा बालक ईर्ष्या इत्यादि आवेगों से पूर्णतः मुक्त था।

उसकी इच्छा दूसरे की वस्तु को प्राप्त करने की नहीं, बल्कि स्वयं उस वस्तु को अपनी योग्यता के द्वारा हासिल करने की होती थी।

वह उत्सुकता के वशीभूत होकर भाई तेजप्रताप से पूछता, 'भैया, वहाँ बैठने के लिए टाट होता है या फर्श?'

गाँव के विरले ही स्कूलों में बैठने के लिए लाल-पीले रंग के फर्श उपलब्ध थे। अधिकांश विद्यालयों में बच्चे टाट पर अथवा स्वयं के घर से लाई हुई बोरी पर ही बैठते थे।

रविंद्र के इस मूर्खतापूर्ण प्रश्न को सुनकर तेजप्रताप गर्व सहित बोला, 'अरे, नहीं रे! वहाँ सभी बच्चे मेज-कुरसी पर बैठते हैं।'

रविंद्र अभी तक यह मानता था कि मेज-कुरसी केवल टीचर्स के लिए ही होती हैं। अतः इस बात पर मानो रविंद्र को विश्वास ही न हुआ।

मेज-कुरसी पर बैठने की इच्छा तो क्या, इसकी कल्पना भी रविंद्र ने कभी नहीं की थी।

'वहाँ बहुत सारे टीचर्स हैं, जो अपने-अपने समय पर कक्षा में पढ़ाने आते हैं। जब किसी का बर्थडे होता है तो टीचर सभी बच्चों के साथ सेलिब्रेट भी करते हैं और टॉफियाँ भी बाँटी जाती हैं।'

रविंद्र मंत्रमुग्ध सा इस परीलोक की कहानी को सुनता व विस्मय से आँखें फाड़कर अपना अविश्वास प्रकट करता था।

तेजप्रताप एक वीर योद्धा की भाँति युद्ध में किए गए अपने जौहर का आनंदित होकर वर्णन करता।

'बर्थडे कैसे मनाते हैं, भैया?' बड़े कौतूहल से रविंद्र ने पूछा।

तेजप्रताप को इस प्रश्न पर ऐसा आश्चर्य हुआ, मानो उसने कोई तीन सिरों वाला जीव देख लिया हो।

'अरे पगले, वहाँ बर्थडे पर केक काटा जाता है। सभी लोग बर्थडे सॉन्ग गाते हैं और शुभकामनाओं के साथ-साथ सुंदर उपहार भी मिलते हैं।' मानो कोई रहस्य खोला हो तेजप्रताप ने।

रविंद्र ने बर्थडे केक के बारे में पहले कभी नहीं सुना था, लिहाजा उसे यह बात संसार के आठवें अजूबे सी अनोखी लगी। उसके जन्मदिन पर तो उसकी माँ गुड़ के लड्डू बनाकर मोहल्ले में बाँटतीं और उसे भी खाने को देती थीं।

इस वर्णन ने रविंद्र के मन में अंग्रेजी मीडियम स्कूल में पढ़ने की उसकी इच्छा को और भी प्रबल बना दिया। किंतु सभी उसमें नहीं पढ़ सकते थे। वह बहुत महँगा स्कूल था। आम आदमी की हैसियत से परे था। उसके पिताजी इतनी महँगी पढ़ाई का खर्च वहन नहीं कर सकते थे। किंतु रविंद्र ने सोचा कि अबकी बार जब पिताजी उससे मिलने बरियारपुर आएँगे तो वह उनसे अपनी बात रखेगा।

आज पिताजी आनेवाले हैं। रविंद्र बेहद प्रसन्न था। दस वर्ष का दुबला-पतला, अंतर्मुखी लड़का, जो अपनी माँ से अलग रहता था, अपने मन की अधिकांश इच्छाओं को दबा लेता था। लेकिन आज वह अपने पिता से खुलकर अपनी इच्छा को व्यक्त करेगा।

रविंद्र सोचता रहा कि पिताजी बहुत से रुपए लेकर आएँगे। वह उन रुपयों से अपने दिल के अरमान पूरे करेगा। वह भी राजकुमारों की तरह सूट-बूट पहनकर रिक्शे से स्कूल जाएगा, जहाँ केवल अंग्रेजी में ही बात की जाती है।

रविंद्र का मन रोमांच व हर्ष से सराबोर था। पिता के आने पर रविंद्र ने पहले से भी ज्यादा सम्मान व उत्साह से उनके चरण छुए और तुरंत चारपाई पर एक चादर बिछा दी। पिताजी उसके व अन्य बच्चों के लिए लइया के लड्डू व जलेबियाँ लाए थे, जो रविंद्र को बहुत पसंद थे।

किंतु आज जलेबियाँ मानो अपनी मिठास खो चुकी थीं। रविंद्र का मन आज जलेबियों में नहीं, बल्कि कहीं और था।

उसने बड़े उत्साह से पिता से थैला ले लिया और उनसे अपनी बात कहने की हिम्मत जुटाकर धीरे से बोला, 'पिताजी…'

पिताजी ने लोटे से पानी पीते हुए उसकी तरफ प्रश्नवाचक दृष्टि से देखा और 'क्या है' के भाव में सिर हिलाया।

'मेरी परीक्षा खत्म हो गई है।'

'बहुत अच्छा, बऊआ।' पानी खत्म कर पिताजी बोले, 'कैसे लिखे उत्तर?'

'खूब बढ़िया, पिताजी।'

'तुम्हारी माँ ने चलने के लिए कहा है। तैयार हो जाना। कल सुबह तड़के निकल चलेंगे। बहुत धूप हो जाती है दिन में।'

किंतु रविंद्र ने पिताजी की बात को मानो सुना ही न था। वह तो अपनी बात को रखने के लिए उचित शब्दों की खोज कर रहा था। उसने हिम्मत बटोरकर पिताजी से कहा, 'पिताजी, कक्षा छह में मुझे अंग्रेजी मीडियम स्कूल में दाखिला लेना है बेगूसराय में। तेजप्रताप भैया भी वहीं पढ़ते हैं। रिक्शे से जाना होता है वहाँ।'

रविंद्र स्वभाव से शांत बालक था। जिद से उसका कोई लेना-देना न था। उसकी जिद उसके कार्यों में दिखती थी स्वभाव में नहीं। एक पुत्र ने अपने पिता से शायद प्रथम बार कुछ लेने की इच्छा प्रकट की थी और वह भी ऐसी चीज, जो विरले बच्चे ही माँगते हैं। कोई मिठाई, खिलौना या पोशाक नहीं, बल्कि विद्यालय।

पिता का हृदय कचोट रहा था। सभी पिता अपने पुत्रों की माँग की पूर्ति करते हैं, किंतु वे मजबूर थे। लेकिन उनके सिवाय उस बालक की इच्छा-पूर्ति करनेवाला था ही कौन?

पिता इतना खर्च वहन नहीं कर सकते थे, किंतु अपने बेटे को कैसे मना करे? सोचने लगे। अपनी बेबसी पर मन-ही-मन रोते हुए पिता की आँखों से पीड़ा आँसू बनकर छलकने लगी, जिसे उन्होंने बड़ी सफाई के साथ अपने कुरते की आस्तीन से पोंछ लिया।

हा दुर्भाग्य! एक पिता अपने तीनों पुत्रों में सबसे होनहार, सबसे सीधे पुत्र की इच्छा भी पूरी नहीं कर सकता। आज उन्हें ईश्वर से शिकायत हुई, जिसने उन्हें धन न देकर एक मजबूर पिता बनाया था। लेकिन अगले ही पल चेहरे पर कठोर भाव लाकर उन्होंने एक ही वाक्य में कहा, 'मेरे पास इतने रुपए नहीं हैं कि तुम्हें पढ़ने के लिए अंग्रेजी मीडियम स्कूल में भेज सकूँ।'

ऐसा कहते हुए पिताजी का बस कलेजा ही तो नहीं फटा था।

पिता के सजल नेत्र रविंद्र से छुप न सके। अल्प आयु का वह अबोध बालक पिता की बेबसी को समझ गया। अपना टूटा हुआ हृदय लेकर एवं चेहरे पर एक फीकी मुसकान के साथ रविंद्र नानी को पिताजी के आने की खबर देने के लिए जानवरों वाले घर की ओर जाने लगा।

रविंद्र अंग्रेजी मीडियम स्कूल में पढ़ने का अपना सपना पूरा तो करना चाहता

था, किंतु अपने पिता को मजबूर व परेशान नहीं देख सकता था। उसने पिता से कोई जिद नहीं की और अपने आँसू पोंछता हुआ आगे बढ़ गया।

अगले दिन पिताजी अपने गाँव बसही लौट गए। रविंद्र ने जाने से मना कर दिया था। मना करने का कारण उसकी इच्छा पूरी न होने से उत्पन्न क्रोध नहीं, बल्कि अध्ययन के प्रति मोह था, जो उसके गाँव बसही में नहीं हो सकता था। इस अल्हड़ उम्र में भी विधाता ने उसे बुजुर्गों वाली समझदारी दी थी।

रविंद्र का दाखिला अंग्रेजी माध्यम स्कूल में तो न हो पाया, किंतु इसका मानसिक अनुभव व सुख वह अपनी कल्पनाशक्ति से ही कर लेता था। तेजप्रताप से रविंद्र उसकी स्कूल की पुरानी ड्रेस माँग लाया था। पूरा सेट था। रविंद्र प्रतिदिन स्कूल की वह पुरानी ड्रेस पहन लेता और बरामदे में पढ़ने बैठ जाता। अपने विचारों की शक्ति से वह अनुभव करता कि वह भी किसी इंग्लिश मीडियम स्कूल की कक्षा में बैठकर पढ़ रहा है। उसका खेल देखकर परिवार के सदस्य हँसते, किंतु उन्हें उस बालक की विलक्षण शक्ति का आभास ही नहीं था जो मन में आनेवाली योजनाओं को भविष्य में धरातल पर लाने की क्षमता रखती थी।

नैराश्य में आशा, दु:ख में सुख, विपन्नता में संपन्नता व शोर में शांति खोजना उस छोटे बालक को मानो सिद्ध हो गया था, जिसने गाँव के बरामदे में ही एक ऐसे इंगिलश मीडियम स्कूल की स्थापना कर ली थी, जिसमें एकमात्र विद्यार्थी और शिक्षक वह स्वयं ही था। स्कूल से लौटने के बाद रविंद्र अपने स्वयं निर्मित इंग्लिश मीडियम स्कूल में बैठकर पढ़ता और एक दैवीय सुख का अनुभव करता। उसकी कल्पनाओं ने उसके सपने को बल प्रदान कर दिया था।

कल्पना की कश्ती पर अगर दृढ़ता का मल्लाह न हो तो उसके लिए दरिया में डूब जाने के सिवाय कोई चारा नहीं होता।

(10)

नवोदय के परीक्षा फॉर्म भरने की तारीख आ गई थी। केवल बीस दिन का ही समय बचा था। पूरे गाँव के लगभग 75 लड़कों ने आवेदन किया था, किंतु सभी उस स्तर पर पढ़ाई नहीं कर रहे थे।

रविंद्र की योग्यता व अध्ययन के प्रति लगाव को देखकर ही विद्यालय के एक शिक्षक अरविंद सर ने उसे नवोदय के फॉर्म भरने की सलाह दी थी।

गाँव के बच्चों व स्वयं रविंद्र के लिए 'नवोदय' नाम नया ही था। उन्हें इसके बारे में कोई जानकारी तक न थी। अन्य बच्चे कई वर्षों से प्रवेश परीक्षा तो दे रहे थे, किंतु सिलेक्शन किसी का भी नहीं हो पा रहा था। रविंद्र ने उत्सुकता से अरविंद सर से नवोदय विद्यालय के बारे में पूछा। अरविंद सर ने नवोदय की व्याख्या करते हुए कहा, 'यह एक आवासीय विद्यालय होता है, जिसमें पढ़ने के साथ-साथ रहने व खाने का भी पूरा प्रबंध होता है।' अरविंद सर ने नवोदय पर वक्तव्य देना शुरू किया।

'छुट्टी नहीं मिलती होगी क्या घर आने की ? कभी घर न आ सकेंगे ? कितने दिन रहना होगा ?' कुंदन ने चिंतित होते हुए पूछा, मानो उसका सेलेक्शन नवोदय में हो ही गया हो।

सभी बच्चों ने प्रश्नों का एक साथ वार किया था अरविंद सर पर।

अरविंद सर प्रश्नों को सुनते और मौन रहकर ही मुसकुराते।

'क्या नवोदय इंग्लिश मीडियम होता है ? परीक्षा में क्या पूछते हैं ?' इस नवीन व तार्किक प्रश्न ने गुरुजी का ध्यान खींचा।

वह रविंद्र था। कौतूहलपूर्वक नवोदय के बारे में सुन रहा था। अरविंद सर ने सभी बालकों की शंका का समाधान किया और रविंद्र की ओर अभिमुख होकर बोले, 'हाँ बेटा, सी.बी.एस.ई. बोर्ड की पढ़ाई होती है नवोदय में और प्रवेश परीक्षा कठिन होती है। उसमें गणित, अंग्रेजी, रीजनिंग व सामान्य ज्ञान के प्रश्न पूछे जाते हैं। और सबसे बड़ी बात, उसमें फीस अधिक नहीं ली जाती। एस.सी., एस.टी. व गरीब बच्चों के लिए फ्री है। परीक्षा बेगूसराय में होगी।'

नवोदय का वर्णन सुनकर और बेगूसराय जाने के लालच में रविंद्र ने फॉर्म भर दिया था। बहुत ही कम अवसर ऐसे होते थे, जब गाँव के बच्चों को शहर देखने को मिलता था। प्रवेश-परीक्षा बच्चों के लिए शहर घूमने का भी एक अच्छा माध्यम थी।

तेजप्रताप ने भी पिछले वर्ष नवोदय का फॉर्म भरा था, किंतु पास न हो सका था। पाठ्यक्रम ही इतना कठिन था। किंतु उसे नवोदय के पाठ्यक्रम के बारे में जानकारी अवश्य हो गई थी, जिसका लाभ रविंद्र को मिला।

सफल होने के लिए असफल लोगों के अनुभव बहुत सहायक होते हैं।

नवोदय का पूरे गाँव में शोर था। गाँव के सभी लड़कों ने फॉर्म भरा था। तैयारियाँ जोरों पर थीं। कुछ लड़कों ने, जो धनी परिवार से थे, बेगूसराय से नवोदय की तैयारी के लिए कुछ पुस्तकें मँगवा ली थीं।

बड़ी सुंदर दिखती थीं वे नई, रंग-बिरंगे कवर वाली खुशबूदार पुस्तकें।

उन पुस्तकों को लेकर बच्चे अनेक बार गाँव की गलियों से गुजरते। कभी कुएँ की मुँडेर पर पुस्तक खोलकर पढ़ते, तो कभी आम के बगीचे में। जब कोई उनको पढ़ता हुआ देखता तो उसे देखकर उनके पढ़ने की गति और भी तीव्र हो जाती। गजब का उत्साह था उनमें।

नवोदय परीक्षा में पास होना उस समय किसी पद्मश्री पाने से कम महत्त्वपूर्ण नहीं था। रविंद्र के पास नई पुस्तकें लेने का सामर्थ्य नहीं था। उसे नई पुस्तकों की आवश्यकता भी नहीं लग रही थी। घर से थोड़ी ही दूरी पर गाँव का चौक बाजार था, जहाँ दुकानों के बगल में एक बड़ा सा चबूतरा बना था।

वहाँ गाँव के ही बुजुर्ग व युवा सुबह-शाम एकत्र होते थे और देश-विदेश की समस्याओं पर नित्य वाद-विवाद होते, तर्क प्रस्तुत होते और शाम ढलते-ढलते विकट-से-विकट समस्या का समाधान भी प्रस्तुत हो जाता था।

रोज अखबार आता था, जो उनकी चर्चा के विषयों का जनक था।

रविंद्र भी शाम को आधा घंटा वहाँ जाता व अखबार पढ़ता।

उसके मामा पुलिस में डी.एस.पी. थे। उन्होंने ही उसे अखबार पढ़ने की सलाह दी थी।

रविंद्र मामा से बहुत प्रभावित रहता था। लिहाजा तुरंत ही उनकी बात पर अमल किया। शाम को अखबार में जो पढ़ता, घर आकर नानी, पूनम मौसी व रंजना दीदी से उस पर चर्चा करता। जो पढ़ा, उसे सुनाता।

नानी को अखबार की खबरों में कोई रुचि नहीं थी, किंतु बालक का मन रखने के लिए वह उन खबरों को बेमन से सुनतीं और 'हूँ-हूँ' करके जवाब देतीं।

रंजना की प्रतिक्रिया कुछ अलग थी।

एक-दो दिन तो रंजना ने सुना, किंतु उसे इसमें कुछ रोचक न लगा तो वह सुनने से कतराने लगी। जब भी रविंद्र अखबार पढ़कर घर में आता तो रंजना को या तो कोई काम याद आ जाता अथवा वह स्वयं ही कोई पुस्तक उठाकर पढ़ने लगती। अब नानी ही उसकी एकमात्र श्रोता थीं।

रुचि-अरुचि की परवाह किए बिना रविंद्र उन्हें समसामायिक घटनाएँ सुनाता। यह नियम रविंद्र की दिनचर्या का एक अभिन्न हिस्सा बन गया था।

धीरे-धीरे अखबार पढ़ना रविंद्र की आदत बन गई थी।

इस आदत ने रविंद्र के सामान्य ज्ञान में आश्चर्यजनक ढंग से वृद्धि की, जो किसी भी प्रतियोगी परीक्षा के लिए मददगार सिद्ध होती है।

रविंद्र की देखादेखी राजीव भी उसके साथ अखबार पढ़ने जाने लगा, किंतु उसकी इस दिनचर्या ने जल्द ही दम तोड़ दिया।

रविंद्र रात्रि में लालटेन जलाकर घर की छत पर पढ़ता। गाँव में बिजली तो थी, किंतु उसका होना न होना बराबर था। मन की मालकिन की तरह जब जी चाहा आती, जब जी चाहा चली जाती। पढ़ाई में व्यवधान न हो, इसलिए लालटेन सर्वोत्तम विकल्प थी, जो कई वर्षों तक रविंद्र के लिए अत्यंत सहायक रही।

आज भी वह युगों पुरानी लालटेन रविंद्र के बँगले के सुसज्जित कमरे के कोने की शोभा बढ़ाती है, जिसे देखकर रविंद्र को अपने संपूर्ण बाल्यकाल की स्मृतियाँ जीवंत हो उठती हैं। कभी-कभी तो दीक्षा को ऐसा भी प्रतीत होता है कि रविंद्र मानो कमरे में अकेले बैठे हुए पुरानी लालटेन को एकटक निहारते हुए, उसे धन्यवाद दे रहे हों।

(11)

रविवार की खिली हुई धूप वाली एक सुबह थी। घर की छत पर सो रहे रविंद्र के चेहरे पर धूप पड़ने लगी। कुछ देर करवट बदलने के बाद वह उठ बैठा। वह रात्रि में शायद देर तक जागा था, इसलिए सुबह जल्दी न जाग सका। उसने देखा कि उसका दोस्त बसंत भी छत पर अंग्रेजी के विलोम शब्द याद कर रहा था। उसे देखकर रविंद्र को लगा कि उसे भी अंग्रेजी पढ़नी चाहिए। यद्यपि रविंद्र को अंग्रेजी ज्यादा रुचिकर न लगती थी, फिर भी उसने पास रखी हुई अंग्रेजी की पुस्तक उठाई और ऊँचे स्वर में कुछ याद करने लगा।

बालकों को अपनी तारीफ सुनकर बड़ा उत्साह होता है। रविंद्र ने देखा कि उसके घर के सामने कुएँ पर मोहल्ले की महिलाएँ पानी भर रही थीं, जिसमें बसंत की माँ भी थी। जब उन्होंने रविंद्र को छत पर पढ़ते देखा तो आपस में इशारा करते हुए एक महिला से बोल पड़ी, 'हमारा लड़का बिल्कुल भी नहीं पढ़ता है। एक यह रविंद्र है, जो रात भर छत पर लालटेन से पढ़ता है।'

रविंद्र अपने परिवार का ही नहीं, पूरे गाँव का लाड़ला था। इस अप्रत्याशित तारीफ को सुनकर वह कुछ शरमा गया और पुस्तक को छुपा लिया, मानो कोई चोरी पकड़ी गई हो।

कुछ देर बाद बाहर निकला।

महिलाएँ अभी भी कुएँ से पानी भर रही थीं।

एक बूढ़ी महिला को रस्सी खींचने में कष्ट हो रहा था। रविंद्र ने उसका कष्ट देखकर कहा, 'लाओ नानी, मैं बाल्टी खींच देता हूँ।'

किसी प्रतिक्रिया की प्रतीक्षा किए बिना रविंद्र ने बूढ़ी महिला से रस्सी ले ली और उसे तेजी से खींचने लगा।

'बस बेटा, रहने दे अब।' बड़े ही लाड़-दुलार से बुजुर्ग महिला ने कहा।

उसे पुरस्कारस्वरूप आशीर्वाद देते हुए वह बुजुर्ग महिला बोली, 'बेटा, तू परीक्षा में अव्वल आएगा।' तभी विद्यालय के शिक्षक शर्माजी वहाँ से गुजरे। रविंद्र ने दौड़कर उनके चरण छुए। गुरुजी रविंद्र की योग्यता से अच्छी तरह से परिचित थे।

उन्होंने उसे आशीर्वाद दिया और पूछा, 'परीक्षा की तैयारी कैसी चल रही है, बेटा?'

'अच्छी चल रही है, सर।' रविंद्र ने उत्साह में उत्तर दिया।

फिर गुरुजी अपने एक विद्यार्थी ललित की तारीफ करने लगे, जो उसी गाँव के विद्यालय में रविंद्र का सहपाठी था। शर्मा सर को उससे विशेष लगाव था। उन्हें पूरा भरोसा था कि ललित पहले ही प्रयास में सेलेक्ट हो जाएगा। उसकी तारीफ करते हुए शर्माजी रविंद्र से बोले, 'मैंने तो ललित से साफ कह दिया है कि पहली बार में ही नवोदय में सेलेक्शन नहीं हुआ तो मुझसे बुरा कोई न होगा। पर मैं जानता हूँ कि ललित होशियार है। पक्का सेलेक्ट हो ही जाएगा।'

'जी गुरुजी।' शर्मा सर की बात को रविंद्र नकार नहीं सकता था।

'ललित निश्चय ही पहली बार में ही पास हो जाएगा। उसकी सहायता के लिए आप जो हैं। तो फिर वह कैसे फेल हो सकता है?'

शर्मा सर का ललित के प्रति स्नेह देखकर रविंद्र की आँखों के सामने उसके पिता की धुँधली छवि आ गई, फिर अचानक विलीन हो गई। उसके चेहरे पर हलकी पीड़ा व उदासी दिखाई दी।

(12)

बेगूसराय जिला मुख्यालय से लगभग 30 किलोमीटर दूर खोदाबंदपुर ब्लॉक के ग्राम तारा-बरियारपुर में आज कुछ अलग ही चहल-पहल थी। उत्सव सा माहौल था। मुँह-अँधेरे से ही कुएँ पर बाल्टी व कलसों के कुएँ के पानी में गिरने से 'धम्म-धम्म' की आवाजें पूरे गाँव में गूँज रही थीं। लोग मानो नहाने की होड़ लगा रहे थे। जो पहले नहाएगा, मानो पुरस्कार पाएगा।

सामान्य सा दिन, नया सिर्फ इस बात में था कि गाँव के लगभग 75 लड़के-लड़कियाँ नवोदय की प्रवेश-परीक्षा देने जा रहे थे।

छठ माता के मंदिर पर आज सामान्य से काफी अधिक भीड़ थी। लोग लाल-पीले धागे मंदिर के लोहे के जालीदार गेट पर बाँध रहे थे। पूरा गेट कपड़ों के बाँधने से लाल हो गया था। मन्नतें माँगी जा रही थीं।

इस भीड़ में बच्चे तो कम थे, उनकी माताएँ अधिक थीं, जो उनकी सफलता व स्वर्णिम भविष्य के लिए छठ माता के सामने झोली फैलाकर आशीष माँग रही थीं। बच्चों की माताओं का जगत् की माता से आशीष माँगने का यह दृश्य पवित्र, अद्‌भुत व अवर्णनीय था।

प्रवेश-परीक्षा बेगूसराय के राजकीय इंटर कॉलेज में थी। रास्ता मुश्किल से एक घंटे का भी न था, किंतु सड़क के गड्ढों, हिचकोलों ने उसे दो घंटे का बना दिया था। परीक्षा का समय हो रहा था। रविंद्र के पिता भी उसकी परीक्षा को लेकर बहुत उत्साहित थे और एक दिन पहले ही बरियारपुर आ पहुँचे थे। रविंद्र अपने पिता के साथ ही उनकी साइकिल से परीक्षा देने जा रहा था।

ललित भी रविंद्र के पिता के साथ ही उनकी साइकिल के कैरियर पर बैठकर गया था।

अन्य लड़के भी किसी-न-किसी साधन से पहुँचने की तैयारी कर रहे थे। रविंद्र को जाते देख मंदिर से लौट रही नानी चिंतित होकर बोलीं, 'रुक जा बेटा, कुछ खाकर जा, खाली पेट परीक्षा अच्छी नहीं होती।'

'नानी, रंजना दीदी ने गुड़ में सत्तू घोलकर दे दिया था। पेट भरा है मेरा।'

रंजना की परीक्षा तो नहीं थी, लेकिन वह भी रविंद्र के लिए चिंतित थी। जल्दी उठकर उसने रविंद्र के नए पैंट-शर्ट निकालकर चारपाई पर रख दिए थे।

नानी को मंदिर से लौटने में कुछ देर हो रही थी। यह देखकर रंजना ने रविंद्र के लिए तुरंत सत्तू व गुड़ तैयार कर दिया था। वह अपने लाड़ले भाई को परीक्षा देने भूखा न भेज सकती थी।

पंद्रह वर्ष की बालिका आज मानो रविंद्र की माता की अनुपस्थिति को पूरा कर रही थी। उसके नेत्रों से प्यारे भाई के लिए स्नेह टपक रहा था। उस चंचल बालिका में आज अचानक ही गांभीर्य जिम्मेदारी व वात्सल्य के पवित्र भाव आ गए थे।

साइकिल की घंटी बजाते हुए पिताजी रविंद्र व उसके प्रिय मित्र ललित को लेकर गाँव की कच्ची सड़क पर तेजी से बेगूसराय की ओर बढ़ रहे थे। वे सुबह

6 बजे ही बेगूसराय के लिए रवाना हो गए थे। उन्हें अपने बेटे की योग्यता पर गर्व था। उन्हें पूरा विश्वास था कि रविंद्र पहले ही प्रयास में नवोदय की प्रवेश-परीक्षा में पास हो जाएगा, किंतु उन्हें शायद यह पता नहीं था कि जिस दुबले-पतले, अकसर बीमार रहनेवाले बालक को वह साइकिल पर बिठाकर ले जा रहे हैं, वह एक दिन पृथ्वी के सर्वोच्च शिखर पर भारतवर्ष का ध्वज लहराएगा और किसी जिले की संपूर्ण कमान सँभालेगा।

पिताजी की साइकिल जब पक्की सड़क पर पहुँची तो उसके वेग में तीव्रता आ गई। शरीर से बलिष्ठ, व्यायाम के नियमित पुजारी, हँसमुख स्वभाव के पिताजी हाँफ रहे थे, किंतु अति उत्साह के कारण उनकी साइकिल की रफ्तार कम नहीं हो रही थी।

जब साइकिल पुलिया के पास वाले हनुमान मंदिर से गुजरी तो साइकिल के डंडे पर बैठे हुए रविंद्र ने धीरे से सिर झुकाकर हनुमानजी को प्रणाम किया और मन-ही-मन बुदबुदाया, 'हे भगवान्! पास करा देना। तुम्हारा ही सहारा है।'

बड़े आर्त-भाव से रविंद्र ने विनती की। पिताजी ने भी विनती करने के उद्देश्य से साइकिल की गति को मंद कर लिया था। लगभग खड़े ही हो गए थे।

वहीं पुलिया पर बैठे गाँव के कुछ शैतान लड़कों में से एक ने मुँह में भरी तंबाकू को बगल में थूकते हुए व्यंग्य किया, 'फूफाजी, क्या बच्चों को नकल कराने के लिए खुद जा रहे हैं? रिक्शे में क्यों नहीं बैठा देते? रुपए नहीं हैं तो हमसे ले लो।'

इस व्यंग्य पर बगल में बैठे हुए दो लड़के भी अपने लाल-लाल दाँत दिखाते हुए हँसने लगे।

पिता को इस तरह का व्यंग्य सुनकर बड़ी पीड़ा हुई। वे नाराजगी भरे स्वर में बोले, 'तुम लोगों ने कभी स्कूल का मुँह तो नहीं देखा, न कभी कोई पुस्तक पढ़ी। तुम लोग क्या जानो पढ़ाई क्या होती है! बस, दिन भर थूक-थूककर धरती को लाल करने के सिवाय तुम्हें आता ही क्या है?'

लड़कों ने अपने व्यंग्य के ऐसे प्रत्युत्तर की कल्पना ही नहीं की थी। इस अपमान से वे तिलमिला गए। झेंप कर खिसियानी हँसी हँसते हुए इधर-उधर ताकने लगे।

पिताजी ने अपनी नजरें घुमाकर बेगूसराय की ओर कर लीं, जहाँ उन्हें जाना था।

पिताजी ने तो कभी हार मानना सीखा ही न था और न ही कभी सिखाया था। उन लड़कों को दिए गए उनके इस उत्तर से रविंद्र व पीछे बैठे ललित को बड़ा आनंद आया।

परंतु उन उद्दंड लड़कों ने भी हार न मानी। उनमें से एक उपहास भरे अंदाज में बोला, 'नवोदय की परीक्षा पास करना कोई चबैना नहीं है।'

दूसरा बोला, 'नवोदय की परीक्षा पास करने से कोई कलेक्टर नहीं बन जाता।'

विलंब होता देखकर पिताजी ने उनसे बहस करना उचित न समझा। आँखों में अंगारे भरकर, दाँत भींचते हुए पिताजी ने उन्हें भस्म कर देने के अंदाज में देखा और पैडल पर दबाव बढ़ाते हुए आगे बढ़े।

रविंद्र ने पिताजी को कभी इतना क्रोधित होते नहीं देखा था, लेकिन उन लड़कों को दिए गए पिताजी के उत्तरों ने दोनों बालकों को मन-ही-मन गुदगुदा दिया था। कुछ दूर चलने के बाद रविंद्र ने उन उद्दंड लड़कों के व्यंग्य का स्मरण करके पूछा, 'यह कलेक्टर क्या होता है, पिताजी ?'

पिताजी का गुस्सा अब शांत हो गया था। रविंद्र के इस प्रश्न का उन्हें कोई उत्तर न सूझा। लेकिन उसकी जिज्ञासा शांत करते हुए बोले, 'बहुत बड़ा अधिकारी होता है ?'

'कितना बड़ा ?' रविंद्र ने बड़े भोलेपन से पूछा।

शायद इसका जवाब पिताजी के पास न था अथवा वह उस समय जवाब देना नहीं चाहते थे, सो बोले, 'बहुत ही बड़ा।'

उत्तर देने के स्वर में अभी भी पीड़ा-मिश्रित क्रोध था, जिसे वे साइकिल के पैडलों पर उतार रहे थे।

'क्या पटवारी से भी बड़ा ?' अचानक रविंद्र ने पूछा।

एकदम से ठहाका मारकर हँस पड़े पिताजी। बहुत तेज। अब क्रोध का स्थान हँसी ने लिया था। हँसी रुकने का नाम ही नहीं ले रही थी। एक-दो बार तो साइकिल गिरते-गिरते बची।

रविंद्र विस्मित होकर सोच रहा था कि उसने ऐसा क्या पूछ लिया कि पिताजी की आँखों से हँसते-हँसते आँसू निकल आए ?

रविंद्र ने गाँव में पटवारी की जो आवभगत देखी थी, उसी से उसने अनुमान लगाया था कि निश्चय ही वह कोई विशिष्ट अधिकारी होता होगा!

वह टी.वी.एस. चैंप मोपेड से आता था गाँव में। वह साथ में काले कपड़े का एक मैला सा थैला लाता था, जिसमें ठूँस-ठूँस कर रजिस्टर भरे होते थे, जिनमें गाँववासियों का मानो भविष्य लिखा रहता था। वह जिसके दरवाजे से निकल जाता, वही बड़ी विनम्रता से उसका अभिवादन करता।

जितनी आवभगत उसकी होती थी, उतनी तो किसी के पाहुने की भी न हो।

तुरंत चाय, चिवड़ा, बताशे की थाली सज जाती थी। कुछ किसान तो उससे ऐसे व्यवहार करते, मानो उससे कर्ज ले रखा हो। आर्थिक लाभ के बदले वह गाँव के किसानों को कुछ लाभ भी दे सकता था।

किंतु अब रविंद्र की हिम्मत न पड़ी आगे कुछ भी पूछने की। उसे अपने प्रश्न का सही उत्तर न मिल पाने का अफसोस तो था, किंतु अब वह और कुछ पूछने का जोखिम नहीं उठा सकता था। उस समय केवल नियति को ही पता था कि जिस पद की गरिमा व महत्त्व का उत्तर रविंद्र को न मिल सका, एक दिन वह उस पद पर स्वयं आसीन होगा। सफलता, मानो अभी से ही उसके लिए यश की माला गूँथने की तैयारी करने में जुट गई थी, जो उचित समय आने पर उसे पहनाएगी।

(13)

पिताजी परीक्षा से दो घंटे पहले कॉलेज के ग्राउंड में पहुँच गए थे। काफी भीड़ थी वहाँ लड़कों की। विक्रमपुर, बखरी, चेरिया, मझौल आदि गाँव के भी लड़के आए थे। चारों तरफ अफरा-तफरी मची हुई थी। लड़कों के अभिभावक हाथ में प्रवेश-पत्र लिये हुए दीवार पर चिपके परचों में रोल नंबर मिला रहे थे और कमरा नंबर का पता करके उसे खोज रहे थे।

पिताजी ने साइकिल को शीशम के एक पेड़ से टिकाकर कहा, 'मुझे अपना प्रवेश-पत्र दो, तुम दोनों। मैं पता करता हूँ कि किस कमरे में बैठना है?'

ललित ने तुरंत अपना प्रवेश-पत्र जेब से निकाल लिया।

रविंद्र ने अपने पैंट की जेब में हाथ डाला, किंतु···

'धक',

उसमें प्रवेश-पत्र नहीं था। उसने पैंट की दूसरी जेब टटोली।

प्रवेश-पत्र उसमें भी नहीं मिला। अब रविंद्र की बेचैनी बढ़ने लगी। घबराते हुए उसने कमीज की जेब टटोली।

वह भी खाली थी।

काँपते हाथों से उसने फिर से सारी जेबें खँगालनी शुरू कीं, किंतु प्रवेश-पत्र होता तो मिलता। घबराहट व डर के कारण उसे पसीना आ गया।

मारे डर के मिमियाती आवाज में रविंद्र बोला, 'पिताजी, प्रवेश-पत्र नहीं है।'

'क्या मतलब, नहीं है?' पिताजी ने चौंकते हुए पूछा।

चेहरे पर वेदना, डर व पछतावे के भाव लिये रविंद्र बोला, 'लगता है कि घर में चारपाई पर ही रखा छूट गया।' कहते-कहते रविंद्र लगभग रोने ही लगा। उसे डर था कि उस कागज के बिना कहीं उसकी परीक्षा न छूट जाए। अंग्रेजी मीडियम में पढ़ने का उसका स्वप्न एक स्वप्न बनकर ही न रह जाए।

हर काम व्यवस्थित रूप से करनेवाले रविंद्र से आज इतनी बड़ी चूक कैसे हो गई थी!

उसके संपूर्ण शरीर में अचानक तपन सी महसूस होने लगी, जो चिंता, ग्लानि व घबराहट का ही परिणाम थी।

पिताजी को भी बड़ा झटका सा लगा था। उनका होनहार बेटा परीक्षा से वंचित होनेवाला था। उन्हें क्रोध भी आ रहा था और दुःख भी हो रहा था। पहले से ही परेशान रविंद्र को डाँटकर या चिल्लाकर वह उसे और अधिक परेशान नहीं करना चाहते थे।

सहमे हुए रविंद्र को देखकर बोले, 'तुम बिल्कुल चिंता न करो, बेटा। परीक्षा में अभी दो घंटे बाकी हैं। इतनी देर में मैं लौटकर आ जाऊँगा। तुम लोग इसी पेड़ के नीचे मिलना।' ऐसा कहकर गजब की फुरती के साथ पिताजी ने साइकिल उठाई और इससे पहले कि रविंद्र उनसे कुछ कह पाता, वह हवा की गति से ओझल हो गए।

'कितने हितैषी हैं मेरे! कितना प्रेम करते हैं! थकान की परवाह किए बिना इतनी दूर आने-जाने में कोई पीड़ा नहीं! कोई आलस्य नहीं! इतना प्रेम वास्तव में एक पिता ही अपनी संतान से कर सकता है।' रविंद्र मन में सोचने लगा।

उसका हृदय कृतज्ञता से सराबोर हो गया था। पिता के इस स्नेह को देखकर रविंद्र की आँखें जलधार बहा रही थीं। उसके आँसू थमने का नाम ही नहीं ले रहे थे। ललित ने उसे ढाढस बँधाना चाहा, किंतु उसके सारे प्रयास व्यर्थ रहे।

एक घंटा बीत चुका था। रविंद्र बेसब्री से पिता के आने का इंतजार कर रहा था।

आँगन में चारपाई पर बिखरी हुई रविंद्र की पुस्तकों को उठाते समय रंजना की नजर एक पुस्तक पर रखे हुए एक कागज पर पड़ी। कौतूहलपूर्वक उसने उस कागज को उठाया। उसे खोलते ही रंजना की आँखें किसी चिंता और आश्चर्य से फैल गईं। उसका हृदय एकदम से तेजी से धड़कने लगा। घबराहट से माथे पर पसीने की बूँदें छलक आईं। उस छोटे से कागज को काँपते हाथों में थामे वह घबराहट के कारण स्तब्ध खड़ी रही। ऐसा लग रहा था, मानो उस कागज में प्रलय की भविष्यवाणी लिखी हो।

वह रविंद्र का प्रवेश-पत्र था, जिसे वह जल्दबाजी में घर पर ही भूल गया था। उसके बिना वह परीक्षा कैसे दे पाएगा? उसने इस परीक्षा के लिए जी-तोड़ मेहनत

की थी। क्या एक छोटे से कागज के बिना उसकी सारी मेहनत व्यर्थ चली जाएगी? क्या नवोदय विद्यालय में पढ़ने का उसका सपना पल भर में ही टूट जाएगा? इस विचार मात्र से ही रंजना बेचैन हो उठी।

कैसे भी उसे यह कागज रविंद्र तक पहुँचाना था। उसने नारायण को कॉलेज का पता लिखकर दिया और प्रवेश-पत्र थमाते हुए साइकिल से बेगूसराय की ओर रवाना करते हुए कहा, 'मामू, जितनी जल्दी हो सके, यह कागज रविंद्र तक पहुँचना ही चाहिए। यह केवल एक कागज नहीं, बल्कि रविंद्र का भविष्य है।'

नारायण पढ़ा-लिखा नहीं था। इस छोटे से कागज का महत्त्व देखकर उसे आश्चर्य हो रहा था। रंजना की व्याकुलता और चिंता देखकर नारायण ने इस छोटे से कागज के महत्त्व का अनुमान लगा लिया था। कागज को अपने पाजामे की जेब में रखते हुए, नारायण ने रंजना को आश्वस्त करते हुए कहा, 'तुम बिल्कुल चिंता न करो, बिटिया। कुछ भी हो जाए, यह कागज बऊआ के पास ठीक समय तक जरूर पहुँचेगा।'

नारायण के चेहरे पर आत्मविश्वास था। नारायण की साइकिल बंदूक की गोली की तरह बेगूसराय की ओर भागी जा रही थी। लगभग एक घंटा लगातार साइकिल चलाने के बाद रास्ते में नारायण ने बेगूसराय से आते हुए रविंद्र के पिता को देखा। दोनों ने अपनी साइकिलों को रोक लिया। नारायण ने जेब से प्रवेश-पत्र निकालकर रविंद्र के पिताजी को देते हुए हाँफते हुए कहा, 'मैं आप ही के पास आ रहा था, बाबूजी। ये लीजिए बऊआ का कागज।'

पिताजी का भी थकान के मारे बुरा हाल था। रास्ते में ही नारायण को देखकर उनकी जान में जान आई। उन्होंने तुरंत नारायण से कागज ले लिया। उसकी निष्ठा और स्वामिभक्ति से प्रभावित होकर पिताजी ने नारायण को गले लगा लिया और पुरस्कार स्वरूप बीस रुपये उसकी जेब में रख दिए। नारायण ने रुपए लेने से खूब इनकार किया, लेकिन उसकी एक न चली।

कॉलेज की घंटी बज चुकी थी। परीक्षा भवन में पहुँचने का संकेत हो चुका था। रविंद्र के हृदय की धड़कनें घंटे की ध्वनि से भी तीव्र थीं, जिन्हें वह आसानी से सुन सकता था।

ललित रविंद्र को ढाढस बँधाकर ससमय अपने परीक्षा कक्ष में चला गया।

रविंद्र एक लुटे हुए व्यापारी की तरह सिर पकड़े पेड़ के नीचे बैठा रहा। परीक्षा प्रारंभ होने में मात्र पाँच मिनट ही शेष थे। मैदान में सन्नाटा था। सभी छात्र परीक्षा कक्ष में जा चुके थे। केवल रविंद्र ही अपने भाग्य को कोसता, स्वयं पर क्रोध करता

हुआ बेचैनी से अपने गाँव को जानेवाली सड़क पर टकटकी लगाए देख रहा था। कोई साइकिल सवार आता दिखता तो बड़ी आशा से उठ खड़ा होता, किंतु अगले ही पल किसी और को आता देख पुनः दुःखी होकर बैठ जाता।

शायद उसके भाग्य में अच्छे विद्यालय में पढ़ना लिखा ही नहीं था। गाँव के सभी लड़के उसका उपहास करेंगे। नानी, मौसी, रंजना और अखिलेश को कितना दुःख होगा!

रविंद्र को अचानक ही पुलिया पर बैठे उन लड़कों का व्यंग्य याद आया। शायद वे सही थे। नवोदय में प्रवेश लेना बच्चों का खेल नहीं है।

थककर उसने परीक्षा देने की आशा छोड़ दी थी। तभी पूर्व दिशा से आनेवाली सड़क पर तेजी से साइकिल चलाता हुआ एक सवार दिखाई दिया। रविंद्र ने कोई प्रतिक्रिया नहीं दी, सोचा कि शायद कोई राहगीर होगा!

सवार के थोड़ा पास आने पर रविंद्र के नेत्र चमक उठे। वे पिताजी थे।

वे हाँफते हुए, पसीने से लथपथ, सूखे होंठों पर बार-बार जीभ फेरते हुए बदहवास से चले आ रहे थे। उनके चेहरे पर थकान के भाव थे, लेकिन चेहरा मुरझाया हुआ नहीं था। उस पर विजय की तेज आभा थी।

पिताजी पास आए।

जल्दबाजी में साइकिल को स्टैंड पर खड़ी किए बिना ही जमीन पर गिरा दिया और कुरते की जेब से तह किया हुआ प्रवेश-पत्र रविंद्र को थमाते हुए बोले, 'यह ले बऊआ, भाग, दौड़ लगा, जल्दी जा बेटा, जल्दी जा!'

थकान के कारण शब्द बड़ी मुश्किल से उनके मुँह से निकल पा रहे थे। साँसें फूल रही थीं उनकी। रविंद्र ने तुरंत प्रवेश-पत्र लिया और पिताजी के लाल पड़े हुए चेहरे में एक देवदूत के दर्शन करते हुए मन-ही-मन धन्यवाद देते हुए परीक्षा-भवन की तरफ बढ़ गया। कमरे में प्रवेश करने से ठीक पहले रविंद्र ने पीछे मुड़कर देखा। पिताजी पेड़ के नीचे जमीन पर लेट गए थे। उनकी साँसें धौंकनी की तरह चल रही थीं।

कृतज्ञता का भाव लिये रविंद्र कमरे में प्रवेश कर गया।

प्रश्नपत्र में कुल 80 प्रश्न थे, जो 100 अंक के थे। दो घंटे की समय-सीमा में उन्हें हल करना था। मानसिक योग्यता, गणित व भाषा के प्रश्न थे। रविंद्र ने बिना किसी परेशानी के अधिकांश प्रश्नों को सवा घंटे में ही समाप्त कर लिया था। वह परीक्षा से संतुष्ट था। उसे पास होने का पूर्वाभास हो रहा था। ललित ने भी अधिकांश

सवालों के जवाब दिए थे। वह भी प्रसन्न था। उसे इस बात की अधिक प्रसन्नता थी कि रविंद्र परीक्षा दे सका। आखिर सच्चा दोस्त जो था।

बाहर आकर रविंद्र ने सर्वप्रथम पिताजी के चरण स्पर्श किए, जो पेड़ के तने से टिके हुए बैठे थे, जिनकी वजह से ही वह आज परीक्षा दे सका था। पिताजी के प्रति उसका प्रेम व सम्मान और भी बढ़ गया था।

दोनों बालकों को पिताजी ने कुरकुरी जलेबियाँ खिलाईं।

साँझ ढलने तक सभी बच्चे गाँव आ चुके थे। वे अपने परिवारजनों को परीक्षा में किए गए अपने प्रदर्शन का बढ़ा-चढ़ाकर वर्णन कर रहे थे, जैसे कि सेना का एक रिटायर्ड सिपाही युद्ध में अपने जौहर का बढ़ा-चढ़ाकर वर्णन करके लोगों की प्रशंसा का सुख लेता है।

(14)

प्रवेश-परीक्षा हुए एक सप्ताह बीत चुका था। गरमियों की छुट्टियाँ चल रही थीं। गाँव के सभी बच्चों को छुट्टियों का प्रत्येक दिन उत्सव सरीखा लगता है। आखिर स्वतंत्रता किसे प्रिय नहीं होती ?

सभी बच्चे प्रवेश-परीक्षा के परिणाम की प्रतीक्षा कर रहे थे। यह परीक्षा-परिणाम ही बच्चों का भविष्य तय करेगा। तब तक सारा दिन मस्ती में और रात मजे से सोने में बीतती थी।

आम का बाग ही बच्चों की क्रीड़ा का मुख्य केंद्र था, जिसे बच्चों ने रविंद्र की बदौलत ही तो पाया था। बाग में भूत होने के भ्रम को रविंद्र ने सहज ही तोड़ दिया था। अब सभी लड़के पूरी दोपहर आम के बाग में खेलने-कूदने में काटते।

छुट्टियाँ तो चल रही थीं, किंतु अशोक सर रोज शाम को रविंद्र को ट्यूशन पढ़ाने नानी के घर आते थे। लगभग दस बच्चे ट्यूशन पढ़ने आते थे। एक प्रकार की एक्स्ट्रा क्लास लगती थी।

एक दिन जब लड़के सड़क पर पकड़म-पकड़ाई खेल रहे थे, तभी अशोक सर का वहाँ से गुजरना हुआ।

'तुम लोग सारा दिन धमा-चौकड़ी में ही बिताओगे क्या ? पढ़ना-लिखना नहीं है बिल्कुल ? परीक्षा खत्म होने का मतलब यह नहीं कि पढ़ाई ठप कर दो।'

'छुट्टियाँ चल रही हैं, सर।' अंजेश ने मानो सर को कोई बहुत बड़ी जानकारी दी।

'पूरी दोपहर तो खेलते हो, कुछ पढ़ भी लिया करो!'

'स्कूल तो बंद हैं सर, कौन पढ़ाएगा? और अगली कक्षा की पुस्तकें भी नहीं हैं।' अंजेश ने मुख्य समस्या सामने रखी।

बाग में किसी चीज पर ध्यान केंद्रित करके कुछ सोचते हुए अशोक सर बोले, 'हम्म', मानो अंजेश की बात समझ आई हो।

'अच्छा, कल से तुम सभी सुबह 8 से 10 बजे तक स्कूल आना, पढ़ाई होगी।'

'ये गरमियों की छुट्टियों में भी न जीने देंगे।' बड़े धीरे से अंजेश बुदबुदाया, जिसे अशोक सर सुन न सके। अगले दिन से आने का निर्देश देकर वे आगे बढ़ गए। बच्चों के खेल में मानो रंग में भंग हो गया था। सबके मुँह लटक गए थे, मानो कोई अप्रिय समाचार सुन लिया हो।

'पढ़ने का इतना ही शौक है तो ये खुद ही क्यों नहीं पढ़ते रहते?' एक लड़के ने पीड़ा व्यक्त की।

लेकिन स्कूल जाने की बात सुनकर रविंद्र को मानो तपती भूमि में मरुद्यान मिल गया हो। अभी तक तो वह दोस्तों के साथ खेल रहा था, किंतु कल से पढ़ाए जाने की खबर सुनकर वह चहकने लगा, जैसे किसी उत्सव के कुछ दिन पूर्व से ही बच्चे उल्लास से भर जाते हैं।

'मैं तो नहीं जाऊँगा, चाहे कुछ भी हो।' अंजेश ने कड़वाहट लिये कहा, 'हमारा खेलना किसी को फूटी आँख नहीं सुहाता। घर पर पिताजी कहते रहते हैं—"बेटा, कुछ पढ़ लो।" यहाँ सर आ टपके। कल से पढ़ाएँगे।'

बालमुकुंद ने ये जुमले पिताजी व सर की हूबहू नकल करके बोले थे, बिल्कुल सटीक। जिसे सुनकर सभी लड़कों को अनायास ही हँसी आ गई।

लेकिन मरते क्या न करते। तय हुआ कि कल सभी 6 बजे चौक पर मिलेंगे, फिर वहाँ से एक साथ स्कूल चलेंगे। स्कूल गाँव से एक किलोमीटर की दूरी पर था। सभी पैदल ही स्कूल जाते थे। रास्ते में बाल-सुलभ अलौकिक विचारों का आदान-प्रदान करते रहते।

एक कहता, 'एक बार नवोदय में भरती हो जाऊँ तो दोबारा यहाँ न आऊँ।'

दूसरा बोला, 'क्यों, नवोदय में क्या स्वर्ग के सुख हैं, जो वहीं रहेगा? माता-पिता की याद आएगी न, तब पता चलेगा। बड़ा आया नवोदय जानेवाला।' कृत्रिम नाराजगी के साथ बोला वह।

किंतु रविंद्र के लिए नवोदय मानो स्वर्ग की ही अनुभूति देनेवाला था।

उसके लिए नवोदय उस स्वर्ग की सीढ़ी थी, जहाँ पहुँचने की मानसिक कल्पना रविंद्र पहले ही कर चुका था।

कभी-कभी गाँव की कुरीतियाँ, लोगों की पीड़ाएँ उसे विचलित कर देती थीं। लेकिन वह अपने भावों को इस प्रकार से व्यक्त नहीं कर पाता था, जितना कि उसके अन्य सहपाठी करते थे।

वह अपनी मन की पीड़ा, कल्पना व लक्ष्य, छोटी-छोटी कविताओं के माध्यम से व्यक्त करता। वह कागज, कलम उठाता और मन में दौड़ रहे सपनों को पकड़कर थाम लेता, फिर उन्हें कागज पर उकेरता, उन्हें कविता का रूप देता। किंतु प्रशंसा या तारीफ के लिए नहीं, केवल स्वान्तः सुखाय।

तभी तो अधिकतर लोगों को उसकी इस प्रतिभा के बारे में पता ही नहीं था। गाँव का कोई अन्य बच्चा ऐसा न करता था तो रविंद्र को लगता था कि शायद ऐसा करना गलत होता होगा! लिहाजा वह छिपकर कविता लिखता व स्वयं को ही सुनाता। कभी-कभी रंजना भी उसकी कविता सुनती। एक दिन रविंद्र ने अपनी स्वरचित कविता 'अधखुली आजादी' रंजना को सुनाई, जिसमें समाज के गरीब व शोषित वर्ग का दर्द झलकता था—

अधखुली आजादी क्या होती है?
यह पूछो उन पक्षियों से
जिन्हें उस दासता के चंगुल से
छुटकारा कब का मिल चुका है,
आजादी का ढोल पीट
जिनके पिंजरे का द्वार खुल चुका है।

जब भी रविंद्र किसी को अपनी कविताएँ सुनाता, मानो वह किसी अन्य लोक में चला जाता। उसके मन की पीड़ा, उलझन, वेदना, कविता पढ़कर काफूर हो जाती थी। शायद यह उसकी अभिव्यक्ति का सर्वोत्तम साधन थी।

रविंद्र के नाना एक संपन्न व प्रतिष्ठित किसान थे। वे सत्तर एकड़ के काश्तकार थे। गाँव में बड़ी प्रतिष्ठा थी उनकी। गाँव में निकलते तो सभी ग्रामीण—छोटे हों या बड़े, उनका अभिवादन किए बिना न रहते।

स्वभाव से अति उदार, दयालु इतने कि खुद का निवाला भी जरूरतमंद को दे दें। सफेद धोती, हलकी नीली कमीज, भूरे रंग की सदरी, चौखानेवाला लाल गमछा व चमड़े की जूतियाँ पहनते तो वे किसी रियासत के महाराजा लगते।

नाना प्रात:काल नित्यकर्मों से निवृत्त होकर घर में बँधे अपने प्रिय बैल को चारा डालते, उसकी पीठ को थपथपाते और दुलार करते थे। बैल भी अपने मालिक के निश्छल प्रेम को पाकर आनंदित हो उठता और अपने मालिक के कंधों पर अपना सिर रख देता, तब मानव और पशु एक-दूसरे को प्रेम करते हुए आनंद में डूब जाते थे। वह सफेद रंग का बलिष्ठ बैल नाना-नानी को प्राणों से भी प्रिय था। उसकी एक आवाज पर दोनों पानी की बाल्टी लिये दौड़ जाते थे।

घर में तथा खेतों में सहायता के लिए नाना ने एक नौकर भी रखा था। नारायण नाम था उसका। वह इतना स्वामिभक्त था कि यदि रात-बिरात भी काम दिया जाए तो वह उसे खुशी-खुशी करता। वह कभी भी अपने आराम की परवाह न करता, मानो नाना-नानी की सेवा ही उसके जीवन का एकमात्र ध्येय था। नाना-नानी के मुख से भी उसके लिए प्रेमासक्त व सम्मानजनक शब्द ही निकलते थे। नानी उसे कभी 'भैया' तो कभी 'नारायण बऊआ' कहकर पुकारती थी। बच्चे नारायण को 'मामू' कहकर पुकारते थे। नारायण जब बोलता था तो थोड़ा तुतलाता था, जिससे सारे बच्चे खूब हँसते। उन्हें हँसता देखकर नारायण भी खूब हँसता। उसे इन बच्चों का हँसना कभी बुरा नहीं लगा, बल्कि जब बच्चे उसकी तुतलाहट पर हँसते तो नारायण को उनकी हँसी में अपनापन ही महसूस होता। नारायण के माँ-बाप नहीं थे। उनका देहांत वर्षों पहले हो गया था। नारायण का विवाह भी नहीं हुआ था। वह इसी घर में कई वर्षों से सेवा कर रहा था। अब यही घर उसका अपना घर था। घर के सभी सदस्य नारायण के परिवार के सदस्य के समान ही थे। नानी भी नारायण को परिवार के सदस्य के समान ही स्नेह देती थीं। जब कभी नारायण काम करते-करते थक जाता तो नानी उसका हाल-चाल पूछतीं और उसे गरम दूध पीने को देतीं। इस प्रेम व सम्मान को पाकर नारायण नाना-नानी के आदेश का पालन करने के लिए हमेशा तैयार रहता। नाना जब तक नहाते, तब तक नारायण हैंडपंप चलाता, सूती कपड़े से नाना की पीठ भी रगड़ देता। नाना मना करते, किंतु नारायण उनकी एक न सुनता।

'बस-बस, रहने दे बेटा, रहने दे। मनुष्य होकर मनुष्य की सेवा लेना अच्छा नहीं लगता।' नाना संकोचवश कहते।

'ठीक है काका, एक मनुष्य दूसरे मनुष्य की सेवा भले न करे, लेकिन एक मनुष्य एक देवता की सेवा तो कर ही सकता है। यह तो मैंने हनुमान मंदिर में कथा में भी सुना है, पंडितजी के प्रवचन में।'

'तो भगवान् की सेवा किया कर।' नाना बड़े लाड़ से कहते।

'मेरे भगवान् तो आप ही हैं, काका। मैं क्यों कहीं और जाऊँ? यह जीवन आपका ही दिया है, काका। जब बीमार हुआ था, डॉक्टर ने भी मना कर दिया था तो आपने कितनी भाग-दौड़ की थी! शहर से डॉक्टर बुलाया था। खर्च की कोई परवाह नहीं की थी। ऐसा तो केवल देवता ही कर सकते हैं। मेरे देवता तो आप ही हैं, काका।'

ऐसा कहते हुए नारायाण का गला भारी हो जाता और उसके नेत्र कृतज्ञता से सजल हो उठते। फिर उसमें प्रेम के आँसुओं के आधिक्य हो जाने पर आँसू उसके गालों पर लुढ़क आते, नाक बहने लगती, जिसे नारायण अपने मैले गमछे से पोंछ लेता।

नारायण के निःस्वार्थ सेवाभाव से नाना भी भावुक हो जाते, किंतु उनके आँसू नहाते समय उसी पानी में मिल जाते, जिन्हें उनके अलावा कोई और न देख पाता। मालिक-नौकर का यह प्रेम अनूठा था, पवित्र था।

नानी ने घर में कपड़े धोने के लिए अधेड़ उम्र की एक औरत को भी काम दे रखा था। बच्चे उसे भी 'नानी' कहकर ही पुकारते थे। भले ही वह घर की नौकरानी थी, किंतु घर के सभी लोग उनका बहुत सम्मान करते थे। बच्चे उनके पैर भी छूते थे। नानी के कहीं बाहर चले जाने या अस्वस्थ हो जाने पर वह घर में खाना भी बना देती थी। सभी लोग उनका पकाया भोजन बड़े चाव से खाते थे। आज जब गाँव के घर में कोई नहीं रहता, तो वही घर की केयरटेकर है और पूरे घर को ऐसे सँभालती है, जैसे यह उन्हीं का घर हो।

(15)

अँधेरी रात के सन्नाटे में बूढ़ी गंडक नदी चट्टानों से टकराती हुई ऐसी सुहावनी मालूम होती थी, जैसे घुमुर-घुमुर करती हुईं चक्कियाँ। सारी दुनिया सो रही थी। केवल तारे आकाश में जाग रहे थे। नानी चारपाई पर लेटी थीं। उनकी आँखें टिमटिमाते तारों को एकटक निहार रही थीं। नींद आँखों से कोसों दूर थी। नानी चारपाई पर पड़ी हुई करवटें बदलतीं। चेहरे पर से बेचैनी के भाव जाने का नाम ही नहीं ले रहे थे। बगल की चारपाई पर लेटा हुआ रविंद्र भी जाग रहा था। नींद का बार-बार स्मरण करता, किंतु निद्रा तो सारे गाँव से ही दूर जा चुकी थी। रविंद्र खुली आँखों से ही कभी मारियाना गर्त तो कभी माउंट एवरेस्ट के स्वप्न देखता।

कल नवोदय प्रवेश-परीक्षा का रिजल्ट आना था।

सभी लड़के भविष्य के सपने सँजो रहे थे। लड़कों के हृदय की धड़कनें तीव्र

थीं। रात के सन्नाटे में चारपाई पर लेटे हुए लड़के जब सोने की कोशिश में चादर ओढ़कर आँखें बंद करते तो उनके ही हृदय की धड़कनों का शोर उन्हें सोने न देता—

'कल क्या होगा?'

'रिजल्ट अच्छा तो आएगा न?'

'यदि अच्छा न आया तो··· ? ···नहीं-नहीं, ऐसा नहीं होगा।'

वे स्वयं ही विचार करते व स्वयं ही उन विचारों का खंडन करते। सभी लड़कों के मन में केवल यही विचार दौड़ रहे थे।

परीक्षा के भय से ज्यादा परीक्षा-परिणाम का भय अधिक व्यथित व व्याकुल करनेवाला होता है।

सदैव शीतलता प्रदान करनेवाली दूधिया चाँदनी आज शरीर को तपन दे रही थी। आज स्वच्छ आकाश में तारों की संख्या भी प्रतिदिन से अधिक थी। वे आज कुछ ज्यादा ही टिमटिमाते नजर आते थे, मानो वे भी किसी परीक्षाफल के इंतजार में व्याकुल होकर रात्रि जागरण कर रहे हों और उन सभी लड़कों से समानुभूति व्यक्त कर रहे हों।

ऊहापोह की स्थिति से दूर रविंद्र के रात्रि जागरण का कारण परीक्षाफल का भय नहीं था, बल्कि अति उत्साह था, जो बालकों को उत्तीर्ण होने के बाद होता है। आत्मविश्वास से भरे हुए रविंद्र को शायद कल आनेवाले परीक्षाफल का पूर्वाभास था। अत: स्वर्णिम भविष्य की अनके योजनाएँ उसके मन में संचरित होती रहती थीं। कल 11 बजे तक चौपाल पर अखबार आ जाएगा, जिसमें सभी लड़के परीक्षा में किए गए अपने प्रदर्शन का प्रतिफल देखेंगे।

'नींद नहीं आ रही क्या, बउआ?'

नानी ने बगल में लेटे रविंद्र की तरफ गौर से देखकर पूछा।

रविंद्र को इस प्रश्न का सही उत्तर न सूझा तो उसने कोई जवाब न दिया। जानबूझकर आँखें बंद करके सोने का नाटक करने लगा।

'बउआ! ओ बउआ!' नानी ने थोड़ा जोर से पुकारा।

'हूँ', रविंद्र के मुँह से आवाज निकली।

'नींद नहीं आ रही क्या?'

'आ तो रही है, नानी।'

'तो फिर आँखें खोले आकाश को क्यों देख रहा है? बहुत रात हो गई, बेटा। सो जा, कल रिजल्ट अच्छा आएगा। मुझे पता है कि तूने बढ़िया लिखा है। तू पास हो जाएगा। तू चिंता न कर। अव्वल आएगा, देखना!'

नानी ने बालक को चिंतामुक्त होने का उपदेश तो दे दिया था, किंतु वे स्वयं ही चिंताग्रस्त हो गईं। वह मन-ही-मन छठ माता का स्मरण करके कुछ बुदबुदाने लगीं। शायद अपने नाती की सफलता की प्रार्थना कर रही थीं।

सुबह बरतनों की खनक व नल के चलने की खटखटाहट ने रविंद्र को मीठी नींद से जगा दिया। आकाश में अभी भी तारे थे। सुबह के 4:30 बजे होंगे। सुबह की शीतल, सुगंधित व मंद हवा शरीर को ऐसा सुख दे रही थी, जैसे घाव पर मरहम लगाने पर किसी घायल को मिलता है।

रविंद्र ने आँखें खोलीं। देखा कि नानी व रंजना जाग गई हैं। वे स्नान करके पूजा की तैयारी कर रही हैं।

'एक थाली में थोड़ा सिंदूर, चावल और थोड़े से बताशे सजा ला, बिटिया।'

'लोटा भी माँज दूँ क्या, नानी?'

'हाँ-हाँ बिटिया, शाबाश! जल्दी से माँज ला। माता के मंदिर पर जल्दी से जल चढ़ाकर आ जाऊँ, उजाला होते ही बहुत भीड़ हो जाती है।'

नानी सबसे पहले मंदिर पहुँचकर अपने नाती के स्वर्णिम भविष्य के लिए प्रार्थना करना चाहती थीं।

सोते हुए नाना को कंधे से हिलाते हुए बोली, 'सुन रहे हो?'

नाना ने सोते हुए ही 'हूँ' की आवाज से नानी की बात का जवाब दिया।

'आज बछड़े को कबरी गाय का दूध मत चुखाना। आज ज्यादा दूध चाहिए। पेड़े बनाना है। बउआ को बहुत अच्छे लगते हैं।'

स्वार्थपरक बात को सुनकर नाना जाग गए और बोले, 'बछड़ा कितना दूध पीता होगा? ज्यादा दूध चाहिए तो रामेश्वर के घर से मँगवा लो। नारायण को भेज देना, लेता आएगा।'

किसी के भी अधिकार का हनन करना नाना के स्वभाव में शामिल न था, फिर चाहे कोई इनसान हो या जानवर।

आज सुबह से ही चौपाल पर लड़कों की भारी भीड़ जमा हो गई। परिणाम को लेकर लड़के तरह-तरह के कयास लगा रहे थे।

एक लड़का बोला, 'इस बार परीक्षा में कम लड़के पास हुए। मेरे मामा बेगूसराय में रहते हैं, नवोदय का एक चपरासी उनका दोस्त है, उसने ही बताया।'

उस लड़के की इस भविष्यवाणी पर कुछ लड़के आश्चर्यचकित थे तो कुछ भयभीत।

कुंदन उदासी भरे स्वर में बोला, 'ललित तो पास हो ही जाएगा। गुरुजी का प्यारा जो है। दिक्कत तो हम लोगों को है।'

'कोई पास हो न हो, रविंद्र तो जरूर पास होगा।' चहकते हुए अंजेश बोला।

'हाँ-हाँ, परीक्षा पास करना तो हलवा खाने जैसा है, जब मन किया खा लिया। स्कूल में होशियार होना अलग बात है, परंतु परीक्षा में पास होना कठिन है। बड़े होशियार लड़के बैठते हैं परीक्षा में। उन्हें पछाड़ना आसान नहीं होगा।' कुंदन ने व्यंग्य किया।

अपनी बात को कटता देख अंजेश को बुरा तो लगा, किंतु अधिक बहस न करते हुए वह बोला, 'ठीक है, थोड़ी देर में पता चल ही जाएगा।'

तभी साइकिल की घंटी की आवाज ने सभी लड़कों का ध्यान खींचा। बबलू साइकिल चलाता हुआ तेजी से चौपाल की ओर आ रहा था। पीछे गाँव का ही एक दुबला-पतला लड़का बैठा था। वह अखबार को ऐसे ऊँचा उठाए था, जैसे कि ओलंपिक जीतने के बाद खिलाड़ी अपनी ट्रॉफी को उठाए रहता है। सभी लड़कों की धड़कनें बढ़ गई थीं। यहाँ-वहाँ की बातें करनेवाले लड़के शांत थे। दिल बैठा जा रहा था। बबलू हाथ में लिये अखबार को गोल-गोल लपेटे हुए था। वह तुरंत चौपाल पर रखे तखत पर खड़ा हो गया और बोला, 'सारे लड़के शांत हो जाएँ। अपना-अपना रोल नंबर मुझे एक-एक करके बताएँ। मैं देखकर बताता हूँ कि कैसा आया है उनका रिजल्ट? अगर पास हो गए तो पाँच रुपए देने होंगे मुझे और फेल होने पर कुछ नहीं लगेगा।'

बबलू किसी सहयोग की भावना से यह कार्य नहीं कर रहा था, बल्कि उसे काफी पैसा मिलने की उम्मीद थी। यह अखबार आज उसकी कमाई का जरिया था।

कुंदन ने उदास होकर पूछा, 'मेरे पास तो केवल तीन रुपए ही हैं। मेरा रिजल्ट न देखोगे क्या, भैया?'

'तुम्हारा रिजल्ट सबसे बाद में देखा जाएगा।' बबलू ने कहा।

बाद में रिजल्ट देखे जाने की बात सुनकर कुंदन को कुछ राहत मिली।

लड़कों में उत्सुकता व व्याकुलता से भगदड़ की स्थिति बन गई थी। प्रत्येक लड़का अपना रिजल्ट सबसे पहले देखना चाहता था। जिनके पास रुपए नहीं थे, वे भागकर जल्दी से रुपए ले आए थे।

एक-एक करके लड़के बबलू को अपना रोल नंबर बताते और बबलू अखबार में रोल नंबर को ऐसे खोजता, मानो कोई अनुभवी जौहरी पत्थरों में से कीमती रत्न खोज रहा हो।

दाएँ हाथ की तर्जनी उँगली अखबार में लिखे रोल नंबर पर रखकर आगे की ओर बढ़ाता और बताया गया रोल नंबर खोजता।

उसकी उँगली के साथ-साथ लड़कों की आँखें भी उसी दिशा में घूम जातीं। जहाँ भी उँगली रुकती, लड़कों की तो मानो साँसें ही रुक जातीं। मुँह खोले हुए घबराहट की मुद्रा में लड़के प्रत्येक रोल नंबर पर बबलू के चेहरे के भाव को पढ़ने का प्रयास करते और अनुमान लगाते कि उनका रिजल्ट कैसा आया है ?

धर्मेंद्र ने अपना रोल नंबर बताया और हाथ में पाँच रुपए का नोट लेकर व्याकुलता से परिणाम सुनने की प्रतीक्षा करने लगा।

अखबार में उसका रोल नंबर न पाकर, उदास होकर बबलू बोला, 'तुम्हारा तो सिलेक्शन नहीं हुआ, धर्मेंद्र।'

बबलू के लहजे में कृत्रिम दु:ख का भाव था।

धर्मेंद्र को मानो विश्वास न हुआ हो।

'एक बार फिर देख लेते भैया।' धर्मेंद्र गिड़गिड़ाया।

'नहीं हुआ भाई, कितनी भी बार देख लो, फेल तो फेल।'

अब कुंदन की बारी थी।

वह भी फेल।

राजेश, विभोर, सत्येंद्र, राजीव, सभी फेल।

बबलू को भी आश्चर्य हो रहा था कि कहीं अखबार ही तो गलत नहीं उठा लाया वह ?

अब रविंद्र की बारी थी।

रविंद्र ने ऊँचे स्वर में रोल नंबर बोला—'721930।'

रोल नंबर को बार-बार दोहराते हुए बबलू उसे अखबार में खोजने लगा। उसकी तर्जनी तेजी से दाएँ से बाएँ गति करती थी। एक जगह उसकी उँगली रुकी, चेहरे पर चमक आई, मुँह में भरे पान की पीक को गिरने से बचाने के लिए बबलू ऊपर की ओर मुँह करके तुतलाते हुए बोला, 'रविंड पाफ (रविंद्र पास)।'

बड़ी देर बाद किसी के पास होने का समाचार मिला था, इसलिए लड़कों के साथ-साथ बबलू का भी चेहरा खिल उठा था। पूरे गाँव में केवल एक ही लड़का पास हुआ था—रविंद्र।

बबलू ने खुशी के कारण पाँच रुपए भी न लिये। कुछ लड़कों ने खुशी में रविंद्र

को कंधे पर उठा लिया। रविंद्र को पास होने की खुशी तो थी, किंतु अपने मित्रों के फेल हो जाने का दुःख भी था।

उसके सारे मित्र दुःखी थे। कुछ रो रहे थे।

'मेरा पेपर तो खूब अच्छा गया था।' रुआँसा होकर राजेश बोला।

'मुझे तो पता था कि मैं फेल हो जाऊँगा।' एक लड़के ने कहा।

'जिसके भाग्य में होता है, वही पास होता है।' गोपाल ने मानो किसी दार्शनिक के अंदाज में कहा।

पूरा गाँव खुश था। रविंद्र ने पास होकर गाँव का नाम रोशन किया था।

नानी-नाना बहुत खुश थे। नाना ने नारायण को सौ रुपए देकर कहा

'जा, जल्दी भागकर बूँदी के लड्डू लेता आ।'

गर्व व आनंद की भावना से नाना का गला रुँध सा गया था। नानी ने पूरे मोहल्ले में लड्डू बाँटे। सारे मित्र, परिवारजन उत्साहित थे।

गाँव की परंपरा थी कि किसी को कोई उपलब्धि मिलने पर उसके घर के बाहर ढोल बजाए जाते थे।

परंपरा का पालन हुआ। देर तक दरवाजे पर ढोल-नगाड़े बजते रहे, जिसकी ताल पर अखिलेश, रंजना, कुंदन, व नारायण खूब नाचे, किंतु इस अति उत्साह से इतर रविंद्र शांत मन से मुख पर मुसकान लिये उत्सव का आनंद ले रहा था, मानो कोई योगी अभी ध्यान से जागा हो और लोगों को नाचते हुए देखकर मुसकरा रहा हो।

रविंद्र के लिए यह अपेक्षित परीक्षा-परिणाम था। परीक्षा देने के तुरंत बाद ही रविंद्र ने इस परीक्षा-परिणाम की मानसिक कल्पना कर ली थी। उसकी यह कल्पना आज सत्य हुई। रविंद्र खुश था। उसकी सफलता के अनेक सोपानों में से प्रथम चरण पूर्ण हो चुका था।

कठिन मानी जानेवाली नवोदय की प्रवेश-परीक्षा को रविंद्र ने प्रथम प्रयास में ही पास कर लिया था। रविंद्र आगामी भविष्य के कल्पना-सागर में गोते लगाने लगा।

(16)

रविंद्र के पास होने की खबर बसही गाँव भी जा पहुँची थी। पिताजी की खुशी का ठिकाना न था। उनकी छाती गर्व से फूल गई थी। माता का खुशी के मारे रोए जा रही थी। जब भी वह रविंद्र के बारे में सोचती, सैकड़ों आँसू टपक पड़ते।

अपने इकलौते पुत्र व कलेजे के टुकड़े को अपने से दूर करना किसी भी माँ के लिए असहनीय व पीड़ादायक होता है, किंतु रविंद्र की माँ ने उसका भविष्य सँवारने के लिए यह पीड़ा खुशी-खुशी सहन की थी।

ऐसा एक भी दिन न जाता, जब उसने रविंद्र की चर्चा न की हो, आँखों को आँसुओं से न भिगोया हो।

उस माता का त्याग आज फलीभूत हुआ था। बेटे के सफल होने का समाचार बार-बार उस माता के मन को आनंदित कर रहा था। बेटे को जी भरकर देखने, उसे अंग से लगाने, उसे लाड़-दुलार करने, जिसका वह अधिकारी था, की इच्छा लिये हुए माता-पिता बरियारपुर आ गए थे।

माँ को आया देखकर रविंद्र भावुक हो गया। सदैव शांत रहनेवाला वह दुबला-पतला, किंतु स्वावलंबी बालक जो माता-पिता से दूर रह रहा था, आज अपनी ममतामयी माँ को देखकर अधीर हो उठा। वह अपनी माँ से लिपटकर रोने लगा। माँ के जिस लाड़-दुलार से वह वंचित रह गया था, आज वह उस संपूर्ण दुलार की कमी पूरी करना चाहता था। माँ से दूर बालक अपने हृदय में अपनी जननी के लिए इतना प्रेम समेटे था, इसकी कल्पना किसी ने भी न की थी। माँ भी लंबे समय बाद बेटे से मिली थीं। अतः देखते ही फफक पड़ीं। वह प्रेम, वियोग व गर्व की मिश्रित अनुभूतियों के साथ रविंद्र को चूमती, गले से लगाती, सिर पर हाथ फेरती, फिर चूमती। कभी-कभी, अपने भाग्य को कोसती, जिसने उन्हें उनके पुत्र से दूर रखा था। पिता के मन में भी यही भाव थे। उन्होंने संयमी पुरुष की तरह उसे उसकी माता के समान लाड़ तो नहीं किया, किंतु उनका अपार प्रेम उनके नेत्रों से प्रकट हो रहा था। उनके लिए प्रेम प्रदर्शन की वस्तु नहीं था, बल्कि उनके अप्रदर्शित प्रेम में अथाह गहराई थी, जिसमें पुत्र-प्रेम का महासागर हिलोरें ले रहा था।

माँ व पुत्र के प्रेम को देखकर वहाँ उपस्थित गाँव के सभी लोगों की आँखें नम हो गई थीं।

पिता की आर्थिक स्थिति मजबूत न होने पर भी उन्होंने रविंद्र की पढ़ाई को सुचारु रखने के लिए आवश्यकता से अधिक परिश्रम किया था। वे समय-समय पर उससे मिलने आते थे और बड़े जतन से बचाए हुए कुछ रुपए उसे दे जाते थे। रविंद्र भी एक समझदार बालक की तरह रुपए खर्च करता था।

आज पिता की अखंड मेहनत का रंग दिखाई देने लगा था।

वांछित सफलता प्राप्त होने पर उसके लिए उठाए गए कष्ट दुःखदायी नहीं होते।

किंतु रविंद्र के लिए यह तो मात्र सफलता की सीढ़ी का प्रथम चरण ही था। उसे तो अभी सफलता की अनंत यात्रा पर निकलना था। समुद्र की गहराई को मापना था, पृथ्वी के सर्वोच्च शिखर को विजित करना था, अपने सपनों को साकार करना था।

(17)

जुलाई माह के गरमी और उमस भरे दिन थे। रविंद्र हाथ में थैला लटकाए नवोदय में प्रवेश लेने अपने बाल-सखाओं, नाना, नानी, रंजना, पूनम मौसी, अखिलेश व प्रिय गाँव से विदा हो रहा था।

दोपहर की चिलचिलाती धूप में वह पसीने से तरबतर हो गया था, लेकिन उसका मन उत्साह व आशा से भरा हुआ था। उसके पिताजी व गुरुजी उसे दाखिला दिलाने उसके साथ गए थे।

नाना, नानी, माँ, मौसी आदि के चरण छूकर रविंद्र बोझिल कदमों से विदा हुआ।

राजीव ने त्रिलोकी से कहा, 'हमारा रविंद्र पढ़कर बड़ा आदमी बनेगा, देखना।'

त्रिलोकी ने केवल 'हाँ' में सिर हिलाया। मित्र का वियोग उसे असहनीय लग रहा था।

'रविंद्र भैया, अब कब आना होगा गाँव?' बहती नाक व आँसुओं को पोंछते हुए राजीव ने पूछा।

'पता नहीं, छुट्टियों में आऊँ शायद।' रविंद्र ने भी बोझिल मन से उत्तर दिया।

'हमें भूल तो नहीं जाओगे, रविंद्र?' ललित ने सिसकते हुए पूछा।

इस मार्मिक प्रश्न का रविंद्र कोई जबाव न दे सका। थैला जमीन पर रखा और ललित के गले से लिपट गया। बाल सखाओं से बिछड़ना रविंद्र के लिए भी हृदय विदारक था।

माँ व नानी ने पूड़ियाँ, नमकपारे व कुछ लड्डू बाँध दिए थे।

रिक्शे में बैठकर तीनों बेगूसराय के लिए रवाना हुए।

बालकवृंद रिक्शे के पीछे उड़ती धूल को काफी देर तक देखते रहे। अब शायद उन्हें रविंद्र से दोबारा मिलने की आशा नहीं थी।

उनकी टोली का सबसे सीधा, समझदार, विवेकी, दुबला, किंतु साहसी साथी उनसे विदा हो गया था।

रविंद्र का दाखिला बेगूसराय नवोदय विद्यालय में हो गया था। विद्यालय

नगर के बाहर एक भव्य इमारत में था। शर्मा सर ने बताया कि अनेक महापुरुष इस विद्यालय के छात्र रहे हैं। रविंद्र ऐसे विद्यालय में पढ़ने के कारण स्वयं को भाग्यशाली समझ रहा था।

लगभग दो घंटे की यात्रा के बाद रविंद्र विद्यालय पहुँचा। मुख्य द्वार से काफी पैदल चलने के बाद विद्यालय की मुख्य इमारत प्रारंभ होती थी। शुरुआत में ही एक लंबा-चौड़ा हॉल था, जिसमें मेजें व कुरसियाँ करीने से लगी हुई थीं। लगभग 80 लड़के अपने अभिभावकों के साथ वहाँ मौजूद थे।

एडमिशन की कार्यवाही चल रही थी। कुछ शिक्षक मंच पर रखी कुरसियों पर बैठे थे तो कुछ कागजों, फॉर्मों की औपचारिकताएँ पूर्ण कर रहे थे। वहीं मंच के मध्य में चेहरे पर कठोर भाव धारण किए शांत व गंभीर मुद्रा में बैठा हुआ एक मोटा सा आदमी इन सारी कार्यवाहियों पर नजर रख रहा था। हलकी नीली कमीज व कत्थई पैंट उस पर खूब जँच रही थी।

वे मो. गुफरान थे।

विद्यालय के प्रिंसिपल।

उनकी प्रभावशाली छवि किसी को भी प्रभावित कर देती थी। उन्हें देखकर ऐसा लगता था कि वे जीवन में कभी भी मुसकराए नहीं होंगे! उनके बैठने व देखने के व्यवहार से अनुशासन झलक रहा था। काफी सख्त व अनुशासनप्रिय थे। जब छात्र उनके पास से गुजरते तो उनके पैर छूकर उन्हें प्रणाम करते। रविंद्र भी उनके व्यक्तित्व से प्रभावित हुए बिना न रह सका।

अन्य लड़कों की भाँति रविंद्र ने भी झुककर उनके पैर छूना चाहे।

इससे पहले कि रविंद्र के हाथ उनके पैरों तक पहुँच पाते, वे एकदम बोल पड़े, 'बस, बस, रहने दो बेटा, खुश रहो।'

इस कठोर व्यक्तित्व के मालिक के मुख से इतनी मधुर व कोमल आवाज की कल्पना न की थी रविंद्र ने। वह थोड़ा सकपकाया व झेंपते हुए मुसकराकर ही उनका अभिवादन किया।

यूँ तो वे लड़कों से बात नहीं कर रहे थे। लड़के आते व उनके पाँव छूकर चले जाते। वे शांत, निर्विघ्न बैठे रहते। किंतु रविंद्र के मामले में ऐसा न था।

'व्हाट इस योर नेम, चैंप?' प्रिंसिपल साहब ने पूछा।

'माय नेम इज रविंद्र, सर।' रविंद्र ने धीमें व विनम्रतापूर्वक उत्तर दिया।

'व्हिच विलेज डू यू बिलॉन्ग?'

‘बरियारपुर, सर।’

‘हू केम विद यू?’

‘माय फादर ऐंड टीचर।’

‘ओके, वेरी गुड।’ कहकर प्रिंसिपल साहब मो. गुफरान दूसरे छात्र से कुछ पूछने लगे।

रविंद्र ने गाँव में अंग्रेजी पढ़ी व लिखी तो थी, किंतु कभी अंग्रेजी बोलने का अवसर नहीं मिला था। आज अंग्रेजी में चंद वाक्य बोलकर रविंद्र बहुत खुश था।

‘थैंक यू सर!’ कहते हुए रविंद्र आगे बढ़ गया।

नवोदय के दीक्षित सर ने रविंद्र के एडमिशन की कार्यवाही पूर्ण की। रविंद्र को सभी अध्यापकों में दीक्षित सर बहुत अच्छे लगे, जो धैर्यपूर्वक छात्रों के दस्तावेजों की जाँच करके, आवश्यक कार्यवाही स्वयं ही करवा रहे थे।

छात्रों को आवासीय परिसर बाँटे जा रहे थे।

आवासीय परिसर ‘हाउस’ में बँटा था।

रविंद्र को दीक्षित सर का ‘भाभा हाउस’ मिला और वहीं रहने की व्यवस्था हो गई।

पिता व अरविंद सर एडमिशन करवाकर भारी मन से विदा हुए। पिता ने रविंद्र को 150 रुपए खर्च आदि के लिए दिए और वापस गाँव चले गए।

(18)

अगले दिन से ही विद्यालय में पढ़ाई चालू हो गई। शाम के समय रविंद्र ने परिसर में टहलते हुए बहुत से लड़कों को रोते हुए देखा। उन्हें घर की याद सताती थी।

माता-पिता के प्रेमपूर्ण सान्निध्य में रहने के बाद अचानक ही अकेले रहना कठिन था। सामंजस्य बनाना मुश्किल था, किंतु रविंद्र तो सदैव से ही माता-पिता से दूर रहा था। स्वावलंबन उसकी दिनचर्या का अभिन्न हिस्सा था, अत: यह परिस्थिति उसके लिए नई न थी।

रविंद्र को जो कमरा दिया गया था, उसमें डबल डेकर बेड था। एक कमरे में बीस लड़कों की व्यवस्था थी। मुकेश, यशवंत और राजेश उसके दोस्त बन गए थे, जिनमें मुकेश और यशवंत से रविंद्र का विशेष लगाव हो गया था। तीनों के स्वभाव में अनेक समानताएँ थीं। तीनों सहपाठी सगे भाइयों की तरह खेलते, बतियाते और पढ़ते थे।

रविंद्र के बगल के कमरे में सुदीप नाम का एक लड़का भी रहता था। उसका शरीर भारी-भरकम था ।

वह भोजन करने बैठ जाता तो एक घंटे से पहले नहीं उठता था। वह धनाढ्य परिवार से था और अपने माँ-बाप का बहुत लाड़ला था।

तीनों उससे बातें करते और मजे लेते। एक सुबह जब मुकेश उसके कमरे के सामने से निकला तो कमरे में सुदीप अकेला था।

मुकेश शरारती अंदाज में बोला, 'अरे सुदीप! कमरे में अकेले क्या कर रहे हो?'

'कुछ नहीं यार, भूख लग रही है। भूख से चक्कर आ रहे हैं।'

बड़े दयनीय स्वर में बोला सुदीप।

इतनी सुबह भूख की बात सुनकर मुकेश को हँसी आ गई, किंतु सँभलते हुए बोला, 'सत्तू खाओ तो ला दूँ। रखा है थोड़ा मेरे पास।'

सुदीप को चटपटी चीजें खाने की आदत थी। किंतु नवोदय में वे कहाँ नसीब थीं उसे। भूखा व्यक्ति मन से विचलित होता है। सत्तू की बात सुनकर कुछ सोचता हुआ सुदीप बोला, 'लाओ थोड़ा।'

मुकेश तुरंत अपने कमरे में वापस आया। उसने जल्दी से अपनी अलमारी खोलकर सत्तू का डिब्बा निकाला। उसे जल्दबाजी में देखकर रविंद्र व यशवंत ने उससे पूछा, 'क्या हुआ मुकेश? इतनी जल्दबाजी क्यों कर रहे हो? इतनी सुबह सत्तू?'

मुकेश ने होंठों पर उँगली रखते हुए उन्हें चुप रहने का इशारा किया। सभी चुप हो गए और विस्मय से देखने लगे, तभी मौन को भंग करते हुए मुकेश बोला 'चलो बाहर, खेल दिखाता हूँ एक। बहुत मजा आएगा।'

'क्या खेल है, कुछ बताओगे भी?' कौतूहलपूर्वक त्रिलोक कह उठा।

'और यह सत्तू से कौन सा खेल होता है, भला?' रविंद्र ने पूछा।

'अरे, सारे प्रश्न यहीं करोगे या बाहर आकर भी कुछ देखोगे?'

सभी मुकेश के पीछे-पीछे बाहर आए। सुदीप अपना बड़ा सा कटोरा लिये बगल में हरे रंग की नमकदानी व लोटा भर पानी लिये सत्तू के इंतजार में बैठा था। भूख से उसका हाल बेहाल था। नाश्ता दो घंटे बाद मिलता, तब तक भूखा रहना तो उसके लिए कठिन लग रहा था। तभी तेजी से मुकेश ने कमरे में प्रवेश किया। रविंद्र व यशवंत कमरे के बाहर खड़े होकर ही उत्सुकतापूर्वक यह तमाशा देख रहे थे।

'लाओ मुकेश, जल्दी लाओ, अब भूख नहीं सही जाती।'

'ये लो।' कहते हुए मुकेश ने उसके बड़े कटोरे में एक छोटी चम्मच सत्तू डाल दिया।

सुदीप इस इंतजार में बैठा कटोरे को निहारता रहा कि अभी और सत्तू डाला जाएगा। कुछ पल के बाद उसने ऊपर देखा।

मुकेश उसकी शक्ल देखकर ठहाका मारकर हँस पड़ा।

यह दृश्य देखकर चौखट पर खड़े तीनों दोस्त जोर-जोर से हँस रहे थे।

यह मजाक सुदीप के लिए असहनीय था। क्रोध में आकर सुदीप बड़ी मुश्किल से उठा और कटोरा मुकेश की ओर दे मारा।

यदि मुकेश समय पर न सँभलता तो कटोरे की टक्कर से वह चोटिल हो जाता।

मुकेश हँसते हुए कमरे से बाहर भागा।

सुदीप ने आगबबूला होते हुए उसका पीछा किया, किंतु भारी-भरकम शरीर अधिक न चल सका, हाँफकर बैठ गया।

बौखलाया हुआ व्यक्ति शब्दों को हथियार बनाकर प्रयोग करता है।

लगभग चीखता हुआ सुदीप बोला, 'तुम तीनों अपनी औकात में रहा करो, यदि पकड़ में आ जाओ तो बीच से तोड़ दूँ।'

किंतु उसे ईंट का जवाब पत्थर से मिला। मुकेश ने खिलखिलाते हुए कहा, 'कल फिर सत्तू लाऊँगा, जी भरकर खा लेना, आज ही की तरह।'

फिर से ठहाके लगे।

यद्यपि यह बाल-सुलभ खेल था, मजाक था। किंतु रविंद्र को यह मजाक अच्छा न लगा। किसी की विवशता मजाक की नहीं, वरन् सहानुभूति की विषय-वस्तु है।

रविंद्र ने मुकेश को डाँटते हुए कहा, 'दिस इज नॉट फेयर, मुकेश। उसके मोटापे का मजाक बनाना अच्छा नहीं। किसी दिन तुम मेरे दुबले-पतले होने का भी मजाक बनाओगे।'

हँसते-हँसते अचानक रुक गया मुकेश। फिर अचानक गंभीर हुआ। शायद उसे अपनी गलती का अहसास हो गया था।

वह तुरंत सुदीप के पास गया, क्षमा माँगी और बहुत से नमकपारे खाने को दिए।

पेट भर जाने पर दिमाग शांत हो जाता है।

सुदीप ने उसे क्षमा कर दिया। किंतु इस मजाक ने अब सुदीप को उसका पक्का दोस्त बना दिया था।

नवोदय आकर सुदीप का वजन किलो-दो किलो और बढ़ गया था।

नवोदय में नित्य ही किसी-न-किसी के अभिभावक अपने बच्चों से मिलने विद्यालय आते थे, उसे लाड़-दुलार करते, कुछ खाने का सामान व रुपए देकर विदा हो जाते।

एक दिन सुदीप के माता-पिता का आना हुआ। सुदीप अपने तीनों मित्रों के साथ खो-खो खेलने में मस्त था। तभी विद्यालय के चपरासी ने उसके माता-पिता के आगमन की खबर दी। सुदीप के साथ वे तीनों भी चले।

'मैंने माँ से लड्डू लाने को कहा था, देसी घी के। सबको खिलाऊँगा।' सुदीप ने चटखारे लेते हए कहा।

लड्डू की काल्पनिक महक उसकी टाँगों को हॉल की ओर खींचे ले जा रही थी।

सुदीप हॉल में पहुँचा, माता-पिता के चरण छुए।

तीनों मित्रों ने भी उनके चरण छुए।

तभी सुदीप की माता चेहरे पर दुःख के भाव लाकर बोलीं, 'हे भगवान्! मेरा छोटा सा बेटा कितना कमजोर हो गया है! क्या स्कूल वाले मेरे बउआ को खाना नहीं देते?'

अपने पति की तरफ देखते हुए बोलीं, 'देखो तो, बेचारे की हड्डियाँ दिखने लगी हैं।'

बस फिर क्या था। मुकेश, रविंद्र, त्रिलोक व यशवंत ने एक-दूसरे को अजीब नजरों से देखा।

हँसी छूटने ही वाली थी।

तेजी से भागते हुए सभी हॉल के बाहर निकले और बाहर पड़े हुए रेत के ढेर पर ढेर हो गए। सबका हँस-हँसकर बुरा हाल था।

सभी पेट पकड़कर हँस रहे थे। खड़ा होना भी मुश्किल था। उनके पेट में दर्द होने लगा था।

त्रिलोक हँसी सँभालते हुए बोला, 'हाथी का बच्चा कमजोर हो गया है।' कहते हुए उसने फिर ठहाका लगाया।

बहुत दिनों बाद रविंद्र व उसके साथी इतना हँसे थे। हँसते हँसते उनके आँखों से आँसू गिरने लगे थे।

(19)

विद्यालय में पढ़ाई का अच्छा माहौल था। शुरू में तो सब विद्यार्थी एक-दूसरे से अपरिचित थे, लेकिन धीरे-धीरे चेहरे जाने-पहचाने लगने लगे। लगभग 70 प्रतिशत विद्यार्थी ग्रामीण पृष्ठभूमि से थे। इनमें दो प्रकार के विद्यार्थी थे। एक वे, जो आस-पास के गाँव से आए थे। त्रिलोक, रविंद्र, मुकेश, जसवंत आदि इस वर्ग के छात्र थे। दूसरा

वर्ग उन लड़कों का था, जो बेगूसराय व पटना जैसे बड़े शहर के थे। आर्थिक रूप से ये लड़के गाँव के लड़कों से अधिक समृद्ध थे। उनका पहनावा, रहन-सहन व बात करने का तरीका शहरी था। वे गाँव के छात्रों को हेय दृष्टि से देखते थे। उनके माता-पिता उनसे मिलने स्कूटर या मोटरसाइकिल से आते थे, कुछ तो कार से भी आते थे।

रविंद्र का स्वभाव अंतर्मुखी था। दो या तीन छात्रों के अलावा वह किसी और से अधिक बात नहीं करता था। शरीर से दुबला-पतला होने के कारण कुछ छात्र उसका मजाक बनाते, किंतु रविंद्र उस पर ध्यान न देकर अपना ध्यान पढ़ाई में लगाता। कभी-कभी कबड्डी, खो-खो या शतरंज का मैच भी हो जाता था। क्रिकेट से रविंद्र को अरुचि थी।

आज क्लास खाली थी। मैदान में पेड़ के नीचे विशाल चबूतरे पर अनेक लड़के-लड़कियों का जमावड़ा लगा हुआ था। सभी का परिचय आपस में हो गया था, किंतु आज छात्रों के इतिहास पर चर्चा चल निकली। लड़के-लड़कियाँ अपने शहर व गाँव आदि के जीवन पर चर्चा करने लगे। उनमें से बहुत कम लड़के ऐसे थे, जिनका प्रथम प्रयास में ही नवोदय में चयन हुआ था। अधिकांश छात्रों ने दो या तीन प्रयासों में सफलता पाई थी। अत: वे आयु, कद-काठी में समकक्ष बच्चों से बड़े दिखते थे, ताकतवर भी।

इसके विपरीत रविंद्र कृशकाय था, जो उसके उपहास का भी कारण बनता था।

अब छात्र-संसद् में भविष्य की योजनाओं पर चर्चा प्रारंभ हुई। लवलेश ने अपने घुँघराले बालों पर हाथ फेरते हुए कहा, 'मेरा सपना अंतरिक्ष यात्री बनने का है। पूरे ब्रह्मांड की सैर करना, धरती को अंतरिक्ष से देखना।' ऐसा कहते-कहते वह मानो सचमुच ही ब्रह्मांड की सैर करने लगा था।

'एक दिन तुम सब जरूर मुझे अखबारों में देखोगे।' आकाश को घूरते हुए बोला लवलेश।

लवलेश की बात सुनकर रविंद्र ने उत्साहित होकर कहा, 'तुम जरूर बनोगे, मेरी शुभकामनाएँ तुम्हारे साथ हैं।'

रविंद्र की प्रतिभा से अब तक सभी लड़के परिचित हो गए थे। उसका सम्मान भी करने लगे थे। उसकी शुभकामनाओं से उत्साहित होते हुए लवलेश ने कहा, 'धन्यवाद, रविंद्र भाई!'

वीरेंद्र सक्सेना को लिटरेचर अच्छा लगता था। वह अंग्रेजी में कविताएँ लिखता था और अंग्रेजी बोलने का पूरा प्रयास करता था। कोई भी उससे हिंदी में बात करे, किंतु वह अंग्रेजी में उत्तर देने का पूरा प्रयास करता था। वह बोला, 'मैं अंग्रेजी का प्रोफेसर बनना चाहता हूँ।'

अब रविंद्र की बारी थी। उसकी योजना अलग थी। उसके स्वप्न बहुत बड़े थे। वह बोला, 'मैं आई.आई.टी. करके यू.पी.एस.सी. देना चाहता हूँ।'

एक शहरी लड़के ने कटाक्ष करते हुए कहा, 'देश के सबसे दुबले-पतले आई.ए.एस. होगे तुम!'

उसके कटाक्ष पर अधिकांश छात्र हँसने लगे, किंतु रविंद्र मानो सफलता के तेज से आलोकित हो रहा था। वह स्वयं को उस पद पर काल्पनिक रूप से प्रतिष्ठित कर रहा था, जो कल्पना एक दिन निश्चय ही हकीकत का रूप लेनेवाली थी।

तभी लड़कों के इस वाद-विवाद में एक भारी-भरकम आवाज ने व्यवधान डाला, 'क्या हो रहा है वहाँ?'

सामने प्रिंसिपल साहब मोहम्मद गुफरान खड़े थे। उन्हें देखकर सब सकपका गए। उनके शब्द भारी, किंतु कोमल थे।

'आप लोग क्लास के वक्त यहाँ क्या कर रहे हैं?'

किसी के मुँह से कोई आवाज न निकली।

जब काफी देर तक कोई लड़का न बोला तो काफी हिम्मत करके रविंद्र बोला, 'सर, आज अंग्रेजी के सर की तबीयत ठीक नहीं है, इसलिए उनका पीरियड खाली है।'

प्रिंसिपल सर जानते थे कि लड़के यदि इस तरह पेड़ के नीचे चर्चा करते रहेंगे तो अन्य कक्षा के विद्यार्थियों को भी व्यवधान होगा। इन लड़कों को भी गप्पे मारने का शौक लग जाएगा। प्रिंसिपल सर इस आदत को ही विकसित नहीं होने देना चाहते थे।

उन्होंने कहा, 'आप सभी क्लास में चलिए, मैं आता हूँ क्लास लेने।'

क्लास में पहुँचकर रविंद्र अपने 'भाभा हाउस' ग्रुप के सबसे स्मार्ट लड़के अभिनव के साथ बैठ गया। अभिनव भी कक्षा का होशियार विद्यार्थी था। वह गणित में इतना तेज था कि पलक झपकते ही उत्तर निकाल दे। वह अभिनव के बगल में तो बैठ गया, किंतु गाँव से आए दुबले-पतले, इकहरे बदन वाले, बीमार से दिखनेवाले लड़के से बात करने में उसने ज्यादा रुचि नहीं दिखाई। वह रविंद्र के बगल से उठा और अपने अन्य दोस्तों के साथ बैठ गया, जो शहरी पृष्ठभूमि के थे।

रविंद्र को उसका यह व्यवहार अच्छा नहीं लगा, किंतु अपने लक्ष्य पर केंद्रित रविंद्र इन बातों पर अधिक ध्यान न देता था। थोड़ी देर में प्रिंसिपल सर क्लास में आए। उन्होंने वक्त बरबाद किए बिना ही लड़कों को सीधे पढ़ाना प्रारंभ कर दिया। वे भूगोल के ज्ञाता थे। उन्होंने पहला प्रश्न किया, 'क्या आप लोग पर्वतों व घाटियों

के बारे जानते हैं? लघु व ऊँचे हिमालय की चोटियाँ कौन बताएगा?' अभिनव की ओर देखते हुए उन्होंने यह प्रश्न किया।

अभिनव बगलें झाँकने लगा।

सब चुप थे।

थोड़ी देर पहले अंतरिक्ष यात्री बनने के ख्वाब देखनेवाला लड़का भी इस बारे में कुछ नहीं जानता था।

पूरी क्लास में सन्नाटा था।

रविंद्र ने गुड्डू द्वारा दी गई पुस्तक में महासागरों व पर्वतों के बारे में पढ़ा था। पर्वतों के बारे में प्रिंसिपल सर को बताकर वह न केवल उनकी नजर में, बल्कि उसे सम्मान न देनेवाले छात्रों की नजर में भी सम्मान पा सकता था।

उसके लिए यह अच्छा मौका था।

रविंद्र ने बड़ी हिम्मत करके अपना हाथ ऊपर किया तो प्रिंसिपल सर ने कहा, 'चलो, इतनी बड़ी क्लास में कोई तो है, जो पर्वतों के बारे में कुछ जानता है। व्हाट इज योर नेम?'

रविंद्र ने प्रिंसिपल सर के साथ-साथ पूरी क्लास को अपना नाम बताया, 'सर, माय नेम इज रविंद्र।'

प्रिंसिपल सर ने कहा, 'बहुत बढ़िया, रविंद्र।'

'बोलो, क्या जानते हो तुम पर्वतों के बारे में?'

रविंद्र ने बताना शुरू किया, 'संपूर्ण हिमालय प्रदेश को तीन भागों में बाँटा गया है—लघु, मध्य व उच्च हिमालय। इन तीन मुख्य श्रेणियों के अलावा चौथी और सबसे उत्तरी श्रेणी को ट्रांस हिमालय कहा जाता है, जिसमें काराकोरम तथा कैलास श्रेणियाँ शामिल हैं। संसार की अधिकांश ऊँची चोटियाँ हिमालय में ही स्थित हैं। विश्व का सर्वोच्च शिखर 'माउंट एवरेस्ट' हिमालय का ही एक शिखर है। इसके प्रमुख शिखरों में अन्नपूर्णा, शिवशंकर, धौलागिरि और कंचनजंगा हैं। इसी पर 72 किमी. लंबा सियाचिन ग्लेशियर विश्व का दूसरा सबसे लंबा ग्लेशियर है।'

प्रिंसिपल सर मंत्रमुग्ध होकर वर्णन सुन रहे थे। वर्णन करते समय रविंद्र को यह अनुभूति हो रही थी, मानो वह इन पर्वत की चोटियों की सैर कर रहा हो। पूरी क्लास अवाक् होकर इस दुबले-पतले बालक के मुँह से इतनी बड़ी-बड़ी बातें सुन रही थी। सभी प्रभावित थे। यशवंत व मुकेश के मुख पर गर्व था कि उनका दोस्त

कक्षा में गर्जना कर रहा है। रविंद्र के बगल से हटकर जाने का अभिनव को अब पछतावा होने लगा था।

वर्णन समाप्त होने पर प्रिंसिपल सर ने कहा, 'वंडरफुल रविंद्र, एक्सीलेंट, आई एम प्राउड ऑफ यू, वेरी गुड।'

घंटी बजने पर क्लास समाप्त हो गई।

यशवंत और मुकेश ने रविंद्र को उसकी इस उपलब्धि पर बधाई दी।

यशवंत ने मजाक में कहा, 'रविंद्र, मुझे तो लगता है, तुम पर्वतारोही बनोगे। आज तुमने क्लास में भाभा हाउस का नाम ऊँचा कर दिया। आज तुमने अपने गाँव की नाक ऊँची कर दी।'

अपने गाँव का नाम सुनकर तथा इस प्रशंसा को पाकर रविंद्र का चेहरा खुशी व गर्व से चमकने लगा। अब रविंद्र पूरे विद्यालय का सबसे होशियार लड़का बन गया था।

लड़कियाँ-लड़के आपस में बातें करते, 'रविंद्र मतलब इंटेलीजेंट बॉय।'

(20)

नवोदय के वार्षिक उत्सव की तैयारियाँ हो रही थीं। उत्सव की इस श्रृंखला में विद्यालय के कक्षा दस के लड़कों ने एक क्रिकेट टूर्नामेंट का आयोजन रखा था। यह मैच नवोदय विद्यालय एवं एम.आर.डी. इंटर कॉलेज, बेगूसराय की टीमों के मध्य रखा गया था। रविंद्र को क्रिकेट में कोई विशेष रुचि नहीं थी। वैसे भी वह कक्षा सात का विद्यार्थी था, जो मैच खेलने की अर्हता पूरी नहीं करता था।

टीमों के बैठने व कमेंट्री करने के लिए एक टैंट लगा दिया गया था, जिसमें बहुत सी प्लास्टिक की कुरसियाँ डाल दी गई थीं। रविंद्र व उसके साथी माइक के पास रखी कुरसियों पर बैठ गए। सभी कार्यक्रम शुरू होने की प्रतीक्षा कर रहे थे। कार्यक्रम की संपूर्ण बागडोर के.पी. शर्मा सर सँभाल रहे थे। उन्होंने अपने विद्यार्थियों को भी छुटपुट जिम्मेदारियाँ दे रखी थीं। सभी लड़के बहुत खुश थे। कार्यक्रम के मुख्य अतिथि तत्कालीन एस.डी.एम. साहब थे। मंच की सारी व्यवस्था लड़कियाँ सँभाल रही थीं। प्रिंसिपल साहब छुट्टी पर थे, लिहाजा उनका प्रभार भी शर्मा सर के पास था।

नवोदय में अध्यापक का काम केवल पढ़ाना ही नहीं होता, बल्कि वह लड़के-लड़कियों के अभिभावक की भूमिका में भी होते हैं। वे हर बात का खयाल

रखते हैं, बड़ा प्रेम-स्नेह देते हैं। छात्र भी उन्हें पिता समान सम्मान देते हैं। उनके आदेशों का सहर्ष पालन करते हैं।

सारी जिम्मेदारियाँ दी जा चुकी थीं। बस, कमेंट्री की बागडोर सँभालने के लिए उचित उद्घोषक की तलाश की जा रही थी। कक्षा ग्यारह का छात्र धर्मेंद्र माइक पर बोलने का शौकीन था। वह दौड़ता हुआ आया और शर्मा सर से बोला, 'सर, मैं कमेंट्री करना चाहता हूँ।'

'तुम्हें क्रिकेट की जानकारी है ?' सर ने पूछा।

'यस सर।'

'ओके, विश यू ऑल द बेस्ट।' सर ने जिम्मेदारी सौंपते हुए शुभकामनाएँ दीं।

'थैंक यू वेरी मच सर!'

धर्मेंद्र बेगूसराय का ही रहनेवाला था। कस्बे में उसकी नाटक की पोशाक, वाद्ययंत्र व अन्य सजावटी सामग्री की दुकान थी। रामलीला व नौटंकी के कलाकारों की भीड़ रहती थी उसकी दुकान पर। उसकी आवाज व अंदाज नौटंकी में गानेवाले कलाकारों जैसा ही था। उसने कमेंट्री करनी शुरू की, 'हैलो, माइक टेस्टिंग! हैलो, वन, टू, फोर…।'

'मैच का मजा लेनेवाले सभी बैठ जाएँ। मैं सभी भाइयों-बहनों से गुजारिश करता हूँ कि सहयोग बनाए रखें। मेरी एंपायर से गुजारिश है कि पिच पर घूम रहे कुत्ते को भगाएँ।'

लाइव कमेंट्री प्रारंभ हो चुकी थी।

मुख्य अतिथि एस.डी.एम. साहब को आने में कुछ विलंब हो रहा था, इसलिए मैच शुरू कर दिया गया। दस ओवर के मैच का टॉस नवोदय की टीम ने जीता और पहले गेंदबाजी करने का फैसला लिया। विरोधी टीम ने धुआँधार बल्लेबाजी करते हुए 10 ओवर में 146 रन बनाए। नवोदय की तरफ से ओपनिंग राजीव और विशाल ने की।

राजीव ने पहली ही बॉल पर छक्का जड़ दिया, तभी मेन गेट पर कुछ हलचल हुई। कमेंटेटर धर्मेंद्र सिंह ने उत्साह से घोषणा की—'मुख्य अतिथि एस.डी.एम. साहब पधार चुके हैं। सभी खिलाड़ियों से अनुरोध है कि वे जोरदार तालियों से एस.डी.एम. साहब का स्वागत करें।'

लड़कों ने मैच रोक दिया व तालियाँ बजाने लगे। एस.डी.एम. साहब ने मैच रुकते देखा तो खिलाड़ियों को इशारे से मैच जारी रखने को कहा। के.पी. शर्मा सर एस.डी.एम. साहब को आदर सहित मंच पर ले गए और उनसे स्थान ग्रहण करने का अनुरोध किया।

'प्लीज सर विराजिए!' सम्मानपूर्वक बोले शर्मा सर। एस.डी.एम. साहब ने हाथ जोड़कर उनका धन्यवाद किया और बोले, 'पहले आप बैठिए गुरुजी, फिर मैं बैठता हूँ।'

शर्मा सर कुछ सकुचाए और झेंपते हुए बोले, 'सर, आप बड़े अफसर हैं। मुख्य अतिथि हैं कार्यक्रम के। इस मंच की शोभा हैं। कृपया पहले आप विराजिए।'

एस.डी.एम. साहब ने अति विनम्रता से कहा, 'गुरु का स्थान सर्वोपरि है, सर। आप हैं तो मैं हूँ। आपके ही किसी भाई-बंधु ने मुझे पढ़ाया है, तभी आज मैं इस पद पर हूँ।' ऐसा कहते हुए एस.डी.एम. साहब ने शर्मा सर को बैठने के लिए कुरसी की तरफ हाथ बढ़ाकर संकेत दिया। मजबूरन शर्मा सर बैठ गए। इसके बाद ही एस.डी.एम. सर बैठे।

कितनी सरलता व शिक्षकों के लिए सम्मान था उनमें, अपने पद का बिल्कुल भी मद नहीं। सरलता में कितना बड़प्पन होता है। इसका प्रत्यक्ष उदाहरण एस.डी.एम. साहब दे चुके थे।

शर्मा सर अभिभूत हुए और बैठ गए, फिर लड़कियों को अतिथि-स्वागत करने की कार्यवाही शुरू करने का इशारा किया, तभी कमेंटेटर की आवाज गूँजी, 'प्रिंसिपल सर से निवेदन है कि एस.डी.एम. सर को माला पहनाएँ।' फिर उसे अहसास हुआ कि प्रिंसिपल तो छुट्टी पर हैं। वह थोड़ा झेंप गया। वह गलती सुधारते हुए बोला, 'सुधीर सर, एस.डी.एम. सर को माला पहनाएँ।'

एस.डी.एम. साहब बोले, 'अरे भाई, स्वागत रहने दीजिए। मैच में व्यवधान होता है। स्वागत बाद में कर लीजिए। खिलाड़ी डिस्टर्ब होते हैं।'

एस.डी.एम. साहब भी नवोदय के छात्र रहे थे, इसलिए अति व्यस्तता के बावजूद भी उन्होंने नवोदय विद्यालय में मुख्य अतिथि बनने का आग्रह स्वीकार कर लिया था। यहाँ आकर उन्हें शायद अपने विद्यार्थी जीवन की स्मृति हो आई थी, इसलिए वे मैच को गंभीरता से ले रहे थे। रविंद्र उन्हें बहुत नजदीक से देख रहा था। पहली बार किसी एस.डी.एम. को उसने इतनी पास से देखा था। वह उनके मुखमंडल की आभा को देखता रहा। जब एस.डी.एम. सर से उसकी नजरें मिलीं तो उसने हड़बड़ाकर हाथ जोड़कर उन्हें प्रणाम किया। एस.डी.एम. सर ने भी मुसकराकर रविंद्र के अभिवादन का उत्तर दिया।

मैच फिर शुरू हो गया, उत्साहित कमेंटेटर धर्मेंद्र ने मैच को देशभक्ति से

जोड़ने की मंशा से मोहम्मद रफी की दो लाइन गा दीं—'कर चले हम फिदा जानो तन साथियों, अब तुम्हारे हवाले वतन साथियो।'

एस.डी.एम. साहब को मैच के बीच में व्यवधान महसूस हुआ तो उन्होंने धर्मेंद्र से कहा, 'आप ये कमेंट्री कर रहे हैं या फिल्मी गीत गा रहे हैं?'

धर्मेंद्र ने झेंपकर गीत बंद किया और कमेंट्री जारी रखी।

'नवोदय की टीम का यह तीसरा विकेट गिरा। बल्लेबाज केवल 4 रन बनाकर आउट हुआ। शायद उसे प्यास लगी थी, इसलिए वह जल्दी में था।'

इस तरह की कमेंट्री सुनकर एस.डी.एम. साहब के चेहरे पर नाराजगी के भाव आ गए थे, किंतु मंच की मर्यादा को बनाए रखते हुए चुपचाप बैठे रहे। बहुत देर से बोल रहे धर्मेंद्र को शायद लघुशंका के लिए जाना था। इसलिए उसने जल्दी में पास में ही बैठे रविंद्र को माइक थमा दिया और थोड़ी देर में आने की कहकर चला गया। अचानक माइक हाथ में आ जाने से रविंद्र सकपका गया था, किंतु जल्दी सँभल गया। विद्यालय में कई अवसरों पर उसने भाषण प्रतियोगिता में प्रथम स्थान पाया था। भाषण व वाद-विवाद प्रतियोगिता में माहिर हो गया था। अच्छे, प्रासंगिक व उचित शब्दों का चयन करना रविंद्र को बखूबी आता था। अत: अपनी मन:स्थिति बदलकर रविंद्र ने माइक पर अपने मन में चल रहे भावों को संतुलित शब्द देना प्रारंभ कर दिया।

'इस समय एम.आर.जे.डी. इंटर कॉलेज की टीम कुछ नाजुक स्थिति में है। नवोदय के कप्तान की शानदार बल्लेबाजी व श्रेष्ठ रणनीति उनके लिए परेशानी का कारण बन गई है। अब नवोदय की टीम के विकेट गिरने का नाम ही नहीं ले रहे हैं, शायद अब यह मैच नवोदय के खाते में आ गिरेगा।'

बदली हुई कमेंट्री सुनकर सभी प्रभावित थे। अब हँसी-मजाक का स्थान गंभीर विश्लेषण ने ले लिया था। एस.डी.एम. सर का ध्यान अचानक बदली कमेंट्री पर गया। वे प्रभावित दिख रहे थे। धर्मेंद्र लघुशंका का समाधान करके जल्दी वापस आ गया। उसने रविंद्र से माइक ले लिया और अपने अंदाज में कमेंट्री करने लगा। फिर से वही स्तरहीन कमेंट्री सुनकर एस.डी.एम. ने आदेश के स्वर में धर्मेंद्र से कहा, 'उसी लड़के को बोलने दो, बहुत अच्छा बोलता है। तुम कोई और काम देख लो।' धर्मेंद्र झेंपता हुआ चला गया।

इससे रविंद्र का उत्साह कई गुना बढ़ गया। उसने मैच समाप्त होने तक कमेंट्री जारी रखी।

टीम नवोदय विजयी टीम घोषित हुई।

दोनों टीमों को प्रमाण-पत्र बाँटने के बाद एस.डी.एम. साहब ने रविंद्र से कहा, 'शानदार कमेंट्री की तुमने, बेटा, शाबाश!'

'क्या नाम है, तुम्हारा?'

रविंद्र ने जवाब दिया, 'सर, माय नेम इज रविंद्र।'

आज एस.डी.एम. ने रविंद्र की भरपूर तारीफ की थी। एक नशा सा उसके मस्तिष्क पर छा गया था। इस कार्यक्रम के दौरान रविंद्र ने एक बात नोटिस की थी, जो उसके लिए नई थी। इस कार्यक्रम के दौरान एस.डी.एम. साहब के आने से पहले स्थानीय थाने का थानेदार, जो पहले खूब रोब झाड़ रहा था, एस.डी.एम. के आने के बाद भीगी बिल्ली बनकर उनके पीछे-पीछे 'सर, सर' करते हुए घूम रहा था। उनके सामने जाने तक की हिम्मत नहीं हो रही थी उसकी। बिशनपुर का पटवारी, जो पहले बरियारपुर में तैनात रहा था, वहाँ उपस्थित था। गाँव में उसका खूब रोब था। सभी उसका आदर करते थे, किंतु यहाँ उसका कोई महत्त्व न था। रविंद्र उसे पहचान गया था और उसकी पतली हालत देखकर आश्चर्यचकित था तथा मन-ही-मन खुश हो रहा था। आज पहली बार उसे एस.डी.एम. के पद का महत्त्व पता चला था।

नवोदय की परीक्षा देने जाते समय उसे लड़कों के व्यंग्य की याद आ गई थी, जो कलेक्टर के पद की गरिमा का जिक्र कर रहे थे। रविंद्र सोचने लगा कि जब एस.डी.एम. का इतना रुतबा है तो फिर डी.एम. के पद का तो कहना ही क्या! ऐसा रुतबा, सम्मान व महत्त्व वह भी पाना चाहता था। किंतु वह यहाँ तक पहुँचने की प्रक्रिया के बारे में नहीं जानता था।

आज एस.डी.एम. के पद का जलवा देखकर वह स्वयं को उनके स्थान पर प्रतिष्ठित करने लगा। वह कल्पना करने लगा, मानो एस.डी.एम. के स्थान पर वह मंच पर बैठा है। पीछे सावधान मुद्रा में खड़ा अर्दली आदेश का पालन करने के लिए सदैव तत्पर है। सभी सिपाही सैल्यूट मार रहे हैं। स्थानीय थाने की एक गाड़ी उनकी गाड़ी के पीछे चल रही है। उसने अपनी कल्पना में अफसर बनने की परीक्षा उत्तीर्ण कर ली थी।

यह वैभव देखकर रविंद्र के अफसर बनने के संकल्प को बल मिला। एस.डी.एम. साहब के जाने के बाद के.पी. शर्मा सर ने रविंद्र की पीठ थपथपाई, खूब सराहना की। यह प्रशंसा व सम्मान पाकर रविंद्र भी आनंदविभोर हो गया था।

(21)

कक्षा 7 की अर्धवार्षिक परीक्षाएँ हो गई थीं। रविंद्र ने कक्षा में ही नहीं, अपितु संपूर्ण सेक्शन में सर्वाधिक अंक प्राप्त किए थे। उसके उत्तर लिखने का तरीका अन्य छात्रों से अलग था। अन्य लड़के किसी दीर्घउत्तरीय प्रश्न अथवा निबंध की विस्तार से व्याख्या करते और अनावश्यक जानकारियों को साझा करते, किंतु रविंद्र के प्रश्न का उत्तर अन्य के जितना विस्तृत तो नहीं होता था, किंतु सारगर्भित व प्रभावशाली होता था। जो पूछा जाता, वह उसका ही जवाब लिखता था। कोई अनावश्यक जानकारी नहीं। हस्तलेख तो इतना सुंदर व सुस्पष्ट कि देखकर ऐसा लगता ही नहीं था कि हाथ से लिखा गया है। बिल्कुल टाइप किया हुआ लगता था। उसके लिखे अक्षर मोती जैसे दिखते थे। उसके जैसा सुलेख नवोदय विद्यालय में किसी का नहीं था। सभी उससे प्रभावित रहते थे। उसका यह गुण कुछ लड़कों की ईर्ष्या का कारण भी था। दुबला-पतला, बीमार सा दिखनेवाला, औसत कद-काठी वाला लड़का पूरे विद्यालय में सम्मान पाता था। यह कुछ लड़कों को स्वीकार्य नहीं होता था। लड़कों के बीच ऐसी धारणा भी प्रचलित थी कि ग्रामीण क्षेत्रों से आए विद्यार्थी होशियार नहीं होते। किंतु रविंद्र ने अपनी योग्यता से इस विचारधारा को भी बदल दिया था। अन्य लड़के भी बहुत होशियार थे, किंतु केवल एक या दो विषयों में। रविंद्र का समस्त विषयों पर समान अधिकार था और इतिहास, नागरिक शास्त्र व हिंदी में उसके द्वारा प्रस्तुत की जानेवाली विश्लेषणात्मक व्याख्या सराहनीय होती थी।

एक दोपहर कक्षा के बाद रविंद्र भूगोल व गणित की पुस्तक लेकर पुस्तकालय से अपने कमरे की ओर लौट रहा था। वह अकेला था। यशवंत व मुकेश कमरे पर थे।

तभी कक्षा 7 में पढ़नेवाले दो लड़के संजय वर्णवाल व हेमंत ने उसे देखा। दोनों उससे ईर्ष्या करते थे। वे रविंद्र का मजाक उड़ाते हुए बोले, 'पुस्तक पढ़कर क्या होगा, रविंद्र ? पुस्तकालय की जगह अस्पताल जाया करो, कुछ दवाइयाँ खाओ ताकि शरीर में थोड़ी जान आए!"

उसका दुबला शरीर आज पुन: उसके उपहास का कारण बना था। रविंद्र ने उनकी टिप्पणियों पर कोई ध्यान न दिया। वह तेजी से आगे बढ़ गया। संजय व हेमंत कद-काठी में रविंद्र से दोगुने थे। अपने व्यंग्य से रविंद्र को प्रभावित न होता देख तथा अपनी योजना को असफल होता हुआ पाकर वे दोनों कुछ झल्लाए, फिर दौड़कर उससे आगे निकलते हुए उसके ठीक सामने खड़े हो गए और उसका रास्ता रोक लिया।

रविंद्र दुबला तो था, किंतु डरपोक नहीं। कैसी भी परिस्थिति उसे डरा नहीं सकती थी। वह निडर होकर बोला, 'हटो मेरे रास्ते से। मैं तुमसे कोई बात नहीं करना चाहता।'

संजय ने उपहासात्मक अंदाज में कहा, 'अरे भाई, हमें भी भाषण देना सिखा दो। सारा भाषण तुम ही दे दोगे क्या?'

'उसके लिए पुस्तकें पढ़नी पड़ती हैं।' रविंद्र ने मानो ज्ञान देते हुए कहा।

'तो लाओ पुस्तक, हमें भी दे दो।'

ऐसा कहकर वे रविंद्र से पुस्तकें बलपूर्वक लेने का प्रयास करने लगे। रविंद्र ने पुस्तकों को कसकर थामा हुआ था। जब संजय व हेमंत उससे पुस्तकें न ले सके तो संजय ने रविंद्र के मुँह पर जोर से एक घूँसा जड़ दिया।

रविंद्र कराहते हुए पीछे गिरा।

दोनों लड़के पुस्तकें छोड़कर भाग गए।

रविंद्र के मुँह से खून बह रहा था। पीठ के बल जमीन पर गिरने से उसे चोट भी लगी थी। कमजोर होने के कारण रविंद्र उन लड़कों का मुकाबला नहीं कर सकता था। वह स्वयं को असहाय महसूस करने लगा। वह सोचने लगा कि क्या वह आत्मरक्षा भी नहीं कर सकता? संसार ऐसे दुष्ट लोगों से भरा पड़ा है।

आज रविंद्र को स्वयं से घृणा हो रही थी।

पीड़ा व बेबसी उसके मुख पर नाच रही थी।

अपमान की भावना ने उसे व्यथित कर दिया था।

उसका सिर चकरा रहा था। वह बहुत देर तक वहीं जमीन पर बैठा रहा। उसके आँखों से आँसू बह रहे थे। किंतु ये आँसू उन लड़कों द्वारा किए गए उसके अपमान का फल नहीं थे, बल्कि अपनी रक्षा भी न कर पाने से जनित ग्लानि के थे।

'काश! मैं भी बलशाली व तगड़ा होता तो आज इन दोनों लड़कों को सबक सिखाता, कदाचित् वे मेरे साथ ऐसा दुर्व्यवहार करने की सोचते ही नहीं।'

रविंद्र उठा व बोझिल कदमों से मुँह से बहते खून को हथेली से रोकते हुए अपने कमरे की तरफ बढ़ चला। यशवंत व मुकेश ने जब उसके मुँह से बहते खून को देखा तो वे घबरा गए।

'यह कैसे हुआ, रविंद्र? कहाँ गिर गए?'

रविंद्र कुछ न बोला।

यशवंत उसकी हालत देखकर सब भाँप गया और बोला, 'किसने मारा है तुम्हें, रविंद्र? बताओ तो जरा!'

रविंद्र ने सारी घटना का वर्णन कर दिया। दाँत भींचते हुए यशवंत बोला, 'चलो, अभी सबक सिखाते हैं दोनों बदमाशों को। आज के बाद दोनों लड़ने लायक ही न रहेंगे।'

कहकर मुकेश, रविंद्र व त्रिलोक बाहर की ओर लपके। वे अपने सबसे प्रिय, सीधे व सरल दोस्त का ऐसा अपमान सहन नहीं कर सकते थे।

रविंद्र ने सभी को रोका। वह जानता था कि यह उसकी समस्या का स्थायी हल नहीं है। आज संजय व हेमंत हैं तो कल कोई और होगा, फिर कोई और। उसे आत्मरक्षा स्वयं ही करनी होगी।

ज्ञानबल व विवेकबल के धनी रविंद्र को आज पहली बार शारीरिक बल की आवश्यकता महसूस हो रही थी। उसका शरीर निरोगी तो था, किंतु बलवान नहीं।

नवोदय का ही एक सीनियर छात्र शौकिया ही लड़के-लड़कियों को शाम के समय आत्मरक्षा के लिए कराटे सिखाता था। लगभग 18-20 लड़के सीखने आते थे। रविंद्र ने कराटे क्लास में दाखिला ले लिया। वे निःशुल्क कक्षाएँ थीं।

अब रविंद्र प्रतिदिन शाम 4 से 6 बजे तक व्यायाम, उछल-कूद, दौड़-भाग करता और कराटे के स्टेप्स सीखता। प्रारंभ में कुछ दिनों तक तो उसके शरीर में बहुत पीड़ा हुई, किंतु धीरे-धीरे उसका शरीर इसका अभ्यस्त हो गया। चार महीने लगातार व्यायाम व कराटे सीखने के बाद उसका शरीर दुबला तो रहा, किंतु ताकतवर व कठोर हो गया। अब विद्यालय का कोई भी लड़का उससे भिड़ने की सोच भी नहीं सकता था।

चार माह बाद कराटे चैंपियनशिप में रविंद्र ने भाग लिया और ब्लैक बेल्ट जीता। अब उसने आत्मरक्षा की कला सीख ली थी। संजय व हेमंत द्वारा किए गए अपमान से रविंद्र को दुःख तो बहुत हुआ था, किंतु इस घटना ने रविंद्र की व्यायाम में रुचि बढ़ा दी थी। अब जब भी संजय व हेमंत का सामना रविंद्र से होता तो वे दोनों सिर झुकाकर अपना रास्ता बदल लेते। लेकिन शायद रविंद्र उन्हें मन-ही-मन धन्यवाद देता, क्योंकि उन्हीं के कारण ही तो उसे शारीरिक व्यायाम में रुचि आई थी।

(22)

वार्षिक परीक्षाएँ सिर पर थीं, बस 15 दिनों का ही समय बचा था। पहला पेपर अंग्रेजी का था, जो नवोदय में अधिकांश लड़के-लड़कियों की बहुत कमजोर थी। अधिकांश छात्र गाँव से थे। उनकी प्रारंभिक शिक्षा हिंदी माध्यम के विद्यालय में हुई थी, अतः उन्हें अंग्रेजी से एक प्रकार का फोबिया हो गया था। बहुत से छात्र तो

ऐसे थे, जिन्हें अंग्रेजी का बेसिक ज्ञान ही न था। उन्हें वाक्य बनाना, अनुवाद करना आदि कुछ नहीं आता था। जब उनका बेसिक ही कमजोर था तो क्लास में पढ़ाया जानेवाला टॉपिक भी उनकी समझ से परे था। संकोचवश विद्यार्थी कक्षा में कुछ न कह पाते थे। वैसे तो रविंद्र भी गाँव का ही था और उसने भी हिंदी मीडियम से पढ़ाई की थी, किंतु अंग्रेजी के प्रति लगाव व अपनी अध्ययनशील प्रवृत्ति के कारण उसने काफी परिश्रम के बाद अंग्रेजी सीख ली थी। उसने बेसिक्स का अच्छा अभ्यास कर लिया था। विभिन्न अवसरों पर लड़कों ने उसे अंग्रेजी में भाषण देते सुना था।

रविंद्र के भाभा हाउस के लड़कों में सागर नाम का एक लड़का था, जिसकी अंग्रेजी बहुत कमजोर थी। एक दिन सागर डरते-डरते रविंद्र के कमरे में गया और बोला।

'क्या हो रहा है, रविंद्र ?'

रविंद्र शायद एकांत पाकर कोई कविता लिखने में व्यस्त था। अचानक सागर को दरवाजे पर खड़ा हुआ देखकर वह एकदम से खड़ा हो गया और बड़ी विनम्रता से बोला, 'अरे सागर, आओ-आओ, भीतर आओ! बाहर क्यों खड़े हो ?'

ऐसा कहते हुए पास में ही रखे एक लकड़ी के स्टूल को रविंद्र ने आगे सरका दिया।

'परीक्षा की तैयारी कैसी चल रही है ?' सागर ने पूछा।

'बहुत अच्छी।' रविंद्र के लहजे में आत्मविश्वास था।

'तुम बताओ, तुम्हारी तैयारी कैसी है ?' रविंद्र ने मुसकुराते हुए पूछा।

सागर ने कुछ सकुचाते हुए उत्तर दिया, 'ठीक ही है।'

उसकी चिंता को भाँपता हुआ रविंद्र बोला, 'सागर, क्या समस्या है, बताओ मुझे ?'

'कुछ नहीं, यार।'

'अरे, मुझे बताने में कैसा संकोच! आखिर मैं तुम्हारा दोस्त हूँ। बोलो, क्या बात है ?'

अपनापन पाकर सागर गद्गद हो गया। अपनी सारी झिझक व संकोच को दूर करते हुए उसने रविंद्र के सामने अपनी सारी समस्याएँ उड़ेल दीं। रविंद्र समझ गया कि उसकी मुख्य समस्या अंग्रेजी है।

कुछ सोचकर रविंद्र ने कहा, 'घबराओ मत, सागर! हर समस्या का हल होता है, इसका भी होगा।'

उतावलेपन से सागर बोला, 'क्लास में अंग्रेजी समझ आती नहीं है। कमरे में पढ़ने बैठता हूँ तो कुछ देर बाद अंग्रेजी जहर लगने लगती है। कुछ भी पल्ले नहीं पड़ता।'

सागर के लहजे में पीड़ा थी।

रविंद्र ने उसे सांत्वना देते हुए कहा, 'ठीक है, कल से मैं पढ़ाऊँगा तुम्हें। शाम को चार बजे से पढ़ाई शुरू करेंगे। परीक्षा के कारण मेरी कराटे की क्लास अभी बंद चल रही है।'

सागर को मानो मन की मुराद मिल गई थी। अभी जो विद्यालय में स्वयं को अकेला व असहाय समझ रहा था, वह रविंद्र का सान्निध्य पाते ही निहाल हो उठा। उसकी सारी पीड़ा, सारी शंका, सारा भय छू-मंतर हो गया था।

यद्यपि वह रविंद्र का ही सहपाठी था, किंतु अन्य लड़कों की तरह रविंद्र के मन में ईर्ष्या की भावना नहीं थी। उसके प्रतिद्वंद्वी के उससे अधिक अंक आ जाएँगे, यह विचार रविंद्र के मस्तिष्क में कभी नहीं आता था। निःस्वार्थ भाव से अपने सभी सहपाठियों की यथासंभव सहायता करना रविंद्र का स्वाभाविक गुण था, जो उसे संपूर्ण विद्यालय के छात्रों का प्रिय बनाता था।

अगले दिन से सागर ठीक चार बजे कॉपी लेकर रविंद्र के पास आ गया।

रविंद्र ने 'पार्ट ऑफ सेंटेंस' टॉपिक से पढ़ाना प्रारंभ किया। कुछ दिन तो रविंद्र की पूरी बातें सागर के सिर के ऊपर से निकलीं, किंतु रविंद्र के बार-बार एक ही बात समझाने के बाद सागर की रुचि अंग्रेजी में बढ़ने लगी।

कक्षा प्रारंभ हुए एक सप्ताह हो गया था।

अब कक्षा में सागर का अंग्रेजी में प्रदर्शन बेहतर होने लगा था। जब अध्यापक व अन्य सहपाठियों से सागर को प्रशंसा मिली तो उसका मनोबल बढ़ा और अंग्रेजी के प्रति उसकी लगन भी बढ़ने लगी।

अंग्रेजी में कमजोर अन्य लड़के-लड़कियों ने उससे इसका रहस्य पूछा, 'सागर, आज तो तुमने कक्षा में कमाल ही कर दिया। ऐक्टिव ऐंड पैसिव वॉइस के सारे प्रश्न सही निकले तुम्हारे तो!'

वंदना ने आश्चर्यचकित होकर सागर की तारीफ की। सागर प्रशंसा पाकर मुसकुराने लगा।

'बोलो सागर, यह चमत्कार कैसे किया?' अब सुधीर ने पूछा।

सागर ने रहस्यमयी मुसकान लाकर कहा, 'मैंने अंग्रेजी का ट्यूशन लगा लिया है। शाम 4 से 5 बजे तक।'

ट्यूशन की बात सुनकर सारे हैरान थे। नवोदय में ट्यूशन पद्धति का चलन नहीं था।

अध्यापक कक्षा में ही सभी समस्याओं का समाधान कर देते थे।

लड़कों को लगा कि सागर मजाक कर रहा है।

विनोद बोला, 'सही क्यों नहीं बताते, सागर? यह परिवर्तन कैसे हुआ, बोलो न?'

सागर अपनी बात को दोहराते हुए बोला, 'कहा तो है, ट्यूशन लगाया है मैंने। मुफ्त में ही पढ़ता हूँ।'

'कौन पढ़ाता है? टीचर का नाम बताओ जरा?' गीता व उमा, दोनों ने एक स्वर में पूछा।

सागर को उनके कौतूहल पर आनंद आ रहा था। वह कुछ और देर तक इसका आनंद लेना चाहता था, किंतु उनकी व्याकुलता को देखकर उसने कहा, "रविंद्र सर।"

'ये कौन हैं? नए आए हैं क्या?' शारदा ने भौहें चढ़ाकर पूछा।

सागर ने रहस्य खोला और मुसकुराते हुए बोला, 'विद्यालय के ही हैं। कक्षा 7 में पढ़ते हैं।'

'अच्छा! अपना रविंदर! उसी की बात तो नहीं कर रहे तुम!' विस्मय से उमा बोल उठी।

'हाँ-हाँ, अपना रविंदर। रविंद्र सर।" कहते हुए सागर ने पूरा वृत्तांत सुनाया।

बस, फिर क्या था, अगले दिन से रविंद्र की ओपन क्लास में छात्रों की संख्या बढ़ गई। बड़ी कक्षाओं के भी छात्र आने लगे।

लड़कियों की संख्या ज्यादा थी। रविंद्र अंग्रेजी के अलावा अन्य विषयों में भी छात्र-छात्राओं की मदद कर देता था।

के.पी. शर्मा सर ने जब यह देखा तो उन्होंने रविंद्र के सहयोग की भावना की खूब प्रशंसा की और अपने पास रखा हुआ एक श्यामपट्ट एवं चॉक के दो डिब्बे उसे दिए। अब रविंद्र दीवार पर श्यामपट्ट टाँगकर अपने साथियों की विभिन्न विषयों में मदद करता।

लड़के-लड़कियाँ अब उसे सहपाठी से ज्यादा एक अध्यापक की तरह सम्मान देते। कक्षा छह के लड़के उसे अब 'रविंद्र भैया' की जगह 'रविंद्र सर' कहकर पुकारते थे।

इतना सम्मान व प्रशंसा पाकर भी रविंद्र के स्वभाव व आचरण में कोई बदलाव नहीं आया था। कोई दंभ नहीं, कोई श्रेष्ठता की भावना नहीं।

अब लड़के-लड़कियों को अपने मित्र में एक अध्यापक मिल गया था।

(23)

दोपहर का वक्त था। गुनगुनी सुनहरी धूप बड़ी सुखदायी लग रही थी। रविंद्र, यशवंत, मुकेश व त्रिलोक बरामदे में बैठे ग्रुप स्टडी कर रहे थे। प्रत्येक लड़का अलग-अलग टॉपिक तैयार करता और उसे अन्य लड़कों को सुनाता। इस विधि से कम समय में अधिक विषयों की तैयारी जल्दी हो जाती थी।

वार्षिक परीक्षा में चार दिन ही शेष थे। रविंद्र अक्षांश व देशांतर रेखाओं को नक्शे पर बनाकर समझा रहा था। सभी लड़के ध्यान से उसके द्वारा खींची गई रेखाओं को देख रहे थे, किंतु यशवंत का ध्यान कॉपी पर न होकर कहीं और था। वह उनके सिर के ऊपर मँडराते पीली बर्र को देख रहा था, जो पिछले पाँच मिनट से उनके सिर के ऊपर से दर्जनों उड़ानें भर चुकी थी। उसकी भनभनाहट यशवंत का ध्यान भंग करती थी। यशवंत को भूगोल कम समझ आती थी। जब वह विषय पर ध्यान लगाता तो बर्र उसका ध्यान भंग करती, किंतु अन्य लड़कों को इससे कोई फर्क नहीं पड़ता था। वे ध्यानमग्न होकर पृथ्वी के टाइम जोन देख रहे थे। तभी अचानक यशवंत ने उड़ती हुई बर्र पर एक पुस्तक से वार किया। कीट जमीन पर गिरकर मर गया, किंतु कुछ ही पल बाद एक विचित्र बात हुई। रविंद्र का पूरा मुँह सूज गया था। गाल फूलकर गेंद हो गए थे। किसी को भी इसका कारण पता न था। अचानक यह परिवर्तन देख सभी डर गए। रविंद्र को भी कुछ समझ न आ रहा था। वह भय व आश्चर्य से अपने दर्द से भरे चेहरे पर हाथ फेरता व सूजन महसूस करता। सभी ने यशवंत को पुस्तक से कीट को मारते देखा था, जिसकी लाश बगल में ही पड़ी थी। जमीन पर गिरते समय कीट का डंक शायद रविंद्र के गाल को छू गया था, जिससे उसके चेहरे पर सूजन आई थी।

मुकेश ने शंका व्यक्त की 'लगता है, यशवंत के कीट को मारने के प्रयास में कीट का डंक रविंद्र के गाल में चुभ गया होगा, जिससे यह सूजन आई है। चार-पाँच दिन से पहले यह सूजन नहीं जाएगी। मेरी बहन को कंधे पर काटा था तो सात दिन तक सूजन नहीं गई थी।'

त्रिलोक ने अपना संस्मरण सुनाया।

रविंद्र ने आईने में अपना मुँह देखा तो क्रोध से आगबबूला हो गया। उसका चेहरा लाल और सूजकर फुटबॉल की तरह हो गया था। परीक्षा आने ही वाली थी

और रविंद्र परीक्षा में सूजा चेहरा लेकर नहीं जाना चाहता था। किंतु अब क्या किया जा सकता था? क्रोध में आकर रविंद्र ने यशवंत को बुरा-भला कहा। यशवंत अपराध-बोध के कारण शर्मिंदा भी था और दुःखी भी। उसकी वजह से ही उसका दोस्त परेशानी में आ गया था। किंतु यशवंत अभी भी इस सोच में था कि रविंद्र का चेहरा कैसे सूजा?

'मरा हुआ बर्र कैसे डंक मार सकता है?' यशवंत ने पूछा।

'तो यह मुँह क्या भूतों ने सुजा दिया है?' रविंद्र गुस्से में चिल्लाते हुए बोला। किसी ने भी पहले कभी भी रविंद्र को इतने क्रोध में नहीं देखा था।

किंतु उसका क्रोध करना भी स्वाभाविक था।

परीक्षा सिर पर आ गई थी। सूजे मुँह के साथ परीक्षा देने जाना कितना अजीब व हास्यास्पद था। रविंद्र ने यशवंत से बात करना बंद कर दिया था। यशवंत इस बात से बहुत दुःखी व परेशान था। वह सब कुछ सहन कर सकता था, किंतु अपने दोस्त की नाराजगी नहीं। उससे गलती तो हुई थी, जिसके लिए उसने रविंद्र से अनेक बार क्षमा भी माँग ली थी, किंतु जब भी वह क्षमा माँगता, रविंद्र अपने फूले मुँह को देखता और नाराज हो जाता।

अगले दिन के.पी. शर्मा सर को जब इस घटना का पता चला तो वे उनके कमरे में आए। रविंद्र अलग बैठा पढ़ रहा था और यशवंत व मुकेश अलग।

कोई बातचीत नहीं हो रही थी।

सच्चे मित्रों की नाराजगी उनके मध्य प्रेम का ही परिणाम होती है।

के.पी. शर्मा सर ने सारी घटना सुनी। सुनकर हँसने लगे और बोले, 'तुम सब लोग यह सोच रहे होगे कि मरे हुए बर्र ने कैसे डंक मार दिया?'

घटना का विश्लेषण करते हुए शर्मा सर बोले, 'कीट के मरने के बाद भी उसके डंक में टारटैरिक एसिड होता है। जमीन पर गिरते समय उसका डंक रविंद्र के गाल को स्पर्श कर गया होगा, जिससे टारटैरिक एसिड शरीर में प्रवेश कर गया होगा। यह एसिड सूजन उत्पन्न कर देता है। कुछ दिन में अपने आप ठीक हो जाएगा।' ऐसा कहकर शर्मा सर ने यशवंत को डाँटा और रविंद्र व यशवंत का आपस में बोलचाल प्रारंभ कराया। इस घटना ने रविंद्र व यशवंत की दोस्ती को और भी गाढ़ा कर दिया था।

(24)

रुद्राणी के रोने की आवाज ने गहरे विचारों में डूबे हुए रविंद्र को जगा दिया। बच्ची जाग गई थी और अपनी माँ को न पाकर रोए जा रही थी। सरोज ने बिटिया को गोद में उठा लिया और लॉबी में टहलते हुए उसे शांत करने की कोशिश करने लगी।

किचन से अभी भी बरतनों के खनखनाने की आवाजें आ रही थीं।

रुद्राणी चुप होने का नाम ही नहीं ले रही थी। दीक्षा को अभी फ्री होने में कुछ वक्त था। तभी रविंद्र ने सरोज को आवाज दी, 'सरोज, इधर ले आओ बिटिया को। तुम किचन में दीदी का हाथ बँटाओ, रुद्राणी को मैं देखता हूँ।'

कहकर रविंद्र ने सरोज से बच्ची को अपनी गोद में ले लिया और बड़े लाड़ से अपनी दुलारी को खिलाने लगे।

आश्चर्य!

पिता का स्पर्श पाकर बिटिया एकदम से चुप हो गई। वह अपनी गोल-गोल व बड़ी आँखों से पिता को टुकुर-टुकुर देखने लगी।

उसके भोले चेहरे को देखकर रविंद्र के हृदय में गुदगुदी सी हुई और उसने बच्ची के गालों को धीरे से चूम लिया। बच्ची ने अपने नन्हे कोमल हाथों से रविंद्र की नाक को कसकर पकड़ लिया और खिलखिलाकर हँसने लगी। उसकी निश्छल व दैवीय हँसी को देखकर पिता निहाल हो गए। इस अनुपम छवि पर रविंद्र सब कुछ न्योछावर करने को तैयार थे। बच्ची से तोतली भाषा में बात करते हुए रविंद्र ने कहा, "अले, ले, मेली बिटिया, लो लई थी। तिसने माला मेली लानी बिटिया तो!"

कहकर अपनी बाँहों का झूला बनाकर उसे झुलाने लगे। बच्ची को भी पिता की बाँहों का यह अनोखा झूला अपने लकड़ी के पालने से अधिक रोचक लगा था।

इतना आनंद उसे सरोज अथवा अपनी माँ की गोद में नहीं आता था। इस विरले आनंद को पाकर बच्ची आनंदित होते हुए खिलखिलाकर हँसती। उसे हँसता देख रविंद्र भी हँसते। उसके साथ खेलते हुए रविंद्र स्वयं को भूल गए थे। उनकी भूख व थकान छू-मंतर हो गई थी।

बच्ची ने मानो अपने पिता की सारी चिंताओं का हरण कर लिया था। अब शेष बचा था तो केवल स्वर्गिक आनंद, दैवीय आह्लाद व उन्मुक्त हँसी।

कुछ देर बाद रविंद्र ने उसे अपने कंधे पर बैठा लिया और लगभग नाचते हुए यहाँ-वहाँ टहलने लगे। बच्ची अपने पिता के बालों को कसकर पकड़े हुए इस अनूठी व आनंददायक सवारी का लुत्फ ले रही थी और अपनी खुशी को हँसी के माध्यम से

व्यक्त कर रही थी। बच्ची को घुमाते हुए रविंद्र बाहर गार्डन में आकर उसे कंधे पर सैर कराने लगे।

बाहर खड़े अर्दली, सुरक्षाकर्मी व अन्य स्टाफ ने गंभीर रहनेवाले अपने साहब को इस रूप में देखा तो उन्हें थोड़ा अचरज भी हुआ।

इजलास पर गंभीरता का आवरण ओढ़नेवाले उनके साहब इतने सरल होंगे, इसकी तो उन्होंने कल्पना भी न की थी।

दोनों में से बच्चा कौन है, यह कह पाना मुश्किल था। सभी मंद-मंद मुसकुराने लगे और अपने कामों में व्यस्त रहने का अभिनय करते हुए कनखियों से पिता-पुत्री की इस वात्सल्य लीला का आनंद लेने लगे। बहुत दिनों बाद उन्होंने अपने साहब को ऐसे हँसते व नाचते देखा था। यह सब इस नन्ही मेहमान के आगमन का ही चमत्कार था। सभी मन-ही-मन देवीस्वरूपा इस नन्ही बालिका को सच्चे हृदय से अनेक आशीष देने लगे और ईश्वर से प्रार्थना करने लगे कि उनके साहब व प्यारी बच्ची सदैव ऐसे ही हँसते-खेलते रहें।

तभी एक परिचित आवाज ने पिता-पुत्री के इस खेल में विघ्न डाला।

दरवाजे पर सरोज खड़ी थी, भोजन करने के लिए अपने साहब को पुकार रही थी।

'साहब, खिचड़ी-चोखा तैयार है। दीदी बुला रही हैं। आइए, बिटिया को मुझे दे दीजिए। आज तो बहुत परेशान कर दिया इसने आपको।'

रविंद्र ने बच्ची को अपनी गोद से उतारकर सरोज को देना चाहा, किंतु बच्ची पिता के गले से लिपट गई। उसका जाने का मन न था। बड़ी मुश्किल से सरोज उसे गोद में ले सकी।

रविंद्र कमरे में आया और हाथ धोकर भोजन करने बैठ गया। आज बहुत दिनों बाद रविंद्र ने अपने प्रिय भोजन का आनंद लिया था। वह भोजन करते समय दीक्षा की पाककला की खूब तारीफ कर रहा था, जिसे सुनकर दीक्षा मन-ही-मन प्रफुल्लित हो रही थी। आज का दिन रविंद्र के लिए बड़ा ही आनंददायक व शुभ था। स्वादिष्ट भोजन खाकर रविंद्र गार्डन में टहलने पहुँचे।

बड़ा सुहावना मौसम था। वह शनिवार की एक शानदार शाम थी। डूबते सूर्य की सुनहरी किरणें रंगीन शीशों की आड़ से एक सुंदर सजे कमरे में झाँक रही थीं। पूरा कमरा रंगीन हो गया था। ऊँचे पर्वतों की मनोहर तसवीरें दीवार पर लटक रही थीं और रंगीन रोशनी में और अधिक सुंदर मालूम होती थीं। कमरे के बीचोबीच एक गोल मेज के चारों ओर मखमली गद्दों की लकड़ी की कुरसियाँ रखी थीं। उन्हीं कुरसियों में से एक पर रविंद्र सिर नीचे किए हुए कुछ सोच रहा था। सुडौल व मजबूत शरीर, सौम्य

चेहरा व चमकीली आँखें उसे एक योद्धा की छवि दे रही थीं। उसे देखकर लगता कि वह किसी गहरी सोच में डूबा हुआ है। थोड़ी देर तक वह कुरसी पर बैठा कुछ सोचता रहा, फिर एकाएक उठा और कमरे से बाहर निकलकर लॉन में टहलने लगा। हाल ही में नगर के एक घर में लगी आग में एक वृद्ध युगल की मृत्यु ने उसे व्यथित कर दिया था। वह वृद्ध युगल की आग से जलते हुए शरीर की पीड़ा को महसूस कर रहा था। वह दो बार 'माउंट एवरेस्ट' पर चढ़ चुका था। उसका शरीर अति बलिष्ठ व शक्तिशाली था, किंतु हृदय उतना ही कोमल व भावुक। वह जिले में किसी को दुःखी, पीड़ित या शोषित देखता तो पीड़ा से स्वयं भी तड़प उठता। गरीब और ग्रामीण लोगों से उसे बड़ी सहानुभूति होती थी। बस यही सोचते हुए रविंद्र बड़ी बेचैनी से इधर-उधर टहलने लगा।

मौसम बड़ा सुहावना था, आकाश में घिरे बादलों का संग पाकर हवा भी शीतल हो गई थी। माली फूलों की क्यारियों में पानी दे रहा था। एक तरफ एक कर्मचारी गाड़ी को पोंछ-पोंछकर उसको आईने की तरह बनाने की कोशिश में लगा हुआ था। ठंडी और सुगंध से भरी हवा चल रही थी। आकाश में लालिमा छाई थी। समय और स्थान दोनों ही रमणीक थे, परंतु रविंद्र अपने विचारों में ऐसा डूबा हुआ था कि उसे इन बातों की बिल्कुल ही सुध न थी। हाँ, उसकी गरदन अपने आप हिलती थी और हाथ भी अपने आप इशारा करते थे, मानो वह किसी से बातें कर रहा हो।

झाँसी जिले के जिलाधीश का कार्यभार सँभालने के बाद शायद ही किसी दिन रविंद्र ने अधीनस्थ अधिकारियों की बैठक आहूत न की हो या जनपद में लॉ ऐंड ऑर्डर की स्थिति का जायजा न लिया हो। नगर में कहीं भी अव्यवस्था हो अथवा दंगा प्रदर्शन हो, रविंद्र अपने सुसज्जित कार्यालय के चेंबर को छोड़कर चिलचिलाती धूप, उमस व गरमी में पैदल ही नगर की सड़कों पर अकसर भ्रमण करते। इस दौरान यदि कोई फरियादी मिलता तो सड़क पर ही तत्काल उसकी समस्या के समाधान का आदेश संबंधित अधिकारी को देते। इस उदारता ने उनको जनपद में सर्वप्रिय बना दिया था। महामारी का काल हो, विपत्ति काल हो अथवा शांति का समय नगर-भ्रमण रविंद्र की कार्यशैली का एक हिस्सा बन गई थी। जब भी वे व्यवस्थाओं का जायजा लेने पैदल मार्च करते, तो रास्ते में सभी लोग उनको देखकर सम्मान व आदर से सिर झुकाते और आपस में कानाफूसी करते हुए दुआ देते कि दुःखियों का यह दाता सदा फलता-फूलता रहे।

रविंद्र का आज का पूरा दिन बड़ी व्यस्तता में बीता था। उसे साँस लेने की भी फुरसत न मिली थी। सुबह से ही फोन पर देश भर से बधाइयों के फोन आ रहे थे। उत्तर प्रदेश सरकार के विकास एजेंडा कार्यक्रम के क्रियान्वयन में जनपद झाँसी को

उत्तर प्रदेश में प्रथम स्थान मिला था, जिसका श्रेय जिलाधिकारी के रूप में रविंद्र व उसकी टीम को जाता था।

प्रशासनिक अधिकारी, जनप्रतिनिधि तथा अनेक राजनेताओं ने फोन पर व कुछ ने व्यक्तिगत रूप से मिलकर बधाई दी। ऑफिस में बधाई देनेवालों का ताँता लग गया था। उसे भोजन करने की भी फुरसत न मिली थी। दोपहर के बाद ही कुछ भीड़ कम हुई थी। रविंद्र का यही उद्देश्य होता था कि वह जहाँ भी रहे, विकास कार्यों में अधिक-से-अधिक वृद्धि हो। वह सदा इसी उधेड़बुन में रहता।

जब रविंद्र टहलते-टहलते थक गया तो उसने अपनी ही लिखी हुई 'मैनी एवरेस्ट' पुस्तक उठाई व गार्डन में पड़ी हुई कुरसी पर बैठकर पढ़ने लगा। पढ़ते-पढ़ते वह मानो पुनः एवरेस्ट पर पहुँच गया था। पास ही दीक्षा गार्डन में बच्ची को वॉकर में बैठाकर सैर करा रही थी। रंग-बिरंगी तितलियों को देखकर बच्ची की खिलखिलाकर हँसने की आवाज ने रविंद्र का ध्यान भंग किया। वह कल्पना से वापस लौटा और आवाज की दिशा में देखा। दीक्षा उसके दाईं ओर झाड़ के पास खड़ी हुई मोगरा के दूधिया फूलों को चुनते हुए गुनगुना रही थी। कुछ फूल बच्ची के वॉकर में भी गिर गए थे, जिसे उसने हाथ में लेकर अपने कोमल मसूढ़ों से चबाना शुरू कर दिया था।

लाल बेलबूटों वाली क्रीम कलर की साड़ी दीक्षा पर खूब फब रही थी। दीक्षा को देखकर रविंद्र मंत्रमुग्ध सा एकटक उसे देखता रहा। सादा, सुंदर परिधान पहने, खुले हुए बाल, चेहरे पर एक दैवीय चमक लिये हुए दीक्षा रविंद्र को वल्कल वस्त्र धारण किए हुए किसी तपस्विनी सी लगी, जो पुष्प चुनती व गुनगुनाती हुई, मानो अपने इष्ट का स्मरण कर रही हो। रवींद्र ने दीक्षा को पहले कभी इतनी शांत व प्रसन्न मुद्रा में नहीं देखा था।

यह पवित्र सौंदर्य था, नैसर्गिक आभा थी, जिसका सुखद दर्शन करके रविंद्र मानो किसी देवी का दर्शन लाभ ले रहा हो।

दीक्षा के इस अनुपम सौंदर्य ने रसायन का काम किया। रविंद्र की दिन भर की थकान छू-मंतर हो गई। ऐसी प्रेममयी, आनंदस्वरूपा वात्सल्य की मूर्ति को पत्नी रूप में पाकर वह अपने भाग्य की सराहना करने लगा।

रविंद्र के जीवन के उत्थान में स्त्रियों का प्रारंभ से ही बड़ा योगदान रहा था। माँ, नानी, मौसी व रंजना इत्यादि का उत्साहवर्धन व प्रेरणा उसकी सफलता में सहायक थे और अब दीक्षा ने उन सभी का उत्तरदायित्व अपने ऊपर ले लिया था।

स्त्रियों में कितना त्याग, ममत्व, स्नेह व धैर्य दिया है परमात्मा ने।

यकायक रविंद्र का कवि हृदय जाग्रत् हो गया और वह मन-ही-मन स्त्रियों के त्याग और करुणा को नमन करने लगा। दीक्षा को देखकर रविंद्र को अनुभूति हुई कि सृष्टि का आँचल यदि खुशियों से भरा है, सृष्टि आज चहचहा रही है, प्रेम व स्नेह के रंग में रँगी हुई है, भावनाओं और अभिलाषाओं में रची-बसी है तथा ममत्व व वात्सल्य का ककहरा पढ़ रही है तो उसके पीछे इस वसुंधरा पर अलंकृत, झंकृत एवं सातों स्वरों में लयबद्ध सृजेता का सर्वश्रेष्ठ सृजन मौजूद है, जिसका नाम है स्त्री—स्त्री ही समय की रेत की चिलचिलाती आभा, आत्मिक रोमांच की दैविक अनुभूति और बहते दरिया की कल-कल ध्वनि है। बच्चे की पहली पाठशाला और पुरुष के सर्जन की ईश्वरीय कृति स्त्री का प्रतिनिधित्व करनेवाली दीक्षा को रविंद्र ने मन-ही-मन नमन किया।

'दीदी, चाय तैयार है, आइए।'

सरोज की तेज आवाज से रविंद्र की तंद्रा भंग हुई। उसने अपनी दृष्टि दीक्षा से हटाकर पुनः पुस्तक पर लगाई।

सरोज ने रविंद्र को दीक्षा के सौंदर्य का अवलोकन करते देख लिया था। अतः शरारत भरी मुसकान के साथ उसने चाय की ट्रे मेज पर रख दी। किंतु साहब व दीदी को एक साथ देखकर वह बहुत खुश थी।

उसे पता था कि पति के वियोग में अकेले रहना व एक बच्ची की देखभाल करना कितना दुष्कर होता है।

दीक्षा को आता न देखकर सरोज ने फिर से आवाज लगाई, 'आइए दीदीजी, चाय ठंडी हो जाएगी।'

चिरपरिचित आवाज को सुनकर नन्ही बच्ची ने सोचा कि शायद वह उससे बातें कर रही है, सो अपने दो दाँत दिखाते हुए खिलखिलाकर हँसने लगी।

उसे देखकर रविंद्र का हृदय गद्‌गद हो गया। वह अपने बचपन में पढ़ा हुआ अनुप्रास अलंकार का तुलसीकृत प्रसिद्ध उदाहरण गुनगुनाने लगा—

"दमकें दतियाँ द्युति दामिनी ज्यों
किलकें कल बाल विनोद करें।"

दीक्षा बच्ची को वॉकर से चलाकर चाय की मेज तक आई। सरोज ने बच्ची को गोद में उठा लिया और उसके लिए दूध बनाने चली गई।

जब दीक्षा पिछली बार झाँसी आई थी तो सरोज को साथ नहीं लाई थी। वह छह दिनों के लिए ही तो आई थी। लेकिन अब दीक्षा एक लंबी छुट्टी पर आई थी, इसलिए सरोज को भी साथ ले आई। सरोज का उसके सिवाय था ही कौन? सरोज का भी

दीक्षा व बच्ची के बिना मन नहीं लगता था। बच्ची भी सरोज से खूब हिली-मिली थी।

रविंद्र चाय न पीते थे, सो दीक्षा ने केवल एक ही कप में चाय डाली और बैठकर चुस्कियाँ लेते हुए बोली, 'आज ऑफिस का दिन कैसा रहा?'

'अरे कुछ न पूछो, आज का हाल बेहाल था।'

'क्यों, ऐसा क्या हुआ?'

'विशेष कुछ नहीं, बस बधाइयाँ स्वीकारते-स्वीकारते ही थक गया।'

'बधाइयाँ तो बनती हैं। आपने काम ही ऐसा किया है।' दीक्षा के बोलने के लहजे में गर्व था।

'एक बधाई मेरी भी स्वीकार करिए।'

कहते हुए प्लेट में रखे बिस्कुटों में से एक बिस्कुट उठाकर दीक्षा ने उपहारस्वरूप रविंद्र की ओर बढ़ाया।

रविंद्र ने भी अभिनय करते हुए खड़े होकर दोनों हाथों से वह बिस्कुट स्वीकार किया और बोला, 'थैंक्यू वेरी मच, मैडम।'

और अगले ही पल वह युगल ठहाका मारकर हँस पड़ा।

ऐसी प्रेम व स्नेहवर्धक वार्त्ता इन दोनों में अकसर होती रहती थी।

अचानक बातचीत का लहजा बदलते हुए शिकायत भरे अंदाज में दीक्षा बोली, 'मुझे झाँसी आए दस दिन हो गए हैं। आप मुझे कहीं घुमाने नहीं ले गए।'

दीक्षा की तरफ देखकर रविंद्र बोला, 'पिछले सप्ताह ही तो खजुराहो, ओरछा, ललितपुर घूमने गए थे।'

'अरे, ये तो पिछले हफ्ते की बातें हैं। इस हफ्ते का क्या?' दीक्षा ने हथेली को घुमाते हुए पूछा।

'कहाँ चलोगी?' रविंद्र ने इच्छा जाननी चाही।

कुछ सोचकर दीक्षा ने जबाव दिया, 'सुना है, रानी लक्ष्मीबाई के किले में कोई कार्यक्रम होता है।'

'हाँ-हाँ, लाइट ऐंड साउंड कार्यक्रम।' रविंद्र ने याद करते हुए कहा।

'इसमें क्या दिखाते हैं?'

'रानी लक्ष्मीबाई की जीवनगाथा, उनके संघर्ष आदि को लाइट ऐंड साउंड के माध्यम से प्रदर्शित किया जाता है।'

'वह तो बड़ा रोमांचक होता होगा?' दीक्षा ने कौतूहलवश पूछा।

'हाँ, बिल्कुल।'

'कल चलें, फिर?'

‘हाँ-हाँ, बिल्कुल।’

कार्यक्रम देखने की योजना बनाकर रविंद्र और दीक्षा महारानी लक्ष्मीबाई के जीवन पर गहन चर्चा करने लगे।

(25)

शाम का वक्त, सतरंगी लाइटों से रँगा हुआ झाँसी का विशाल दुर्ग। किले की प्रत्येक प्राचीर महारानी लक्ष्मीबाई के शौर्य की गाथा गा रही थी। किले के सदर द्वार पर महारानी का एक विशाल चित्र लगा हुआ था।

अंग्रजों के दाँत खट्टे करनेवाली उस महान् वीरांगना के विशाल चित्र को रविंद्र व दीक्षा ने अपना माथा टेककर नमन किया और कार्यक्रम प्रांगण की ओर बढ़ गए। एक साथ सैकड़ों लाइटें चालू हो गईं। यहाँ-वहाँ घूमते हुई रंगीन प्रकाश के पुंज दुर्ग के प्रांगण को एक जादुई नगरी का रूप दे रहे थे। कार्यक्रम प्रारंभ हुआ। पार्श्व में आनेवाली आवाजें प्रकाश जनित चित्रों को सजीव बना रही थीं।

जनरल ह्यूरोज ने झाँसी के किले पर धावा बोल दिया था। रानी ने अकेले ही मोर्चा सँभाला। पीठ पर शिशु को बाँध, घोड़े की लगाम मुँह में दबाए, दोनों हाथों में तलवारें लहराती, घोड़े पर सवार रानी रणचंडी की तरह गोरों को काटती हुई आगे बढ़ती जा रही थीं।

बड़ा रोमांचक दृश्य था। दीक्षा व रविंद्र के रोंगटे खड़े हो गए थे। देशप्रेम की अटूट भावना से रविंद्र का जबड़ा कस गया था। मुट्ठियाँ भिंच गईं व अति रोमांच के कारण आँखों से आँसू टपकने लगे।

उसकी इच्छा हो रही थी कि वह भी महारानी की सेना में शामिल हो जाए और अंग्रेजों से लोहा ले।

अगला दृश्य बड़ा करुणाजनक था। एक अंग्रेज अफसर एक गरीब भारतीय की नंगी पीठ पर कोड़े बरसा रहा था। चमड़े का चाबुक जब-जब गरीब की नंगी पीठ पर पड़ता, तब-तब कोड़े से ‘सड़ाक’ की आवाज आती और उसके मुँह से पीड़ा जनित कराह निकलती। गरीब किसान अंग्रेज अफसर से हाथ जोड़कर रहम की भीख माँगता, रोता, गिड़गिड़ाता, किंतु जल्लाद का रूप धारण किए अंग्रेज अफसर लगातार उसकी पीठ पर चाबुक बरसाता।

उस गरीब की असहनीय पीड़ा अंग्रेज अफसर के आनंद को और बढ़ा देती

थी। उसकी पीठ की चमड़ी ने मांस को छोड़ना शुरू कर दिया था। खून रिस रहा था। पूरी पीठ मांस का लोथड़ा जैसी दिखती थी। पीड़ा की अधिकता से जब गरीब किसान बेहोश हो गया, तब उसके शरीर पर अपनी भारी बूट की ठोकर मारता हुआ अंग्रेज अफसर गुस्से में बोला, 'मीन, इंडियंस! यू ऑल डिजर्व टू वी बीटन हार्ड।'

यह दृश्य देखकर दीक्षा के मुँह से चीख निकल गई थी। वह इस बीभत्स व अमानवीय कृत्य को नहीं देख पा रही थी, किंतु रविंद्र इस दृश्य को एकटक देख रहा था। चेहरे पर शून्य के भाव थे। उसकी दृष्टि सामने चल रहे चलचित्र पर थी, किंतु शायद वह उसे देख नहीं रहा था। लगता था, मानो वह कहीं खो गया है। इस दृश्य ने उसे अपने विद्यार्थी जीवन की याद दिला दी थी। जब वह कक्षा 8 का नवोदय विद्यालय का छात्र था और एक नाटक में अभिनय कर रहा था। नाटक का नाम 'जलियाँवाला बाग' था। आज कई वर्ष बाद इस चलचित्र ने उसे अपने बचपन की याद दिला दी थी। कुरसी पर बैठे-बैठे रविंद्र अपने अतीत में चला गया।

अतीत कितना भी दुःखद हो, उसकी स्मृति हमेशा सुखद होती है।

विद्यालय के विशाल हॉल में छात्र-छात्राओं की भीड़ थी। सारा हॉल शोरगुल से भरा था। आज हॉल में एक नाटक का मंचन था। नाटक में अभिनय करनेवाले लड़कों ने कई दिन पहले से ही रिहर्सल शुरू कर दी थी। उन्होंने अपने-अपने संवाद रट लिये थे और बार-बार एक-दूसरे को सुनाकर उनका अभ्यास भी कर लिया था। नाटक के शानदार व सफल प्रस्तुतीकरण के लिए लड़कों ने कोई भी कसर न छोड़ी थी। यशवंत जनरल डायर का रोल अदा कर रहा था। रविंद्र को एक अंग्रेज अधिकारी 'माइकल' का रोल दिया गया था, किंतु रविंद्र की इच्छा अंग्रेज अधिकारी का रोल निभाने की नहीं थी, बल्कि वह एक स्वतंत्रता सेनानी का रोल अदा करना चाहता था।

नाटक की कहानी अंग्रेजी हुकूमत के काले कारनामे, आवाम की बगावत और देश के लिए मर-मिटनेवाले बलिदानियों के शौर्य पर आधारित थी। इस नाटक के सभी पात्रों के संवाद रविंद्र और यशवंत ने ही लिखे थे। नाटक की अवधि एक घंटा सात मिनट थी। नाटक का प्रारंभ क्रांतिकारियों के ब्रिटिश विरोधी नारे के साथ हुआ। भीड़ को नियंत्रित करने के लिए अंग्रेज अधिकारी मशक्कत कर रहे थे। नाटक बड़े ही शानदार ढंग से प्रस्तुत किया गया। सभी छात्र, अध्यापक व दर्शकगण नाटक का आनंद ले रहे थे। नाटक की गति व प्रवाह शानदार, संवाद प्रभावशाली व वास्तविक लगते थे। नाटक की स्क्रिप्ट के अनुसार जनरल डायर को क्रांतिकारियों पर लाठी से प्रहार करना था। जनरल डायर की भूमिका में यशवंत ने क्रांतिकारी का रोल निभा

रहे रविंद्र पर छड़ी से प्रहार करने का अभिनय किया, किंतु धोखे से रविंद्र की पीठ पर लाठी का तेज प्रहार हो गया।

दर्द से तिलमिला उठा रविंद्र।

यशवंत व अन्य सभी दर्शकों को लगा कि वह दर्द का शानदार अभिनय कर रहा है, किंतु वास्तविकता तो कुछ और ही थी। रविंद्र की पीठ में तेज दर्द से जलन हो रही थी। रविंद्र को यशवंत पर क्रोध आ रहा था, किंतु नाटक में विघ्न न हो व उसका मंचन सफल हो, इसके लिए रविंद्र इस अपार पीड़ा को सहन कर गया और आगे का संवाद बोलने लगा। उसकी पीठ नीली पड़ गई थी। अधिक पीड़ा से उसे बोलने में कठिनाई हो रही थी, किंतु चेहरे पर सहज भाव लाकर उसने अपना पार्ट अदा किया।

नाटक का शानदार समापन हुआ। रविंद्र के वास्तविक अभिनय पर सभी लोग खड़े होकर तालियाँ बजा रहे थे, किंतु केवल रविंद्र ही जानता था कि वास्तविक अभिनय को निभाने के लिए उसे कितनी असहनीय पीड़ा को सहन करना पड़ा था। जब दर्शकों की भीड़ हॉल से बाहर जाने लगी, तब रविंद्र का सब्र का बाँध टूट गया। क्रोध व दर्द से चिल्लाते, नाक के नथुने फुलाते हुए रविंद्र यशवंत पर बरस पड़ा—

'इतनी जोर से मारा कि पीठ की खाल ही उधेड़ दी। बड़ा आया जनरल डायर बननेवाला!' कहकर रविंद्र ने जनरल डायर बने यशवंत से उसकी छड़ी छीन ली व उसे मारने दौड़ा। वास्तविकता से अनजान यशवंत ने जब रविंद्र का रौद्र रूप देखा और छड़ी लिये हुए अपनी तरफ आता देखा तो वहाँ से भागने में ही भलाई समझी।

'अरे भागता कहाँ है ? रुक जरा, अभी तेरी जनरल डायरी उतारता हूँ।'

अन्य कलाकार भी इस व्यवहार का रहस्य न समझ सके व आश्चर्य से दोनों को देखे जा रहे थे। के.पी. शर्मा सर ने बीच-बचाव न किया होता तो आज यशवंत की खैर न थी।

शर्मा सर बोले, 'क्या हुआ रविंद्र ? यह कैसी हरकत है ? छड़ी फेंको। बोलो, क्या हुआ ?'

रविंद्र ने तुरंत छड़ी फेंक दी, किंतु खा जानेवाली दृष्टि से यशवंत को घूरता रहा। यशवंत सहमा, डरा, किंतु अति विस्मय से रविंद्र का बदला रूप देखे जा रहा था। वह सोच रहा था कि उससे ऐसी क्या गलती हो गई ? सब उसकी समझ से परे था।

'क्या हुआ रविंद्र ? कुछ बोलोगे भी ? क्यों बेचारे को दौड़ा रहे हो ?' आश्चर्य से बोले शर्मा सर।

रविंद्र ने प्रश्न का जवाब शब्दों से नहीं दिया, बल्कि अपना कुरता उतारकर नंगी पीठ दिखाई।

हाय! यह क्या! पीठ नीली पड़ गई थी। एक लंबी रेखा उसके कंधे से कमर तक उभर आई थी।

आश्चर्य व पीड़ा से शर्मा सर ने उसकी पीठ का अवलोकन किया, उसे सहलाया व मरहम लाने के लिए मुकेश को भेजा। रविंद्र की पीठ की हालत देखकर शर्मा सर को काटो तो खून नहीं। दूर खड़ा यशवंत सब देख रहा था, किंतु रविंद्र की हालत देखकर पास आया। चेहरे पर पछतावे, वेदना के भाव थे। पता नहीं उससे यह कैसे हो गया था? उसने तो बहुत धीरे से छड़ी का वार किया था, किंतु रविंद्र को इतनी तेज लगेगी, उसने सोचा भी न था। ग्लानि व अपराध-बोध से यशवंत की आँखें भर आईं।

कुछ देर बाद जब मरहम लगाकर रविंद्र का दर्द कम हुआ, उसे समझ आ गया कि यशवंत से धोखे में यह हुआ था। रविंद्र ने उसे क्षमा कर दिया। उसकी तरफ देखा, मुसकुराया और बोला, 'बस, ठीक है। ये दुःखी चेहरा बनाकर ज्यादा नाटक करने की जरूरत नहीं है।'

यशवंत सफाई देता हुआ बोला, 'सॉरी रविंद्र, मुझे···' वह बात खत्म ही न कर सका और रविंद्र उसकी बात काटकर बोला, 'हाँ, पता है। चलो कोई बात नहीं, लेकिन अगली बार मैं जनरल डायर बनूँगा, ठीक है?' कहकर हँसने लगा रविंद्र। सभी कलाकार भी हँस रहे थे।

यशवंत की जरा सी असावधानी व लापरवाही से उसके मित्र को काफी चोट आई थी। उसे क्षमा करने पर रविंद्र का सम्मान यशवंत के हृदय में और भी बढ़ गया था। दोनों दोस्त गले मिले।

रविंद्र का क्रोध व यशवंत का अपराध-बोध आँसुओं में घुलकर बह गया था। शेष बची थी तो केवल 21 कैरेट वाली अनोखी दोस्ती।

(26)

कक्षा 9 की परीक्षा के बाद गरमियों की छुट्टियाँ हो गई थीं। अगले वर्ष कक्षा 10वीं की बोर्ड परीक्षा थी, इसलिए रविंद्र केवल एक सप्ताह के लिए ही अपने गाँव गया था। माता, पिता, नाना, नानी, गुड्डू भैया, रंजना व मौसी से मिलकर वह जल्दी ही नवोदय वापस लौट आया था। उसकी कक्षा के लगभग सभी छात्र-छात्राएँ लौट आए थे और 10वीं की बोर्ड परीक्षा की तैयारी में जुट गए थे।

रविंद्र का शरीर अब भी दुबला-पतला था, किंतु पहले से बेहतर हो गया था। अब रविंद्र को भी अपने दुबले-पतले होने से कोई शिकायत न थी।

उसने नोटिस किया था कि जो लड़के पढ़ाई में होशियार होते हैं, उन्हें अधिक स्नेह व सम्मान मिलता है, फिर भले ही वे शरीर से कितने ही कमजोर हों। बुद्धि व योग्यता, ताकत से श्रेष्ठ मानी जाती थी। बरियारपुर में भी उसने देखा था कि जिन ग्रामीणों को सरकारी नौकरी मिल गई थी, भले ही वे दुबले-पतले हों, उनका परिवार व समाज में अधिक सम्मान होता था। बस यही सोचकर रविंद्र पढ़ाई में ही अधिक समय बिताने लगा। कभी-कभी योग पर आधारित पुस्तकें भी पढ़ता। उसने स्वामी विवेकानंद को विशेष रूप से पढ़ा था व उनसे बहुत प्रेरित था। विवेकानंद के विचारों से उसे नई ऊर्जा मिलती—

'जितना बड़ा संघर्ष होगा, जीत उतनी ही शानदार होगी। एक समय में एक काम करो और ऐसा करते समय अपनी पूरी आत्मा उसमें डाल दो और बाकी सब भूल जाओ। पढ़ने के लिए जरूरी है एकाग्रता और एकाग्रता के लिए जरूरी है ध्यान।'

जिस आध्यात्मिक गुरु के विचारों का पूरी दुनिया ने लोहा माना, रविंद्र भी उन्हीं के विचारों का अनुकरण करने लगा। इस दौरान रविंद्र को ओशो की पुस्तक 'ध्यान सूत्र' भी पढ़ने को मिली, जिससे उसने ध्यान के महत्त्व को समझा।

वह जीवन में सर्वोच्च सफलता प्राप्त करना चाहता था, जिसके लिए स्थूल शरीर की नहीं, बल्कि अध्ययन व तेज दिमाग की आवश्यकता थी। अब रविंद्र ने ध्यान, प्राणायाम, योग व अध्ययन को ही अपनी दिनचर्या में शामिल कर लिया। यह दिनचर्या आज भी, जब वह एक जिलाधिकारी बन गया है, जारी है।

नया सत्र प्रारंभ होने पर कक्षाएँ सुचारु रूप से चलने लगीं। के.पी. शर्मा सर द्वारा सामर्थ्य से अधिक परिश्रम किया जा रहा था। वह विद्यार्थियों को पढ़ाने में इतनी मेहनत करते, मानो उन्हें ही बोर्ड की परीक्षा में बैठना हो।

बरसात का आगमन हो चुका था। मानसून आने के साथ ही रविंद्र का स्वास्थ्य भी कुछ खराब हो गया था। उसे बुखार आ गया था।

एक रात मुकेश ने किसी के कराहने की आवाज सुनी। उठकर बत्ती जलाई तो देखा, रविंद्र बेचैनी से बिस्तर पर करवटें बदल रहा था। शरीर तप रहा था। होंठ सूख गए थे। उसे जगाते हुए मुकेश बोला, 'रविंद्र, रविंद्र, उठो, क्या हुआ?'

रविंद्र ने आँखें खोलीं। सुबह के सूर्य के समान लाल थीं।

कराहने की आवाज न चाहते हुए भी निकल रही थी, सिर चकरा रहा था। कुछ बोल न सका। आँखें खोलकर सभी दोस्तों को देखा, फिर आँखें बंद कर लीं। शरीर पस्त हो गया था।

मुकेश घबरा गया। क्या किया जाए, कुछ समझ न आ रहा था।

बार-बार जगाने पर भी जब रविंद्र न उठा तो किसी अनहोनी की आशंका ने मुकेश के हृदय की धड़कनों को सामान्य से तेज कर दिया।

वह असहाय सा यहाँ-वहाँ फिरने लगा। उसे कुछ नहीं सूझ रहा था।

उसकी घबराहट को देखकर यशवंत ने उससे कहा, 'घबरा मत मुकेश, रविंद्र को कुछ नहीं होगा। तेज बुखार से बेहोश हो गया है और कुछ नहीं। अभी उठ बैठेगा।'

यशवंत के मुँह से सकारात्मक बात सुनकर मुकेश को कुछ राहत मिली।

यशवंत ने मुकेश को न घबराने की सलाह तो दे दी थी, किंतु वह स्वयं चिंतित व डरा हुआ था। उसका मन भी बेचैन हो रहा था।

जब किसी को भी कुछ उपाय न सूझा तो मुकेश ने यशवंत को शर्मा सर को बुलाने की सलाह दी। यशवंत को मानो उपाय मिल गया था, बोला, 'हाँ-हाँ, यही ठीक रहेगा। त्रिलोक, तू भागकर जा और शर्मा सर को क्वार्टर से बुला ला। पूरी बात बताना, जल्दी जा।'

जाने के लिए तत्पर त्रिलोक ने जल्दी से कहा, 'अभी बुलाकर लाया।'

रविंद्र के बुखार की खबर सुनकर शर्मा सर की नींद उड़ गई थी। तेजी से भागते हुए वे हॉस्टल के कमरे में आए।

जल्दी-जल्दी में चप्पल न मिली तो नंगे पाँव ही भागते आए।

आगे-आगे त्रिलोक और पीछे-पीछे शर्मा सर थे। जमीन पर पड़े हुए लोहे के तार से शर्माजी को ठोकर लगी व पैर के अँगूठे से खून बहने लगा।

किंतु शर्मा सर को अपनी चोट का ध्यान ही न था। उन्हें तो केवल रविंद्र की परेशानी ही दिखाई दे रही थी।

कमरे में आते ही बिना किसी देरी के उन्होंने रविंद्र की देह को हथेली से छुआ।

'ओ हो! इसका बदन तो आग की तरह तप रहा है। एक काम करो, ठंडा पानी व एक सूती कपड़ा लाओ।' सर ने एक ही साँस में कहा।

लड़के पानी व कपड़ा लाने भागे।

शर्मा सर ने गीले कपड़े से रविंद्र के पूरे शरीर को पोंछा और माथे पर ठंडे पानी की पट्टी रखी। यशवंत व मुकेश ने भी रविंद्र के तलवों पर ठंडी पट्टी रखना शुरू कर दिया।

लगभग एक घंटा पट्टी करने के बाद रविंद्र के शरीर का ताप कुछ कम हुआ।

चेतना जागी, उसने धीरे से आँखें खोलीं और देखा कि उसके सिरहाने शर्मा सर बैठे पट्टी रख रहे हैं व दोनों दोस्त पैरों पर रुमाल रख रहे हैं।

भावुक हो गया रविंद्र।

उसे पुनः अपने पिता व अखिलेश की याद आ गई, जो उसके बीमार पड़ने पर उसकी ऐसे ही तीमारदारी करते थे।

घर से बहुत दूर इस विद्यालय में शर्मा सर ने उसके पिता व दोनों मित्रों ने भाई की कमी को पूर्ण कर दिया था। उसकी आँखों के किनारों से गरम आँसू लुढ़ककर कानों से होते हुए बिस्तर को भिगोने लगे थे।

उसे आँखें खोले देखकर दोनों दोस्तों के मुरझाए चेहरे खिल गए व शर्मा सर बड़े आत्मीय स्नेह से उसके सिर व बालों को सहला रहे थे व वात्सल्य दृष्टि से उसे निहारे जा रहे थे। किसी अध्यापक में इतनी करुणा व वात्सल्य की कल्पना कभी नहीं की थी रविंद्र ने।

आँखें मींचकर रविंद्र इस स्नेह का सुख ले रहा था व आभारस्वरूप आँसू लुढ़ककर बिस्तर पर गिर गए थे।

(27)

नए दिन का नया सवेरा।

रविंद्र एक नए अनुभव के साथ जागा। बुखार उतर चुका था व कमजोरी को पीछे छोड़ गया था। डॉक्टर ने आकर दवा दे दी थी और दो-तीन दिन आराम करने की सलाह देकर लौट गया। रविंद्र को चलने में कमजोरी महसूस होती थी, सो लेटा रहता था।

यशवंत, मुकेश व त्रिलोक जब खाना खाने मैस में जाते तो खाने की एक थाली लगवाकर रविंद्र को भी भोजन कराते। किसी के भी बीमार हो जाने पर उसके साथीगण ऐसा ही करते थे।

हॉस्टल जीवन के ये अनुभव वही जानता है, जिसने हॉस्टल का जीवन जिया हो। कुछ दिनों में ही रविंद्र पूरी तरह स्वस्थ हो गया। इतने दिनों तक पढ़ाई में हुए नुकसान की क्षतिपूर्ति वह अधिक समय तक अध्ययन करके करता था।

बालकों ने किशोरावस्था में प्रवेश कर लिया था। उनकी आवाज भारी हो गई थी। मुँह पर सुनहरे कोमल रोएँ की रेखा आ गई थी। सुनहरे भविष्य के नए सपने सँजोने की सुलभ प्रवृत्ति का संचार हो गया था। फिल्मों के गीत उनकी जुबान पर अकसर सुने जाते थे।

यशवंत को गाने का शौक था। वह नित्य ही एक फिल्मी गीत गुनगुनाता रहता था।

सुंदर व प्रचलित अभिनेत्रियों की चर्चा हो जाती थी। एक कहता, 'श्रीदेवी जैसा अभिनय सबके बस की बात नहीं। नृत्य तो ऐसा कि देखनेवाले भी दंग रह जाएँ।'

दूसरा कहता, 'लगता है माधुरी दीक्षित को नहीं देखा तुमने। 'तेजाब' फिल्म में 'एक, दो, तीन' गीत पर क्या नृत्य किया है! वाह!'

यशवंत बोला, 'मुझे तो माधुरी की 'साजन' फिल्म के गीत बहुत अच्छे लगते हैं। दिल को छू जाते हैं।' कहकर यशवंत दीवार की ओर मुँह करके गाना गाने लगा—'मेरा दिल भी कितना पागल है, जो प्यार वो तुमसे करता है।'

रविंद्र उनकी चर्चा सुनता व मुसकुराता। एक दिन यशवंत ने रविंद्र से पूछा, 'तुम्हारी फेवरेट हीरोइन कौन सी है?'

रविंद्र ने नीरसता से उत्तर दिया, 'कोई भी नहीं।'

यशवंत उत्सुकता से बोला, 'बोलो न, कौन सी है?'

रविंद्र ने झल्लाते हुए उत्तर दिया, 'कोई हो तो बताऊँ।'

किसी झगड़ालू औरत के अंदाज में हाथ हिलाकर मुकेश बोला, 'आ हा हा हा, कोई भी फेवरेट हीरोइन नहीं है साहब की। सफेद झूठ!'

रविंद्र ने घूरकर देखा मुकेश को।

'कोई फिल्म देखी है माधुरी की तुमने?' यशवंत ने प्रश्न किया।

'नहीं।'

उस समय बेगूसराय के दीपशिखा सिनेमा हॉल में माधुरी दीक्षित की 'हम आपके हैं कौन' फिल्म लगी थी। खूब धूम थी उसकी। किसी भी शादी, समारोह, बारात या कार्यक्रम में साउंड पर उसी फिल्म के गीत बजते थे।

यशवंत को फिल्म देखने की तीव्र इच्छा थी, किंतु जाता कैसे?

आज फिल्म की चर्चा ने उसकी इच्छा को और भी प्रबल कर दिया। वह रविंद्र से बोला, 'चलो, तुम्हें फिल्म दिखाऊँ, माधुरी की। उसके बाद पूछूँगा कि तुम्हारी फेवरेट हीरोइन कौन है?'

रविंद्र ने मानो दो सिरोंवाला आदमी देख लिया हो!

आश्चर्य से बोला, 'पागल हो गए हो क्या, यशवंत? फिल्म! और विद्यालय से! जाने की अनुमति कभी न मिलेगी।'

यशवंत ने शरारती अंदाज में अपनी बाईं आँख दबाकर कहा, 'अनुमति कौन लेगा, ऐसे ही चलेंगे।'

रविंद्र को कानों पर विश्वास न हुआ। उसे लगा, मानो चूहा शेर के शिकार की बात कह रहा हो।

किंतु सभी साथियों से फिल्म की चर्चा व माधुरी के सौंदर्य का वर्णन सुनकर उसके मन में भी उसे देखने की इच्छा तो थी, लेकिन वह अपनी इस इच्छा को अपने पर हावी न होने देता था, सो मना कर दिया जाने से। किंतु यशवंत द्वारा जिद करने व दोस्ती की दुहाई देने पर वह उसके साथ जाने के लिए तैयार हो गया। लेकिन वह पकड़े जाने पर मिलनेवाले दंड के विचार से भयभीत भी था।

विद्यालय में उसकी छवि भी एक सीधे-सादे व आदर्श विद्यार्थी की थी, जिसके लिए अध्ययन ही सबसे बड़ा काम था। वही उसका शौक था।

इस छवि के धूमिल होने का भी खतरा रविंद्र को सता रहा था।

किशोरावस्था में मन व विवेक का द्वंद्व होता है, जिसमें अकसर मन विजेता हो जाता है और विवेक असहाय होकर हार जाता है।

अगले दिन फिल्म देखने की योजना बनी। मुकेश व त्रिलोक को हॉस्टल की स्थिति को सँभालने के लिए नियुक्त किया गया।

चारों ने अच्छी योजना बनाई थी व रविंद्र और यशवंत उसका क्रियान्वयन करनेवाले थे।

यशवंत ने कहीं से एक साइकिल का भी प्रबंध कर लिया था। अब बस सवेरा होने का ही इंतजार था।

एक ओर तो फिल्म देखने का उल्लास उन्हें आनंदित कर रहा था और दूसरी ओर गलत कार्य करने का बोध उन्हें डरा भी रहा था।

इसी द्वंद्व में दोनों को कब नींद आ गई, पता ही न चला। उस रात रविंद्र ने स्वप्न में देखा कि वह आकाश में उड़ रहा है। सर्वत्र नीला रंग फैला है। उसके पंख उग आए हैं। अचानक ही उसके पंख गायब हो गए और वह एक विशाल पर्वत की चोटी पर गिर गया। सर्वत्र बर्फ-ही-बर्फ। ऊपर नीला आसमान, नीचे विशाल नीला महासागर। कौन जाने वह स्वप्न किस बात का सूचक था?

(28)

रविवार का दिन था। विद्यालय की छुट्टी थी। यशवंत व रविंद्र ने जल्दी उठकर स्नान कर लिया। नए कपड़े भी पहन लिये थे, मानो किसी यज्ञ में जाने की

तैयारी में हों। मैस में जाकर सबसे पहले नाश्ता किया और सबकी नजर से बचते हुए साइकिल लेकर दोनों बेगूसराय की ओर चल पड़े।

उनकी स्थिति आज उस तोते जैसी थी, जो पिंजरे में रहता हुआ तो खूब पढ़ता है, किंतु आजाद होने पर आनंद से 'टैं टैं' करता हुआ कभी इस पेड़ पर, तो कभी उस पेड़ पर बैठता है, मानो स्वतंत्रता का उत्सव मना रहा हो।

रास्ते में आधी दूरी तक रविंद्र ने साइकिल चलाई, यशवंत आगे डंडे पर बैठा, फिर यशवंत ने साइकिल चलाई। दोनों थक गए थे, किंतु फिल्म देखने के उल्लास ने थकान को उन पर हावी नहीं होने दिया था। लगभग दो घंटे की यात्रा के बाद वे बेगूसराय पहुँचे।

12 से 3 का शो था। 5-5 रुपए के दो टिकट खरीदे, डीलक्स के और डरते हुए हॉल में प्रवेश किया। उन्हें यहाँ भी लग रहा था कि कहीं कोई उन्हें देख न ले।

गलती पकड़े जाने पर अपमान का भय पीटे जाने के भय से अधिक होता है। चोर भी दंड से उतना नहीं डरता, जितना अपमान से, किंतु इच्छाओं की पूर्ति भी वह प्यास है, जो कभी नहीं बुझती। वह अगस्त्य ऋषि की भाँति सागर पीकर भी शांत नहीं होती।

दोनों का फिल्म देखना या न देखना बराबर रहा। बेशक फिल्म अच्छी थी, किंतु अंतर्मन में गलती का अहसास भी कचोट रहा था। 3:30 पर फिल्म छूटी। दोनों सबसे पहले बाहर आ गए। साइकिल उठाई और तेजी से विद्यालय की ओर बढ़े। भूख तो लगी थी, लेकिन कुछ खाने का मन न था। जल्दी से विद्यालय पहुँचना चाहते थे। मन-ही-मन विद्यालय में होनेवाले क्रियाकलापों की कल्पना करते जा रहे थे।

लौटते समय साइकिल की रफ्तार तेज थी। दो घंटे का सफर डेढ़ घंटे में ही तय कर लिया था। जाते समय उल्लास व लौटते समय अज्ञात चिंता व भय उनकी थकान पर हावी थे।

लगभग 5 बजे दोनों विद्यालय पहुँचे। साइकिल एक-एक करके दोनों ने ही चलाई थी। पसीने से तर-बतर थे। विद्यालय में चारों ओर शांति देखकर उन्होंने राहत भरी साँस ली। सब कुछ ठीक था। किसी को कुछ भी खबर न थी। आस-पास टहलने वाले छात्र-छात्राएँ सामान्य थे। अगर कुछ गड़बड़ होती तो सभी उनकी ओर विचित्र दृष्टि से देखते।

ईश्वर का धन्यवाद! सब कुछ ठीक था। उनकी चिंता, थकान, सब दूर हो गई थी। प्रसन्नता से झूमते हुए वे अपने कमरे में गए। द्वार आधा खुला था। फिल्म का एक गीत गुनगुनाते हुए यशवंत ने द्वार खोला। किंतु साँसें ऊपर की ऊपर, नीचे की नीचे! अभी समस्या ने उनका साथ नहीं छोड़ा था।

सारा ब्रह्मांड घूमता नजर आने लगा।

उसे शरीर में एक झनझनाहट महसूस होने लगी।

ऐसा लगने लगा, मानो संसार का अंत आज ही हो जाएगा। उसे लगा कि क्या यही प्रलय है ?

यशवंत के माता-पिता पलंग पर बैठे, उसका इंतजार कर रहे थे। उससे मिलने आए थे। यशवंत को लगा कि वह कितना अभागा है कि जिस दिन फिल्म देखने गया, उसी दिन पिताजी-माताजी आ गए।

रविंद्र की हालत तो और भी पतली हो गई थी। वह मारे डर के चल भी नहीं पा रहा था। दीवार से टिक गया व हाँफने लगा। उसे लगा कि हजारों हॉर्न एक साथ बज रहे हो। यशवंत मारे डर के रोने ही वाला था। अब क्या जवाब देगा माता-पता को ?

उसकी आहट पाकर यशवंत की माँ बोलीं, 'अरे यशवंत, आ गया बेटा ? बड़ी देर लगा दी। हम लोग बहुत देर से तेरी राह देख रहे हैं। और रविंद्र कहाँ है ?'

यशवंत चुप था।

उसे लगा रहा कि धरती फट जाए और वह उसमें समा जाए।

त्रिलोक माता-पिता के पास स्टूल पर बैठा था। चिंता के भाव लिये उन्हें देख रहा था।

रविंद्र व यशवंत ने कुछ उत्तर देने के पहले त्रिलोक की ओर देखा, मानो पूछ रहे हों कि क्या उत्तर दें ?

तभी संकटमोचन की भूमिका में त्रिलोक शानदार अभिनय करते हुए बोला, 'अरे ! आ गए तुम दोनों ! गणित की वह पुस्तक मिली या नहीं ?' कहते हुए त्रिलोक ने अपनी बाईं आँख को धीरे से दबाया। मारे डर के दोनों को त्रिलोक का यह इशारा समझ नहीं आया। उलटा, वे यह सोचने लगे कि त्रिलोक किस पुस्तक की बात कर रहा है ? उन्हें शंकित जानकर मामले को सँभालने की मंशा से मुकेश ने अपना पार्ट अदा करते हुए कहा, 'और मेरी अंग्रेजी की पुस्तक का क्या हुआ ? मिली या नहीं ?'

अब जाकर दोनों को अपने मित्रों के इशारे समझ आए। अत: सँभलते हुए बोले, 'कहाँ मिली यार ! चार घंटे तक पूरे शहर की दुकानें खँगाल दीं, लेकिन पुस्तकें नहीं मिलीं। दुकानदार कहता है कि अगले महीने आएँगी।'

यशवंत की माँ दु:खी होकर उन्हें दिलासा देती हुई बोली, 'कोई बात नहीं, बेटा। हमें पुस्तकों के नाम लिखकर दे दो, अगले महीने जब हम आएँगे तो लेते हुए आएँगे।'

यशवंत ने दो पुस्तकों के नाम लिखकर दे दिए।

शाम होने के पहले ही माता-पिता चले गए थे।

आज अपने मित्रों की सूझ-बूझ से दोनों मित्र बच तो गए थे, किंतु अपराध-बोध से उनका मन व्यथित था। निश्छल मन दूषित हो गया था। पवित्र आत्मा पर बहुत अधिक भार मालूम हो रहा था। उन्हें लगा कि इस प्रकार बचने से अच्छा है कि वे सत्य को स्वीकार करते, दंड भोगते तो शायद उन पर इतना बोझ न होता। आज उन्होंने ईश्वर स्वरूप माता-पिता से झूठ बोला था, जो उनके लिए ही जीते थे। उनके सबसे बड़े शुभचिंतक थे। उन्हें लगा कि उन्होंने यह झूठ अपने माता-पिता से नहीं, वरन् स्वयं से बोला था। उनके लिए माता-पिता ने कितना बलिदान दिया था और इस बलिदान का क्या मूल्य चुकाया है दोनों ने, झूठ धोखा!

माता-पिता के त्याग का मूल्य तो कोई भी बालक नहीं चुका सकता, चाहे वह संपूर्ण भूमंडल का ही स्वामी हो।

दुःखी मन से उन दोनों ने भविष्य में ऐसा न करने की कसम खाई और अगली बार माता-पिता के आने पर सच्चाई बताकर क्षमा माँगने की योजना बनाई।

मन की इच्छा पूरी होने पर भी आज यशवंत और रविंद्र का मन दुःखी व व्यथित था। आज उनके ओजपूर्ण मुखमंडल मलिन थे। चेहरे का तेज मानो उन्हें विदा कह गया था।

(29)

हाई स्कूल की बोर्ड परीक्षाएँ समाप्त हो गई थीं। रविंद्र और उसके सभी दोस्तों ने यथाशक्ति प्रदर्शन किया था। सभी को अच्छे अंक पाने की पूरी उम्मीद थी। वे कक्षा 11 की पढ़ाई की योजनाएँ बनाने लगे। उन दिनों राँची के डी.ए.वी. श्यामली का बड़ा बोलवाला था। उसमें केवल उन्हीं लड़कों को दाखिला मिलता था, जिन्होंने हाई स्कूल में बढ़िया अंक पाए हों। सिलेक्शन मेरिट से होता था। उस समय सभी पर इंजीनियरिंग करने की धुन सवार थी, लेकिन आई.आई.टी. करने के लिए अधिक अध्ययन की जरूरत थी।

के.पी. शर्मा सर ने भी रविंद्र को बताया था, 'यदि आई.आई.टी. करने की इच्छा रखते हो तो राँची में डी.ए.वी. श्यामली में एडमिशन ले लो। महँगा है, किंतु बिहार का बेस्ट कॉलेज है। उसमें कम अंक पानेवाले लड़कों को प्रवेश नहीं मिलता।'

यदि शर्मा सर डी.ए.वी. श्यामली का बखान न करते तो शायद नवोदय का कोई भी छात्र उसमें प्रवेश लेने के बारे में न सोचता, किंतु जब शर्मा सर ने इस

कॉलेज की सिफारिश की तो इसकी गुणवत्ता पर अब कोई संशय नहीं रहा।

रिजल्ट आते ही डी.ए.वी. श्यामली में दाखिला लेने की धुन अनेक लड़कों पर सवार हो गई।

हाई स्कूल का रिजल्ट आया।

रविंद्र ने पूरे नवोदय में टॉप किया था।

अजय ने द्वितीय, रवि ने तृतीय तथा अनुपम ने चतुर्थ स्थान प्राप्त किया।

अनुपम की विज्ञान व गणित में विशेष रुचि थी और इन विषयों का वह अच्छा ज्ञान भी रखता था।

चारों ओर हर्ष व उल्लास का माहौल था। जब रिजल्ट आया था, उस समय रविंद्र अपने पैतृक गाँव बसही में था। जब से रविंद्र ने शर्मा सर से डी.ए.वी. श्यामली का गुणगान सुना था, तभी से उसमें दाखिला लेने की व्याकुलता और भी बढ़ गई थी। वह मन-ही-मन कॉलेज में दाखिला लेने से लेकर अध्ययन करने तक की कल्पना करने लगा। उसे विद्यालय का पता मालूम नहीं था। उसकी कक्षा में पढ़नेवाली एक लड़की का भाई बेगूसराय में रहता था, जिसे डी.ए.वी. श्यामली का पता ज्ञात था। रविंद्र ने उसके भाई का पता लिख लिया था, ताकि वह उससे सहायता ले सके।

एडमिशन लेने के लिए मात्र दस दिनों का ही समय बचा था रविंद्र के पास। रविंद्र का लक्ष्य बारहवीं के बाद आई.आई.टी. करने का था, जिसके लिए वह रात-दिन मेहनत कर सकता था।

रविंद्र उन विद्यार्थियों में था, जो अपने लक्ष्य की प्राप्ति के लिए अभावों अथवा कठिनाइयों का रोना नहीं रोते, बल्कि अँधेरे में भी उजाला खोज लेते हैं। साधारण विद्यार्थियों की तरह उनका जीवन एक पछतावे की तरह नहीं होता।

रिजल्ट की खबर सुनकर रविंद्र के माता-पिता फूले नहीं समा रहे थे। माँ की खुशी का तो ठिकाना ही न था। अपनी खुशी को व्यक्त करने के लिए वह मोहल्ले भर में लड्डू बाँट रही थी।

पिताजी आँगन में चारपाई पर लेटे हुए संध्या समय के आसमान को ताक रहे थे। उनकी आँखों में चमक, हृदय में गर्व मिश्रित आनंद व चेहरे पर अति आह्लाद के भाव थे। होनहार पुत्र की सफलता ने उन्हें अभिभूत कर दिया था।

आसमान की तरफ देखते हुए उनकी आँखें बादलों के छोटे-छोटे टुकड़ों पर पड़तीं। बादलों के टुकड़े कभी आपस में जुड़ते, कभी हटते। पिता की आँखें बादलों में छिपी हुई अनेक आकृतियाँ देखतीं। उन बादलों में उन्हें कभी कोई राजा, बालक व ऋषि की तसवीर नजर आती तो कभी लगता कि कोई सवार हाथी के हौदा पर बैठा

हुआ शाही मार्ग पर जा रहा हो। इन अस्पष्ट आकृतियों में उन्हें कभी रविंद्र भी दिखाई देता, जो किसी सुनहरे रथ पर बैठा हुआ, किसी विशाल दुर्ग की प्राचीर पर दौड़ा जा रहा हो। कभी दिखता कि अनेक लोग एक साथ उस पर पुष्पों की वर्षा कर रहे हैं। कभी लगता कि संपूर्ण आसमान एक विशाल महासागर हो और नन्हा रविंद्र इसमें छलाँग लगा रहा हो। कभी वे स्वयं को ही बादलों में उड़ता हुआ देखते। रविंद्र उनके कंधों पर चढ़ा हुआ तारों को हाथ से पकड़ने की चेष्टा कर रहा होता। पिता चाहते कि उनका पुत्र आसमान के शिखर को छू ले। रविंद्र तारों को पकड़ने का प्रयास करता, किंतु फिर भी स्वयं को छोटा महसूस करता। पिता उसे अपने कंधों पर खड़ा करते और ऊपर की ओर उठने के लिए स्वयं अपने पंजों पर खड़े हो जाते। उसे बुलंदियों पर भेजने के लिए पिता भी अपनी जिद पर अड़े थे। रविंद्र को कभी बारिश में भीगते हुए देखकर पिता छाता लेकर उसे भीगने से बचाने के लिए दौड़ पड़ते। रविंद्र छाता लेने से मना करता, किंतु पिताजी जबरन उसके सिर पर छाता तान देते। पिता चाहते थे कि उनका बेटा आसमान छू ले। अतः उनके कंधे का बोझ निरंतर बढ़ता हुआ प्रतीत होता, किंतु वह अपने बढ़े हुए बोझ की कभी भी शिकायत न करते।

एक दिन जब पिता और माता आँगन में चारपाई पर बैठे अपने बेटे के बारे में बातें कर रहे थे, तभी रविंद्र ने आकर अपने पिता से कहा, 'पिताजी! मुझे नए विद्यालय में दाखिला लेना है।'

पिता ने विस्मित होकर रविंद्र को देखा और कहा, 'तो क्या नवोदय में कक्षा 11 नहीं है?'

'है तो, लेकिन आई.आई.टी. के लिए डी.ए.वी. श्यामली सबसे अच्छा है। शर्मा सर ने भी कहा था।' पिताजी इस बारे में अधिक ज्ञान नहीं रखते थे, सो तुरंत बोले, 'ठीक है, बऊआ! उसी में दाखिला ले लो।'

'उसमें एडमिशन फीस लगती है।' रविंद्र ने कठिनाई बयाँ की।

'हाँ-हाँ, तो क्या हुआ, फीस जमा कर देंगे। बोलो, कब करना?' किंतु उन्हें क्या पता था कि डी.ए.वी. श्यामली में लगनेवाली फीस उनकी कल्पना के परे है!

'15,000 रुपए फीस लगेगी।' रविंद्र ने संकोच करते हुए कहा।

रकम सुनते ही पिता एकदम से चौंक पड़े।

रविंद्र को अपने घर की माली हालत पता थी। वह जानता था कि उसके पिता के लिए इतनी भारी फीस की व्यवस्था करना सरल न था, किंतु डी.ए.वी. श्यामली में प्रवेश लेने की धुन के आगे उसे कुछ भी न सूझ रहा था। निराश भाव से रविंद्र सिर झुकाकर बोला।

'पिताजी, कुल मिलाकर 15,000 रुपए से ज्यादा ही खर्च हो जाएँगे।' यह सुनकर माता-पिता दोनों के चेहरों पर चिंता के बादल मँडराने लगे।

रविंद्र की माँ का नाम गाँव में पढ़ी-लिखी महिलाओं में गिना जाता था। वह शिक्षिका बनना चाहती थी, किंतु उस समय के पुरुष-प्रधान समाज के समक्ष माँ को अपनी इच्छा का दमन करना पड़ा। उस समय एक स्त्री का मुख्य कार्य घर की देखरेख करना, बच्चे पालना व परिवार में रहकर घरेलू काम करना था। किंतु फिर भी वह शौकिया ही गाँव में बच्चों को पढ़ा देती थीं। उनसे ज्यादा इस पीड़ा को और कौन समझ सकता था कि एक लड़का पढ़ना तो चाहता हो, किंतु किसी कारण से उसकी इच्छा का दमन हो गया हो! वह ऐसा नहीं होने दे सकती थीं। उन्होंने रविंद्र को फीस की व्यवस्था करने का आश्वासन तो दे दिया था, किंतु आश्वासन को पूरा करना किसी चमत्कार से कम नहीं था। पिता के पास थोड़ी सी खेती थी व आम और कटहल का एक छोटा सा बगीचा था। आम व कटहल बेचकर उन्हें थोड़ी-बहुत आमदनी हो जाया करती थी। किंतु गाँव के शरारती तत्त्व रात में आम तोड़ ले जाते व कटहल काटकर ले जाते। सुबह पूछने पर कहते, 'रात में तेज आँधी आई होगी। सारे आम गिर गए होंगे। लोग उठाकर ले गए होंगे।'

पिता को यथास्थिति का पूर्ण ज्ञान तो होता था, किंतु वह इस अन्याय व अपमान को मौन रहकर, धीरज धारण करके सहन कर लेते थे। कभी-कभी उनका मन तो करता था कि इन बदमाशों को सबक सिखा दें, किंतु तभी उन्हें अपने पुत्र की स्मृति हो आती, जो अपना भविष्य बनाने के लिए रात-दिन पढ़ाई कर रहा था। गाँववालों से लड़-झगड़कर वह उसकी पढ़ाई में विघ्न न डालना चाहते थे। वे रविंद्र को इन सभी प्रपंचों से दूर रखते। वह स्वयं को एवं रविंद्र को थाना-कचहरी के चँगुल में नहीं फँसाना चाहते थे।

माता-पिता ने फीस के लिए रुपए जुटाने के लिए अपना सारा घर छान मारा, किंतु मात्र 700 रुपए ही एकत्र हो सके।

रविंद्र मन-ही-मन खुश था कि उसका दाखिला डी.ए.वी. श्यामली में हो जाएगा। उसकी अभिलाषा को पूर्ण करने के लिए उसके पिता ने कितना त्याग व परिश्रम किया था, इस बात से रविंद्र अवगत था; किंतु सकारात्मक सोच के धनी रविंद्र को यह विश्वास हो गया था कि उसके पिताजी कैसे भी रुपयों का प्रबंध कर ही लेंगे। लेकिन पिता के पास फीस तो क्या, किराए के लिए भी रुपए न थे।

गाँव की मुख्य सड़क के किनारे मकान था। मकान बड़ा तो था, किंतु था कच्चा।

मकान को सँवारने की बजाय उन्होंने अपने बेटे के जीवन को सँवारने में ही अपनी सारी गाढ़ी कमाई लगा दी थी, किंतु उसे धन की कभी भी कमी न होने दी। उन्होंने स्वयं अभावों में रहकर पुत्र की जरूरतों को पूरा किया था। वे नहीं चाहते थे कि जो दुर्दिन व तिरस्कार उन्होंने देखा है, वह उनके बेटे को भी मिले। लिहाजा उन्होंने रविंद्र को कभी भी खेतों पर जाने व जानवरों को चारा-पानी देने के लिए नहीं कहा। रविंद्र कभी उनका हाथ बँटाने की कोशिश करता भी तो वे मना कर देते और कहते, 'रहने दे बऊआ, तू रहने दे। तू तो केवल पढ़ाई में मन लगा। बाकी का काम मैं और तेरी माँ कर लेंगे।'

रविंद्र भी पूरी लगन से पढ़ाई में लग जाता, किंतु आज पिता व्यथित थे। बेटे की पढ़ाई में किसी भी प्रकार की रुकावट को न देख सकते थे। कैसे भी रुपयों का इंतजाम करना ही होगा, यही सोचते रहे रातभर।

उन्हें बेचैनी से करवटें बदलते देख चिंतित माँ ने कहा, 'चिंता क्यों करते हो, जी। कल गाँव में जाकर कुछ रुपए उधार लेते आना। मैं भी कुछ रिश्तेदारों को खबर करूँगी तो मदद मिल ही जाएगी। आम इस बार खूब आया है। भाव भी ऊँचा है। महीने भर में पैसे चुकता हो जाएँगे।'

'कौन देगा इतने सारे रुपए? 100-200 की बात होती तो कोई भी दे देता। यहाँ तो 15,000 का प्रबंध करना है। हँसी-खेल न होगा।'

'अरे! आप तो पहले से ही हार मान गए। पहले गाँव में जाकर तो देखो! मदद करनेवाले बहुत हैं गाँव में। भले आदमी हैं और हमने भी तो वक्त पर मदद की है लोगों की। अब अगर हम मदद माँगेंगे तो न मिलेगी क्या?'

पत्नी से सकारात्मक बातें सुनकर पति की कमजोर पड़ती जा रही हिम्मत को संबल मिला। कल सुबह गाँव में मदद माँगने के लिए जाने की सोचकर दोनों लेट गए। किंतु आँखों में नींद कहाँ! दिमाग रुपयों का प्रबंध करने की जुगत लगा रहा था। हृदय यह सोचकर तेजी से धड़का जा रहा था कि यदि रुपयों की व्यवस्था न हुई तो क्या होगा? इसी उधेड़-बुन में उन्हें पता नहीं कब नींद आ गई।

(30)

ईश्वर ने स्वार्थ व ईर्ष्या बहुत ही बुरी चीजें बनाई हैं। लोग दुःखी व असफल व्यक्ति की तो मदद करने आगे आ जाते हैं, किंतु सफलता की ओर बढ़ते व्यक्ति की टाँग खींचते वक्त जरा भी नहीं सकुचाते।

रविंद्र के पिता को मदद लेने में हर तरफ से निराशा ही हाथ लगी। रिश्तेदारों, मित्रों, पड़ोसियों ने भी काल्पनिक कारण बताकर रुपए देने में असमर्थता व्यक्त की। आशा की रोशनी की खोज में निकले पिता के सामने निराशा का घोर अंधकार छा गया था। सुबह बिना कुछ खाए-पिए निकले पिता ने अपनी पुरानी साइकिल को खींचते हुए अनेक गाँवों की खाक छानी थी। किंतु किसी ने भी तत्काल मदद के लिए हामी न भरी। हाँ, मौखिक मदद देने के लिए लगभग सभी तैयार थे। तेज धूप, भूख, प्यास उनका कुछ भी न बिगाड़ पाती थी, किंतु निराशा व अपने होनहार पुत्र की पढ़ाई की चिंता ने पिता को मानसिक रूप से थका दिया था। लगता था कि संपूर्ण संसार में स्वार्थ का ही बोलबाला है। आज उन्हें अपने निर्धन होने पर शोक हो रहा था।

थक-हारकर वह कच्ची सड़क के किनारे लगे एक जामुन के पेड़ के नीचे बैठकर सुस्ताने लगे। पेड़ के नीचे शीतल छाँव थी व ठंडी हवा के झोंके मरहम का कार्य कर रहे थे, किंतु चिंता, दु:ख व क्षोभ के भाव उनके हृदय को धधका रहे थे। अपने भाग्य को कोसते हुए पिताजी विशाल पेड़ के तने के सहारे टिक गए। आँखें मीचीं तो जल की कुछ बूँदे गरम गालों पर लुढ़क गईं जो शायद उनकी वेदना की सूचक थीं। चेहरा शांत व सख्त था, किंतु विचारों का तूफान हृदय को झकझोर रहा था।

पेड़ से टिके हुए पिताजी कुछ सोचने लगे। उनकी बंद आँखों के सामने एक माह पहले का वह चित्र आ गया, जब रविंद्र का कक्षा 10 का रिजल्ट आया था और उसने पूरे नवोदय में टॉप किया था। उन्हें जब खबर लगी तो वे फूले न समाए थे।

विपन्नता व संघर्षमय जीवन में उन्होंने किस प्रकार अपने पुत्र को पढ़ाने की व्यवस्था की थी, किस प्रकार अपने घर को बनवाने के सपने को साकार करने की बजाय अपने बेटे को पढ़ाया, किस प्रकार स्वयं अपनी पीठ पर कष्टों के खंजर खाए, किंतु अपने पुत्र को कभी भी धनाभाव न होने दिया, केवल वे ही जानते थे। उनके अंतर्मन में संघर्ष था, किंतु चेहरे पर एक सजीव मुसकराहट थी।

विद्यालय में छात्रों के उत्साहवर्धन व सम्मान समारोह के मुख्य अतिथि तत्कालीन एस.पी. गुप्तेश्वर पांडेयजी थे। वे बड़े ही शालीन, रोबीले व सरल स्वभाव के मालिक थे। मंच पर से आवाज लगाई गई—

'अब मैं हमारे विद्यालय के होनहार विद्यार्थी रविंद्र को मंच पर आमंत्रित करता हूँ। रविंद्र मंच पर आयें और हमारे मुख्य अतिथि से पुरस्कार ग्रहण करें।'

पूरा मैदान तालियों की गड़गड़ाहट से गूँज गया।

सभी छात्र-छात्राएँ व उनके अभिभावकों से मैदान खचाखच भरा था।

मैदान में कुरसियों की व्यवस्था थी। रविंद्र के पिताजी भी उन्हीं में से एक कुरसी पर बैठे हुए अपने सपनों को साकार होता हुआ देख रहे थे।

जब रविंद्र का नाम बोला गया तो रविंद्र से ज्यादा तो उसके पिता खुशी से उछल पड़े और लगभग चीखते हुए बोले, 'जा रविंद्र, जल्दी जा, तेरा नाम बोला जा रहा है।'

उनके लहजे से उल्लास झलक रहा था।

'जी पिताजी', कहकर रविंद्र धीरे कदमों किंतु प्रसन्नता से मंच की ओर बढ़ने लगा।

मंच पर पहुँचकर रविंद्र ने अभिवादनस्वरूप शर्मा सर और गुप्तेश्वर पांडेय के चरण छुए। एस.पी. साहब ने रविंद्र की पीठ ठोकी।

सभी लोग रविंद्र के सम्मान में तालियाँ बजा रहे थे, किंतु रविंद्र को इस अवस्था में पहुँचानेवाले पिता दर्शकों के मध्य एक कुरसी पर शांत बैठे थे। उन्हें ऐसा लग रहा था कि मानो यह उन्हीं का सम्मान हो रहा हो! कितनी परेशानियों व कष्टों के बीच उन्होंने अपने पुत्र को पढ़ाया था। अपने पुरुषार्थ व परिश्रम को सम्मानित होते देख वे आनंदविभोर थे।

एक साधारण से किसान के बेटे को एक बड़ा अधिकारी सम्मानित करे, ऐसी तो कल्पना भी न की थी उन्होंने।

उन्हें अपनी आँखों पर मानो विश्वास ही नहीं हो रहा था। किंतु यह एक स्वप्न नहीं था, हकीकत थी। रविंद्र एक विजेता की तरह चेहरे पर सफलता का तेज लिये हुए एस.पी. गुप्तेश्वर पांडे के बगल में हाथ में शील्ड लिये खड़ा इस सम्मान का आनंद ले रहा था। थोड़ी देर बाद एस.पी. साहब ने रविंद्र की पीठ ठोकते हुए कहा, 'शाबाश बेटा, शाबाश, यूँ ही, ऐसे ही तरक्की करते रहो।'

इतना कहकर उन्होंने रविंद्र को एक मेडल पहनाकर सम्मान किया और पूछा, 'तुम्हारे साथ कौन आया है, बेटा?'

'मेरे पिताजी आए हैं, सर।'

'अरे, तो बुलाओ भाई उनको, मंच पर बुलाओ।'

तुरंत ही माइक से घोषणा हुई, 'रविंद्र के पिताजी से अनुरोध है कि वे मंच पर पधारने का कष्ट करें।'

पिता ने मानो कुछ सुना ही न हो! वे तो पीछे कुरसी पर बैठे अभी भी रविंद्र को देख रहे थे। उन्हें रविंद्र का कद आज एस.पी. साहब से ऊँचा लग रहा था। वे

सोच रहे थे कि उनका होनहार बेटा निश्चय ही एक दिन एस.पी. साहब से भी बड़ा आदमी बनेगा।

वे उसके भविष्य को वर्तमान में ही देख रहे थे।

तभी माइक फिर चीखा, 'रविंद्र के पिताजी से मेरा विनम्र अनुरोध है कि वे शीघ्र ही मंच पर आने का कष्ट करें।'

पिताजी मानो एकदम से नींद से जाग गए। लगभग दौड़कर उन्होंने मंच तक की दूरी तय की और एस.पी. साहब को हाथ जोड़कर प्रणाम किया।

एस.पी. साहब ने भी कुरसी से खड़े होकर उनके दोनों हाथों को अपने हाथों से थामकर कहा, 'आपका बेटा बड़ा ही होनहार है। निश्चय ही यह भविष्य में कुछ करके दिखाएगा। आपका नाम रोशन करेगा।'

यह सुनकर पिताजी भावुक हो गए, उनका गला भर आया, आँखें नम हो गईं। कुछ कहना तो चाहते थे, किंतु कुछ बोल न सके। उनके भाव काँपते हुए होंठों से निकल ही न सके। वे केवल हाथ जोड़कर खड़े रहे, मानो एस.पी. साहब का खूब आभार व्यक्त कर रहे हों।

एस.पी. साहब ने पिताजी के कंधे पर हाथ रखा और कहा, 'इसको आगे भी सपोर्ट मिलना चाहिए। रविंद्र ने केवल नवोदय विद्यालय का ही नहीं, बल्कि पूरे जिले का नाम रोशन किया है। मुझे पता है कि माता-पिता के सपोर्ट के बिना कोई भी बालक सफलता प्राप्त नहीं कर सकता। आपके बालक के प्रयासों के साथ-साथ मैं आपके प्रयासों को भी नमन करता हूँ। इसे आगे की पढ़ाई के लिए डी.ए.वी. श्यामली में दाखिला दिलाइए। आई.आई.टी. की तैयारी के लिए बेस्ट कॉलेज है। इसमें किसी भी प्रकार की जरूरत हो तो मुझे बेहिचक बताइएगा।'

ऐसा कहकर एस.पी. साहब ने दोनों हाथ जोड़कर पिताजी को प्रणाम किया।

पिताजी किंकर्तव्यविमूढ़ से मंच पर खड़े हुए एस.पी. साहब की उदारता की मन-ही-मन सराहना कर रहे थे। उन्होंने केवल 'हाँ' में ही सिर हिलाया। अगर कुछ बोलते तो निश्चय ही उनके आँसुओं का बाँध टूट जाता। अपने आप को खूब सँभालने के बावजूद भी कुछ आँसू उनकी आँखों से टपक ही पड़े। ये खुशी के आँसू थे।

उन्होंने उसी समय ठान लिया कि वह किसी भी हालत में रविंद्र का दाखिला डी.ए.वी. श्यामली में कराकर ही दम लेंगे। भले ही इसके लिए उन्हें अपना सर्वस्व ही क्यों न बेचना पड़े। गुप्तेश्वर पांडेयजी की बातें निरंतर उनके कानों में गूँज रही थीं।

(31)

अचानक ही पिताजी नींद से जाग उठे। शायद उन्हें बहुत देर हो गई थी। शाम होने को थी, किंतु गरम हवाएँ अभी भी शरीर को तपन महसूस करा रही थीं। वे तेजी से उठे और अपनी साइकिल को सँभाला। कल तक उन्हें रुपयों का इंतजाम करना ही था। फीस जमा करने की अंतिम तारीख थी। किंतु रुपयों का प्रबंध कैसे होगा? उन्हें कुछ न सूझता था। वे उठे और भारी मन से धीरे-धीरे साइकिल चलाते, भूख-प्यास से बेहाल घर की तरफ चल पड़े। आज उन्हें सब ओर से निराशा ही हाथ लगी थी। आज उन्होंने जीवन के वीभत्स स्वार्थ को बड़ी निकटता से देख लिया था। ज्यों-ज्यों वे गाँव के निकट पहुँचते जा रहे थे, वेदना से उनकी छाती फटी जा रही थी—'रुपयों का इंतजाम न हो पाया तो क्या होगा? रविंद्र के भविष्य का क्या होगा? उसके सपनों का क्या होगा? क्या रुपयों कें अभाव में उसकी अभिलाषा पूर्ण न हो पाएगी? क्या उनका पुत्र डी.ए.वी. श्यामली में न पढ़ सकेगा?'

डी.ए.वी. श्यामली में दाखिला न हो पाने के विचार मात्र से ही उनके संपूर्ण शरीर में सिहरन सी दौड़ गई।

गाँव में प्रवेश करते ही पिताजी साइकिल से उतर गए और साइकिल के साथ ही धीरे-धीरे पैदल चलने लगे। सुबह से बिना कुछ खाये-पिये रुपयों का प्रबंध करने के प्रयास में बहुत थक गए थे। शरीर में साइकिल चलाने की शक्ति न बची थी। अपने गाँव के उन सभी लोगों से वे रुपए उधार लेने की कोशिश कर चुके थे, जिनसे उन्हें सहायता की तनिक भी आशा थी। किंतु दुर्भाग्य! सभी ने किसी-न-किसी बहाने से उन्हें रुपए देने से इनकार कर दिया। सहायता करने के बजाय गाँव के लोग उनकी इस दीन हीन दशा को देखकर मन-ही-मन खुश होते व उपहास करते।

घर के रास्ते में एक हनुमान मंदिर पड़ता था, जहाँ रामायण का अखंड पाठ हो रहा था। वहीं एक नीम के पेड़ के नीचे अनेक बुजर्गों ने जमघट लगा रखा था। इसी जमघट में तंबाकू पीते हुए उनके एक पड़ोसी श्यामलाल ने जब पिताजी को आता हुआ देखा तो आनंद लेने की मंशा से बोला, 'शिवनंदन, कुछ जुगाड़ हुई रुपयों की या यूँ ही कल से खेत नापते हुए फिर रहे हो?'

पिताजी ने निराशा से भरी आँखों से श्यामलाल को देखा, किंतु कोई उत्तर नहीं दिया।

श्यामलाल को उनकी चुप्पी में और अधिक आनंद आया और वह आगे बोले,

'अरे, मैंने तुम्हें कितना समझाया कि रविंद्र ने हाई स्कूल पास कर ली है। बहुत पढ़ गया वह। अब उसे फिर स्कूल भेजोगे तो न तो उसे कहीं नौकरी मिल पाएगी और न ही वह कोई काम करने लायक बचेगा। उसे खेतों में भेजो, कुछ सीखेगा, काम करेगा। घर में चार पैसे आने लगेंगे। ज्यादा पढ़ाई लड़कों को निकम्मा बना देती है। भागीरथ का लड़का ही देख लो। पाँच पास ही है, बस। गाजियाबाद में एक फैक्टरी में काम करता है। हजार रुपए महीने घर भेजता है। ठाठ हैं भागीरथ के। मेरी मानो तो तुम भी रविंद्र को गाजियाबाद भेज दो। सारी गरीबी मिट जाएगी। कब तक अकेले ही खटते रहोगे?'

गाँव में पढ़े-लिखे लोगों की संख्या ज्यादा नहीं थी। अधिकांश लड़के दिल्ली, नोएडा, पटना इत्यादि शहरों में काम करने चले जाते थे। एक तरह की परंपरा बन गई थी। रविंद्र को भी इसी परंपरा का पालन करने की सलाह दी जा रही थी; किंतु पिता को पता था कि उनका बेटा होनहार है। वह कुछ बड़ा करेगा। एस.पी. साहब ने भी यही कहा था।

श्यामलाल की सलाह व व्यंग्य ने पिता पर कोई प्रभाव न डाला। वे अपने निर्णय पर अडिग थे। अप्रभावित होते हुए बोले, 'मेरा बेटा मजदूरी करने के लिए नहीं है। वह पढ़-लिखकर एक बड़ा इंजीनियर बनना चाहता है। उसकी डी.ए.वी. श्यामली में पढ़ने की बहुत इच्छा भी है।'

पिता को अपनी सलाह से अप्रभावित होते हुए देख श्यामलाल बौखला गए और उसने अपना अगला व्यंग्य बाण चलाया, 'डी.ए.वी. में पढ़ने की इच्छा से क्या होता है? बिहार का सबसे महँगा स्कूल है वह। दाखिले के लिए इतना रुपया कहाँ से लाओगे? कोई उधार तो देने से रहा। फिर क्या कहीं डाका डालोगे?'

इस व्यंग्य मिश्रित अपमान से पिता तिलमिला उठे, किंतु चुप रहे। यदि कोई और वक्त होता तो पिता इस व्यंग्य का सटीक जवाब देते। किंतु आज तो वह किसी और ही उधेड़-बुन में थे। लिहाजा कोई प्रतिरोध नहीं किया और बोले, 'कुछ भी हो जाए, रविंद्र का दाखिला तो डी.ए.वी. श्यामली में होकर ही रहेगा।'

'तो फीस कहाँ से लाओगे? सोचा है कुछ?'

'कहीं से भी लाऊँ, लेकिन रविंद्र का दाखिला तो वहीं होगा। इसके लिए चाहे जमीन ही क्यों न बेचनी पड़े।'

ऐसा कहते समय पिताजी का चेहरा किसी दृढ़ संकल्पशक्ति के आलोक से प्रदीप्त हो रहा था। श्यामलाल के व्यंग्य ने पिताजी के इरादों को और भी मजबूत बना दिया था।

श्यामलाल भी इतनी जल्दी हार माननेवालों में न थे। अगला वार करते हुए बोले, 'और यदि जमीन बेचने के बाद भी रविंद्र इंजीनियर न बन सका तो फिर क्या होगा? किसी दीन के न रहोगे।'

श्यामलाल की इस बात का समुचित उत्तर पिताजी के पास न था, सो कुछ पल विचार करके बोले, 'भले ही रविंद्र इंजीनियर न बन पाए, किंतु वह आदमी तो बन ही जाएगा।'

पिता की इस बात पर श्यामलाल खिसियाकर रह गए। मंदिर के पास बैठे लोग हँसने लगे, किंतु पिता ने उनकी हँसी की कोई परवाह नहीं की। कठोर संकल्प लिये वे धीरे-धीरे अपने घर की ओर बढ़ने लगे।

दृढ़ संकल्प में असीम शक्ति होती है, जो व्यक्ति को किसी भी प्रकार की बाधाओं से जूझने में सक्षम बनाती है। जब कोई व्यक्ति आत्मा से प्रतिज्ञा करता है कि वह लक्ष्य-प्राप्ति में सफल होकर रहेगा, तो उसके अंदर की तमाम शक्तियाँ आश्चर्यजनक रूप से उजागर होने लगती हैं।

घर पहुँचकर पिता आँगन में पड़ी हुई एक पुरानी चारपाई पर निढाल होकर लेट गए। चेहरा आसमान की तरफ था। आँखें शाम के वक्त के लाल-बैंगनी आसमान को एकटक निहारे जा रही थीं, मानो अपनी समस्याओं का समाधान खोज रही हों।

ग्रामीणों की बातों ने उन्हें व्यथित कर दिया था। जमीन बेचने की बात पर अब वे लगातार विचार कर रहे थे। मन में द्वंद्व चल रहा था 'यह जमीन मुझे अपने पुरखों से उपहारस्वरूप मिली है। इसे बेचने का मुझे कोई अधिकार नहीं।'

अगले ही पल दूसरा विचार आता 'जमीन-जायदाद आखिर होती ही किसलिए है? बुरे वक्त पर यही तो काम आती है और मैं जमीन बेचकर कोई व्यसन तो कर नहीं रहा। यदि जमीन बेचकर मेरे बेटे का भविष्य सँवर सकता है तो जमीन बेचने में कोई हानि नहीं है।'

ऐसा सोचकर उन्होंने मन-ही-मन अपनी कुछ जमीन बेचकर रुपयों का प्रबंध करने की ठान ली। किंतु इतनी जल्दी जमीन के खरीददार कहाँ से मिलते? समय बहुत कम था। रुपयों का प्रबंध शीघ्र करना था।

जब पिताजी को कुछ भी न सूझा और अत्यधिक तनाव ने उनकी दिमाग की नसों को संकुचित कर दिया तो कुछ राहत पाने के लिए उन्होंने अपनी आँखें मूँद लीं और शून्य में कुछ गहन चिंतन करने लगे।

लगभग पाँच मिनट ही बीते थे उन्हें लेटे हुए। तभी किसी की आहट पाकर उन्होंने आँखें खोलीं। सामने रविंद्र की माँ खड़ी थीं, उनकी पत्नी।

उनके हाथ में एल्युमिनियम का एक पुराना व छोटा सा डिब्बा था। उसे उन्होंने अपने हाथ आगे बढ़ाकर पिताजी को देना चाहा।

कुछ समझने में असमर्थ पिताजी ने उनके हाथ से डिब्बा ले लिया व प्रश्नवाचक दृष्टि से उन्हें देखा, मानो पूछ रहे हों कि 'इस डिब्बे में क्या है?'

माँ उनकी दुविधा को समझ गई, किंतु कुछ भी कहने की बजाय उन्होंने अपना सिर झुका लिया और धीरे से बोलीं, 'रुपयों का इंतजाम अगर नहीं भी हुआ तो दिल छोटा क्यों करते हो, जी? अपना रविंद्र डी.ए.वी. श्यामली में जरूर पढ़ेगा। उसका सपना जरूर पूरा होगा। आप बिल्कुल भी परेशान न हों।'

पत्नी की इन आत्मविश्वास से भरी बातों को सुनकर पिताजी अवाक् रह गए और हाथ में पकड़े हुए डिब्बे को कौतूहल से खोला।

डिब्बे में पत्नी के गहने थे, जो उसे उसके विवाह में मिले थे।

पिताजी ने आश्चर्यजनक व प्रश्नवाचक नजरों से माँ को देखा, मानो पूछना चाहते हों, 'माजरा क्या है?'

'इन्हें ले जाकर बेगूसराय में किसी सुनार के यहाँ गिरवी रख दो या फिर बेच दो। बस, मेरे बेटे की पढ़ाई में कोई भी अड़ंगा नहीं आना चाहिए। उसके सपने किसी भी कीमत पर पूरे होंगे। इसके लिए यदि सारी जमीन, मकान व जेवर भी बेचने पड़ें तो बेच देना।'

ऐसा कहते हुए माँ का चेहरा सख्त हो गया था व उस पर आत्मविश्वास झलकने लगा ।

उनकी ये बातें सुनकर पिताजी दंग रह गए। उनके पैरों तले से मानो जमीन सरक गई हो। कुछ देर को तो उन्हें इन बातों पर विश्वास ही न हुआ।

उन्हें पता था कि एक स्त्री के लिए उसके गहने क्या महत्त्व रखते हैं! अपने परिवार के बाद यदि स्त्री को कुछ प्रिय है तो वह उसके गहने हैं। विवाह के बाद जब स्त्री अपने पिता का घर त्यागकर अपने पति के घर आती है तो उसके साथ आए गहने उसे अपने माता-पिता की स्मृति के रूप में नजर आते हैं। इन गहनों से उसके माता-पिता के प्रेम की सुगंध आती है। ये गहने ही उसके सौभाग्य व अभिमान के सूचक होते हैं। वह अपने प्राण दे सकती है, किंतु अपने गहने नहीं।

लेकिन आज इसके अपवादस्वरूप माँ ने अपने गहनों को फटे-पुराने वस्त्रों की तरह त्याग दिया था। कोई मोह नहीं! कोई लालच नहीं! उसे तो केवल अपने

बेटे का भविष्य नजर आ रहा था। वह रविंद्र के स्वर्णिम भविष्य की कल्पना कर रही थी, जिसकी चमक के आगे उसके गहनों की चमक भी फीकी पड़ गई थी।

पिताजी ने भी अपने जीवन में ऐसे त्याग के उदाहरण विरले ही सुने थे। आज वह त्याग की प्रतिमूर्ति अपनी पत्नी के इस अनुपम त्याग के आगे नतमस्तक हो गए थे।

(32)

डी.ए.वी. श्यामली में दाखिला लेना जितना कठिन था, उतना ही गौरवपूर्ण भी। यहाँ एडमिशन का आधार कक्षा दस की मेरिट थी। रविंद्र ने कक्षा दस में सी.बी.एस.ई. बोर्ड से ८९ प्रतिशत अंक प्राप्त किए थे। लिहाजा उसका नाम डी.ए.वी. की मेरिट लिस्ट में आना निश्चित ही था। पूरे प्रदेश में डी.ए.वी. श्यामली स्कूल का उन दिनों खूब बोलबाला था। बहुत ही प्रसिद्ध व जाना-माना इंटर कॉलेज था। उस समय बिहार में डी.ए.वी. श्यामली और नेतरहाट ही सबसे अच्छे इंटर कॉलेज माने जाते थे, किंतु उनकी फीस भी अधिक थी। रविंद्र जिस पृष्ठभूमि से था, डी.ए.वी. की फीस भरना उसकी कल्पना के परे था।

अनुपम व सुशील संपन्न परिवार से थे, जिनके लिए रुपयों का प्रबंध करना कोई कठिन काम नहीं था, किंतु ग्रामीण परिवेश में पले-बढ़े रविंद्र के लिए यह कठिन था। पिता के अथक परिश्रम व माँ के अनुपम त्याग के परिणामस्वरूप रविंद्र को डी.ए.वी. श्यामली में दाखिला मिल गया। इसके लिए रविंद्र को अपनी माँ के जेवर गिरवी रखने पड़े थे।

डी.ए.वी. श्यामली में दाखिला लेकर रविंद्र अपने संघर्षमय जीवन का एक नया व महत्त्वपूर्ण अध्याय प्रारंभ करने जा रहा था।

अनुपम उसके पक्के दोस्तों में से एक था। वह मुंगेर का रहनेवाला था। उसकी सहायता से रविंद्र ने राँची में ही एक सुनार के यहाँ अपनी माँ के जेवर गिरवी रखे थे। जो पैसे मिले, उससे कॉलेज की फीस जमा करके अपना दाखिला करा लिया था। अपने दाखिले के लिए रविंद्र ने कभी भी न सोचा था कि उसकी माँ को इतना त्याग करना पड़ेगा। अपने बेटे की पढ़ाई के आगे उसकी माँ के लिए अपने जेवर का कोई मोल नहीं था।

रविंद्र घर से जब डी.ए.वी. श्यामली के लिए निकला तो उसकी माँ ने एक रुमाल में अपने गहने बाँधकर रविंद्र को थमाते हुए कहा, 'बऊआ, ये ले, सँभालकर रखना। बस में चोर-उचक्के बहुत फिरते हैं। बड़ी चतुराई से ले जाना।'

रविंद्र ने बेमन से पोटली हाथ में ले ली थी। उसे ऐसा लगा, मानो उसने हाथ में सुलगते हुए अंगारों को पकड़ा हो! उसका हृदय कष्ट से फटा जा रहा था। असहाय भाव से रविंद्र ने पोटली को अपनी पैंट की दाहिनी जेब में रख लिया, बड़ी भावुकता से उसने अपनी माँ की तरफ देखा, मानो कहना चाह रहा हो—'पढ़ाई ही मेरे जीवन का सबसे बड़ा लक्ष्य है, माँ! किसी भी कीमत पर मुझे अपने लक्ष्य को पाना है। यदि आज मेरे जीवन का प्रश्न न होता तो मैं तुम्हारे ये जेवर कभी न लेता, माँ! मुझे माफ करना।'

हाथ में एक काले रंग का बड़ा सा बैग, जेब में गहनों की पोटली और हृदय में अपनी माँ के लिए कृतज्ञता के भाव लिये जब रविंद्र बस में बैठा तो माता-पिता ने बड़ी भावकुता से अपने बेटे को विदा किया। विदा होते समय रविंद्र ने माता-पिता के चरण छुए। अचानक रविंद्र एक शिशु की तरह अपनी माँ से लिपट गया और फफककर रो पड़ा। माँ का भी यही हाल था। वह अपने गहने तो क्या, बल्कि सारा जीवन ही अपने होनहार बेटे पर न्योछावर करने के लिए तैयार थी। पिताजी की आँखें भी डबडबा आई थीं, किंतु जीवन के इस संग्राम समर में अपने बेटे को विजेता बनाने का प्रण ले लिया था उन्होंने। उसे विदा करते हुए पिता बोले, 'किसी भी बात की चिंता न करना, बऊआ। जाते ही अनुपम की मदद से ये गहने किसी भले आदमी के पास गिरवी रख देना। बात न बने तो बेच भी देना। रुपयों की और जरूरत पड़े तो मुझे खबर करना। बेटा, कुछ भी करना पड़े, लेकिन तू हिम्मत न हारना। मन लगाकर पढ़ना। ध्यान रखना बेटा कि मेहनत ही भाग्य का निर्माण करती है।'

पिता की ये प्रेरणादायी बातें नित्य ही रविंद्र के मन में गूँजती रहीं व उसे प्रेरणा देती रहीं।

राँची में अनुपम के मामा रहते थे। उसे कमरा किराए पर लेने की कोई जरूरत नहीं थी। रविंद्र और सुशील ने शुरुआती दिन अनुपम के मामा के घर पर बिताए, किंतु अधिक दिनों तक वे वहाँ न रह सकते थे। अकेले अनुपम की बात तो ठीक थी, किंतु दो और लोगों का उनके मकान में रहना मामा को असुविधाजनक लग सकता था। यद्यपि मामाजी ने कभी भी इस बात को जाहिर नहीं होने दिया, किंतु रविंद्र को वहाँ रहना असहज लगता था। इतनी जल्दी नया मकान खोजना आसान नहीं था। राँची बड़ा शहर था और कमरों का किराया भी अधिक था। जेवर गिरवी रखकर रविंद्र को जो पैसे मिले थे, वे एडमिशन फीस में लग गए थे और बचे हुए रुपए पुस्तकें खरीदने व रोज के खाने-पीने के खर्च के लिए बचा लिये थे। मामा के यहाँ कुछ दिन रहने के बाद रविंद्र और सुशील ने कोई सस्ता सा कमरा खोजना शुरू कर दिया। इसके बारे में

उन्होंने अनुपम को भी नहीं बताया था। शायद उसे बुरा लग जाता। लेकिन किसी के घर पर अधिक समय तक तो मेहमानी नहीं की जा सकती थी।

कॉलेज चालू हो गया था। फीस और पुस्तकों के खर्च के बाद रविंद्र के पैसे खत्म होने लगे थे।

तभी एक दिन सुशील चहकता हुआ आया और बोला, 'काम बन गया, रविंद्र। मुझे एक सस्ता सा कमरा मिल गया है। यहीं पास ही पुराने बाजार से लगी हुई बस्ती में है।'

'अच्छा! कितना किराया होगा?' रविंद्र ने उत्सुक होकर पूछा।

'ज्यादा तो न होगा, लेकिन एक समस्या है, बस।'

'वह क्या है?' उत्सुकता से आँखों को गोल करते हुए रविंद्र ने पूछा।

'उसमें पहले से ही दो लड़के रहते हैं। शेयर करना पड़ेगा। किराया दो हजार रुपए महीना है। हर एक को पाँच सौ रुपए देना होंगे।'

रविंद्र के लिए तो पाँच सौ रुपए भी अधिक थे। लेकिन राँची में इससे कम किराए पर कमरा मिलना मुश्किल था। उस समय रविंद्र के लिए कमरे की सुविधाएँ महत्त्व न रखती थीं। महत्त्वपूर्ण था तो केवल कम किराया।

कुछ देर सोचकर रविंद्र ने सहमति दे दी।

बात पक्की हो गई।

अगले ही दिन रविंद्र व सुशील नए कमरे में शिफ्ट होने की तैयारी करने लगे।

अनुपम को बुरा तो लगा, किंतु रविंद्र ने व्यावहारिक तर्क देकर उसे मना लिया।

कमरे में रविंद्र, सुशील, सुरेश व आलोक थे। सुरेश व आलोक डी.ए.वी. में ही पढ़ते थे। आलोक होशियार था। सुरेश तीनों लड़कों से उम्र में बड़ा था।

पहले तो किराया शेयर करने के लालच में उन दोनों लड़कों ने रविंद्र व सुशील को रखने के लिए हामी भर दी थी, लेकिन शीघ्र ही उन्हें अहसास हो गया कि इतने छोटे कमरे में उन चारों का रहना कष्टदायी है।

एक दिन आलोक ने सुशील से कह ही दिया, 'सुशील भाई, अगर बुरा न मानो तो एक बात कहूँ?'

सुशील ने शंकित भाव से जवाब दिया, 'हाँ, बोलो।'

'यार सुशील! तुम लोग अपने लिए कोई अलग कमरा देख लो। इतने सारे लोगों के एक कमरे में रहने से मेरी पढ़ाई डिस्टर्ब होती है।'

पढ़ाई तो रविंद्र की भी डिस्टर्ब होती थी, किंतु वह नया व बड़ा कमरा किराए पर लेने की स्थिति में नहीं था। वह तो अभावों व असुविधाओं में पढ़ने में माहिर था।

सुशील ने आलोक को आश्वासन दिया कि वह जल्द ही अलग कमरा किराए पर ले लेगा। लेकिन जब सुरेश को इस बात का पता लगा तो उसने आलोक को आड़े हाथों लिया।

'आलोक, चार लोग आराम से रह सकते हैं इस कमरे में। ये लोग अभी राँची में नए हैं। इसलिए जब तक इनके हिसाब का कमरा नहीं मिल जाता, तब तक ये दोनों हमारे साथ ही रहेंगे।'

सुरेश ने मानो अपना निर्णय सुना दिया।

सुरेश इन सबसे उम्र में बड़ा था। उसके निर्णय का विरोध आलोक न कर सका, लेकिन वह मन-ही-मन रविंद्र व सुशील से चिढ़ने लगा।

रविंद्र, सुरेश व अनुपम का उद्देश्य बारहवीं के बाद आई.आई.टी. करने का था।

एक सुबह सुशील व सुरेश को अपने गाँव जाना पड़ा। रविंद्र कॉलेज चला गया। आलोक कमरे पर ही था। कॉलेज में लंच टाइम में अनेक लड़के झुंड बनाकर खाना खाते, एक-दूसरे का टिफिन शेयर करते और मजे से बतियाते। आज रविंद्र के पास टिफिन नहीं था। वह खाना नहीं लाया था। अकसर ही रविंद्र बिना टिफिन के ही आता था। खाना खाने का कोई नियम नहीं था। जब वह नवोदय में था तो नियमित खाना मिलता था। लेकिन जब से वह राँची आया था, उसका पहले से ही दुबला-पतला शरीर और भी अधिक कमजोर हो गया था। स्कूल की फीस, कमरे का किराया, पुस्तकों का खर्च, खाने का खर्च, ये तमाम खर्च एक साथ उसके सामने आ गए थे। जब तक वह नवोदय में रहा, ये सारा खर्च सरकार ने वहन किया, किंतु अब परिस्थितियाँ अलग थीं। उसे आई.आई.टी. के लिए कोचिंग लगानी थी। उसके लिए और भी रुपयों की जरूरत थी। लेकिन उसके पिता ने कैसे भी यह खर्च उठाने की कसम खा रखी थी। रविंद्र की पढ़ाई जारी रखने के लिए पिता अपना सब कुछ बेचने को तैयार थे।

रविंद्र अपनी मित्रमंडली में हँसी का पात्र नहीं बनना चाहता था। थोड़ी देर में आने का बहाना करके रविंद्र उठकर चला गया। सर्वेश रविंद्र की ही कक्षा में था। यूँ तो उससे रविंद्र की कोई विशेष दोस्ती न थी, किंतु सर्वेश स्वभाव से बहुत उदार था तथा बेगूसराय के निकट के गाँव से ही था। उसके पिता सिंचाई विभाग में तारबाबू थे। माली हालत ठीक थी।

रविंद्र को अचानक उठकर जाता हुआ देखकर सर्वेश ने टोका, 'कहाँ जा रहे हो रविंद्र, खाना न खाओगे?'

उसके अचानक उसे टोक देने की कल्पना न की थी रविंद्र ने। रविंद्र थोड़ा झेंप गया। क्या जवाब देता! बहाना करते हुए बोला, 'मैं लाइब्रेरी में एक पुस्तक मेज पर ही भूल आया हूँ, लेने जा रहा हूँ। कहीं कोई ले न जाए। आकर खाना खाऊँगा।'

रविंद्र का सफेद झूठ साफ-साफ झलक रहा था।

सर्वेश भी रहस्यमय ढंग से मुसकुराता हुआ बोला, 'अरे हाँ, याद आया, मुझे भी एक पुस्तक आज वापस करनी है। लैट मी अकंपनी यू।'

अब रविंद्र की हालत और भी खराब होने लगी। बेचारा क्या बताता सभी को कि आज खाना नहीं है उसके पास? वह उनकी मंडली में बैठने योग्य नहीं है।

रविंद्र का उत्तर जाने बिना ही सर्वेश उठा और हाथ पकड़कर आगे बढ़ गया।

कुछ कदम आगे बढ़ने पर रविंद्र ने उसे सच्चाई बताने की मंशा से सकुचाते हुए कहा, 'यार सर्वेश, बात यह है कि मैं टिफिन नहीं लाया हूँ और अकसर लाता भी नहीं हूँ।' कहते हुए मुसकुराया रविंद्र, मानो कोई बड़ी चोरी पकड़ी गई हो।

सर्वेश ने बड़ी आत्मीयता से रविंद्र के कंधे पर हाथ रखते हुए कहा, 'लो, मेरा टिफिन शेयर करो, वैसे भी मेरी माँ दो रोटियाँ ज्यादा ही रखती हैं। वे तुम्हारे लिए हैं, लो खाओ।'

यह बात कोई असाधारण तो न थी, लेकिन सर्वेश को देखकर रविंद्र को अनायास ही गुड्डू भैया व माँ की याद आ गई। वह थोड़ा सा भावुक तो हुआ, किंतु स्वयं को सँभालते हुए, धीरे से खाँसकर बोला, 'अगर मैं तुम्हारा खाना खा लूँगा तो तुम्हारा क्या होगा?'

आश्चर्य से अपनी दोनों आँखों को फाड़कर अपनी दोनों हथलियों से अपने सिर को थामकर शानदार अभिनय करते हुए व्यंगात्मक अंदाज में सर्वेश बोला, 'अरे हाँ! ये तो मैंने सोचा ही नहीं। यदि तुम दो रोटियाँ खा लोगे तो मैं तो भूखा मर जाऊँगा। शायद शाम तक जीवित ही न बचूँ। मेरा तो जीवन ही बरबाद हो जाएगा, भाई!'

सर्वेश के इस प्रेमपूर्ण कटाक्ष ने रविंद्र को शर्मिंदा कर दिया। वह खिसियानी हँसी हँसते हुए बोला, 'लेकिन...'

सर्वेश तपाक से बीच में ही बोल पड़ा—

'लेकिन-वेकिन कुछ नहीं। ये दो रोटियाँ हर रोज अब तुम्हारे ही नाम की होंगी।

और जहाँ तक तुम्हारे स्वाभिमान की बात है, तो सुनो, मैं तुम पर कोई अहसान नहीं कर रहा हूँ। किसी दिन तुम मुझे मेरी पसंद का खाना खिला देना। बस, बात बराबर।'

यह बात रविंद्र को ठीक लगी। उसने खुशी-खुशी दो रोटियाँ खाईं, नल पर जाकर पानी पिया, मुँह धोया। किंतु इस पानी में कृतज्ञता के कुछ आँसू भी थे, जो उस पानी में ही विलीन हो गए थे। इन दो रोटियों ने एक निःस्वार्थ व सच्ची दोस्ती को जन्म दिया था, जो रविंद्र के आई.ए.एस. बनने के बाद भी जारी रही।

(33)

लंच के बाद पाँचवाँ पीरियड खाली था। अभी पढ़ाई पटरी पर नहीं आई थी। एडमिशन प्रक्रिया जोरों पर चल रही थी। डी.ए.वी. में वैसे तो कोई पीरियड खाली नहीं होता था और यदि किसी कारण से ऐसा हो भी जाता तो लड़के-लड़कियाँ शोर न करते थे, बल्कि किसी विषय पर कोई विद्यार्थी ज्ञानवर्धक चर्चा करता अथवा अपने-अपने काम में सब व्यस्त रहते। ऐसा लगता था कि मानो विद्यालय की छुट्टी हो।

अद्‌भुत अनुशासन था।

रविंद्र व सर्वेश केमिस्ट्री विषय पर चर्चा करने लगे।

रविंद्र ने केमिस्ट्री की उपयोगिता व लाभ गिनाने शुरू किए, 'सर्वेश, आजकल केमिस्ट्री के बिना कुछ नहीं हो सकता, न तो आई.आई.टी. और न ही सी.पी.एम.टी. में।'

सर्वेश का गणित विषय काफी स्ट्राॅन्ग था। वह केमिस्ट्री के नाम से ही घबराता था। उसने प्रतिवाद किया—

'लेकिन जरूरी तो नहीं कि आई.आई.टी. के लिए केमिस्ट्री पर अच्छी पकड़ हो। फिजिक्स व मैथ के सहारे भी तो सिलेक्ट हो सकते हैं।'

रविंद्र ने दृढ़ता से कहा, 'बिल्कुल जरूरी है केमिस्ट्री पर पकड़! और किसने कहा कि बिना केमिस्ट्री के तुम सिलेक्ट हो पाओगे? केवल गणित का झुनझुना लेकर परीक्षा में पास न हो सकोगे। केमिस्ट्री स्कोरिंग सब्जेक्ट होता है। यदि वह अच्छा है तो सिलेक्शन के चांस बढ़ जाते हैं।'

सर्वेश ने जब यह यथार्थ सुना तो घबरा गया। उसे केमिस्ट्री जहर लगती थी। बचपन से ही वह इसमें कमजोर था।

सर्वेश की घबराहट को देखकर रविंद्र ने केमिस्ट्री में उसकी सहायता करने का वचन दिया।

रविंद्र ने परीक्षा की वास्तविकता को देखते हुए सर्वेश से कुछ गलत नहीं कहा था और दोस्त होने के नाते उसकी सहायता करने के लिए भी तैयार हो गया। सर्वेश को यह मदद पाकर बहुत राहत मिली।

वर्षों बाद जहाज पर काम करते समय रविंद्र का रसायन शास्त्र का ज्ञान बहुत उपयोगी सिद्ध हुआ। हजारों टन केमिकल व सल्फ्यूरिक एसिड जैसे खतरनाक पदार्थों के मध्य काम करना रसायन शास्त्र के ज्ञान के बिना संभव ही नहीं था।

स्कूल की छुट्टी के बाद रविंद्र कमरे पर पहुँचा। कमरे का ताला लगा था। वहीं बैठकर वह आलोक का इंतजार करने लगा। इंतजार करते-करते दो घंटे बीत गए तो उसे आलोक की चिंता सताने लगी। पास ही रहनेवाले आलोक के एक दोस्त से पता लगा कि आलोक अपने गाँव चला गया है। कब लौटेगा, पता नहीं। कमरे का ताला अब भी बंद था। चाभी आलोक के ही पास थी। वह कब आएगा, यह बता पाना मुश्किल था। रविंद्र के सामने अब एक नई समस्या खड़ी हो गई थी कि वह रात कहाँ बिताएगा? शहर बहुत बड़ा था, किंतु रविंद्र के लिए रुकने की कोई जगह नहीं थी। रात घिरने लगी। रविंद्र को भूख लग आई। सर्वेश की दी हुई दो रोटियाँ ही खाई थीं उसने। उसके पास मात्र दस रुपए थे, जिससे उसने समोसे खा लिये। भूख तो काफी मिट गई थी, किंतु अब उसके सामने बड़ी भारी रात थी। कोई आसरा नजर नहीं आ रहा था। पहले तो उसने सोचा कि क्यों न अनुपम के मामा के घर चला जाए! वहाँ से पाँच किलोमीटर की दूरी पर ही तो था। फिर सोचा कि इसी बीच आलोक भी आ सकता है। नाहक ही मामा को परेशान क्यों करूँ? अनुपम के अलावा कोई और मित्र या रिश्तेदार पूरे राँची शहर में नहीं था, जिससे वह मदद माँगता।

रविंद्र अपने कमरे से कुछ दूर स्थित शिव मंदिर के पास जाकर बैठ गया। मंदिर के पास फुटपाथ पर अनेक भिखारी बैठे हुए थे। कुछ भिखारी फटे-पुराने कपड़े में बैठे हुए रोटी खा रहे थे। रविंद्र बड़ी गौर से इन भिखारियों को देखता रहा। कमजोर व बीमार औरतें, बूढ़े आदमी, छोटे व मैले दिखनेवाले बच्चे मैली गठरियों को अपने पास किसी खजाने की तरह रखे, फुटपाथ पर सोने की तैयारी कर रहे थे। रविंद्र उन्हें देखकर अपना कष्ट भूल गया। वह तो आज पहली बार बेघर हुआ है, ये गरीब भिखारी तो रोज ही ऐसे रहते हैं। इनकी क्या इच्छाएँ होंगी? क्या इन्हें भरपेट खाना मिल पाता होगा? क्या ये सुखी हैं? इनके लिए सुख क्या होता है? एक-दो दुधमुँहे बच्चे अपनी माँ की छाती से चिपके हुए थे। क्या ये बच्चे भी जब बड़े हो जाएँगे तब ऐसे ही भीख माँगेंगे? क्या ये भी फुटपाथ पर सोएँगे? इन बच्चों का क्या भविष्य होगा?

अपने कष्ट को भूलकर वह इन तमाम प्रश्नों में डूब गया, किंतु उसे इन प्रश्नों का कोई उत्तर नहीं मिल रहा था। रविंद्र का भावुक मन व्यथित हो गया था।

दूसरों के प्रति मनुष्य की सोच उसके गुणों का ही प्रतिबिंब होती है। जो मनुष्य दूसरों का दुःख और कष्ट समझता है, निश्चय ही ऐसे मनुष्य का दुःख ईश्वर स्वयं हर लेते हैं।

(34)

धीरे-धीरे सारे भिखारी सो गए, पर रविंद्र की आँखों में नींद नहीं थी। उसकी नींद, भूख, प्यास, थकान एवं कष्ट सब मिट चुके थे। आज वह इन बेघर भिखारियों का सहयात्री था। उसकी वेदना आज इन भिखारियों की वेदना से घुल-मिल गई थी। वह सोचने लगा कि क्या वह कभी इस काबिल हो पाएगा, जब इन लोगों के दुःखों को दूर कर सके?

कुछ देर बाद वह अपने कमरे पर गया। वहाँ अभी भी ताला लटक रहा था। उसने ताले को पकड़कर बड़ी ताकत से हिलाया, लेकिन ताला ऐसे न खुलनेवाला था। निराश होकर वह कमरे के बाहर बैठ गया व सड़क से इक्का-दुक्का गुजरने वाले वाहनों को देखता रहा। रविंद्र अपने जीवन में पहली बार ऐसी परेशानी में फँसा था। उसे अब थोड़ा सा डर लगने लगा। जेब में एक रुपया भी न था। रात के दस बज गए थे। पहले उसने सोचा कि आलोक सुबह तक लौट आएगा, तब तक सड़कों पर चहलकदमी की जाए, लेकिन थकान व भूख के कारण उसकी हिम्मत उठने की भी नहीं हो रही थी। वह वहीं बैठा रहा।

बैठे-बैठे उसने विचार किया कि ऐसी तकलीफें तो आएँगी ही। इन्हीं कठिनाइयों को तो पार करना है। इस विपरीत समय में भी उसे धैर्य नहीं खोना चाहिए। उसने तय किया कि वह किसी से भी मदद न माँगेगा। किसी के सामने नहीं रोएगा, गिड़गिड़ाएगा। उसे लग रहा था कि ऐसे ही संघर्ष के रास्ते पर चलकर वह अपने जीवन में कुछ करने लायक बन पाएगा। उसे अब इस संघर्ष में संतुष्टि होने लगी थी। वह कमरे के बाहर ही बैठा रहा। घुटनों में सिर घुसाकर ऊँघने लगा।

तभी दरवाजे के खुलने की आहट ने उसे जगा दिया। आलोक लौट आया था। आलोक ने दरवाजा खोला व भीतर चला गया। रविंद्र की आँखों में चमक व खुशी थी। लेकिन इस खुशी का कारण दरवाजा खुलना न था, बल्कि आलोक को सही-सलामत

देखना था। वह इस चिंता में मरा जा रहा था कि कहीं आलोक किसी परेशानी में न फँस गया हो! वह उसकी सलामती के लिए फ़िक्रमंद था। लेकिन आलोक को देखकर उसकी सारी चिंता दूर हो गई। वह उठा और कमरे में जाकर आलोक के गले से लग गया। इस अप्रत्याशित व्यवहार से आलोक अचंभित था, किंतु कुछ बोल न सका। रविंद्र ने बड़ी आत्मीयता से कहा, 'कहाँ चले गए थे, आलोक? मुझे तुम्हारी बहुत चिंता हो रही थी। तुम्हारे दोस्त ने बताया कि तुम शाम तक लौट आओगे। लेकिन रात होने पर भी तुम न आए तो मैं डर ही गया था कि तुम्हें कुछ हो न गया हो।'

एक ही साँस में रविंद्र यह सब कह गया और फिर से आलोक के गले लग गया।

इस व्यवहार ने आलोक के हृदय का परिवर्तन कर दिया। उसे ग्लानि होने लगी कि जिस लड़के को परेशान करने के लिए वह जानबूझकर ताला लगाकर चला गया था, वही लड़का उसके लिए कितना परेशान था! उसकी सलामती को लेकर कितना चिंतित था! आलोक का हृदय अपराध-बोध से सराबोर हो गया था। उसे रविंद्र के आगे अपना कद बहुत छोटा लग रहा था। किंतु शायद उसमें सच बताने की हिम्मत न थी, सो रविंद्र से नजरें चुराते हुआ बोला, 'बस लेट हो गई थी, इसलिए देर हुई। सॉरी रविंद्र। मेरी वजह से तुम्हें तकलीफ हुई।'

यद्यपि आलोक ने झूठ बोला था, जो कोई भी व्यक्ति आसानी से समझ सकता था, किंतु झूठ, छल, कपट से परे रविंद्र ने उसके इस झूठ को भी सच मान लिया था व मुसकुराते हुए सोने के लिए जमीन पर बिस्तर बिछाने लगा। शायद यही उसके माफ करने का अनोखा अंदाज था।

इस पवित्र व निश्छल मुसकराहट ने आज आलोक के हृदय को निर्मल कर दिया था। उसका सारा द्वेष उन आँसुओं के साथ ही बह गया था, जो चुपचाप उसकी आँखों से लुढ़ककर गालों को भिगो रहे थे।

(35)

कॉलेज में पढ़ाई पूर्ण जोरों पर शुरू हो गई थी। सुबह आठ से दो बजे तक का स्कूल था। उसके बाद कमरे पर होमवर्क करना होता था। सुरेश की जोर-जोर से बोलकर याद करने की आदत थी। वह चुपचाप पढ़कर याद न कर सकता था। छोटे से कमरे में जब चारों लड़के पढ़ते तो ऐसा लगता, मानो रेडियो पर एक साथ कई चैनलों से प्रसारण हो रहा हो। रविंद्र की पढ़ाई में व्यवधान हो रहा था। अब वास्तव में

अलग कमरे की जरूरत थी। रविंद्र व सुशील ने अलग कमरा खोजने का प्रस्ताव रखा। सुरेश व आलोक ने इसे खारिज कर दिया। अब आलोक भी नहीं चाहता था कि रविंद्र व सुशील अलग कमरे में रहें। लेकिन इतने छोटे कमरे में एक साथ सोया व खाया तो जा सकता था, किंतु पढ़ाई नहीं की जा सकती थी। काफी दुविधा के बाद सभी नए कमरे के प्रस्ताव पर राजी हो गए, लेकिन सस्ता कमरा मिलना इतना आसान कहाँ था!

रविवार को छुट्टी होने के कारण रविंद्र व सुशील कमरे की तलाश में निकल पड़े। आकाश में बादल थे, मौसम ठंडा था। अत: गलियों व सड़कों पर कमरा खोजते हुए भटकना अधिक कठिन नहीं था, किंतु परिवारवाले घरों में कमरा लेना लड़कों के लिए कठिन होता है। लड़कों पर उद्दंडता व स्वच्छंदता का लेबल लगा माना जाता है। वे किसी परिवार को ही कमरा देना पसंद करते हैं।

भटकते-भटकते शाम होने को आ गई, किंतु जहाँ भी वे जाते, निराशा ही हाथ लगती। थकान, भूख व प्यास से हाल बेहाल था। कमरा मिलने की कोई उम्मीद न थी। यदि कोई मकान-मालिक इन लड़कों को कमरा देने के लिए राजी हो भी जाता तो इतना किराया माँगता कि वे कभी वहाँ रहने की सोच भी न पाते। यहाँ-वहाँ जो भी टहलता दिखता, उसी से पूछते कि कहीं कोई कमरा खाली हो तो बता दे। अधिकांश लोग सीधे मना कर देते। वे दोनों आगे बढ़ जाते।

ऐसा करते-करते दो रविवार बीत गए। एक दिन एक डेयरीवाले ने उन्हें बताया, 'एच.एस.एल. कॉलोनी में एक सी.ए. साहब रहते हैं, राजस्थान के तेज प्रकाश अरोरा। भले आदमी हैं। उनके यहाँ कोशिश करो, शायद मिल जाए।'

डूबते को तिनके का सहारा।

दोनों दोस्तों को आशा की एक किरण दिखी।

उत्साह से आगे बढ़े और एच.एस.एल. कॉलोनी की तरफ चल पड़े।

तभी मौसम ने करवट ली। बूँदाबाँदी शुरू हो गई थी। शरीर पर ठंडी-ठंडी बूँदों का आनंद लेते हुए दोनों सी.ए. का घर खोजते-खोजते एच.एस.एल. कॉलोनी में पहुँचे।

बड़ी शानदार कॉलोनी थी।

आधुनिक तरीके के घर बने थे। बहुत ही भव्य व शानदार मकान थे। यह देखकर रविंद्र ने सुशील से कहा, 'यह तो बड़ी महँगी जगह लगती है, यार। अमीरों की कॉलोनी है।'

'हाँ यार, बहुत सुंदर और बड़े मकान हैं यहाँ तो, गार्डन भी है।'

'सभी घरों के बाहर कारें खड़ी हैं।' रविंद्र ने विस्मय से कहा।

‘बेकार ही आए यहाँ। किराया कम न होगा यहाँ।’ सुशील झुँझलाता हुआ बोला।

अचानक तेज बरसात होने लगी। रविंद्र व सुशील को कहीं छिपने की जगह न मिली। पूरे भीग गए थे। हवाई चप्पल पहनकर चलने के कारण उनकी पैंट पीछे से पूरी कीचड़ से सन गई थी। चप्पलें भी कीचड़ से सनकर भारी हो गई थीं।

लेकिन सड़क के दोनों तरफ बने सुंदर मकानों को देखते हुए नेम प्लेट पर अरोराजी का नाम खोजते तेज बरसात में दोनों दोस्त आगे बढ़ते जाते थे।

तभी सड़क के दाएँ किनारे पर बने एक नीले मकान के बाहर लगी नेम प्लेट पर रविंद्र की नजर पड़ी—‘तेज प्रकाश अरोरा, सी.ए.।’

खुशी से उछल पड़ा रविंद्र। लगभग चीखते हुए बोला, ‘मिल गया, मिल गया, सी.ए. का घर, ये रहा।’ दोनों ने राहत की साँस ली।

लेकिन घर मिल जाने का मतलब कमरा मिल जाना नहीं था। पता नहीं वे कैसे स्वभाव के आदमी होंगे? कमरा खाली भी होगा या नहीं? किराया कितना लेंगे?

ये समान विचार दोनों के मन को परेशान कर रहे थे। तभी रविंद्र ने थोड़ा संकोच करते हुए दरवाजे पर लगी घंटी बजाई।

लगभग एक मिनट बाद दरवाजा खुला। सामने गोरे रंग के अधेड़ उम्र के एक लंबे-तगड़े शख्स खड़े थे। आँखों पर मोटा चश्मा बता रहा था कि उन्होंने इन्हें पुस्तकों का अध्ययन करके खराब किया था। लंबे, सफेद व घुँघराले बाल उन्हें किसी संगीतकार का रूप देते थे। हाथ में खुला हुआ फाउंटेन पेन बता रहा था कि वे दरवाजा खोलने से पहले कुछ लिख रहे थे। हलका नीला कुरता-पायजामा उनकी छवि को बढ़ा रहा था।

उन्होंने दोनों को ऊपर से नीचे देखा व प्रश्नवाचक दृष्टि डालते हुए पूछा, ‘यस, हू डू यू वॉण्ट?’

अचानक ही पूछे गए इस सवाल पर दोनों सकपका गए। सँभलते हुए रविंद्र ने कहा, ‘सर, हम दोनों स्टूडेंट हैं। कमरा किराए पर चाहिए हमें।’

यह सुनकर सी.ए. साहब ने तुरंत कोई जवाब नहीं दिया। थोड़ा सोचते हुए बोले, ‘कहाँ से आए हो?’

‘बेगूसराय के पास बसही गाँव से।’ रविंद्र ने मोर्चा सँभाला।

‘ओके, कम इन।’ कहकर वे दरवाजे से एक तरफ हट गए व दोनों को अंदर आने का इशारा किया।

दोनों भूल गए कि उनके कपड़े गीले थे, चप्पलों में कीचड़ लगा था। दोनों

अंदर गए तो गंदी चप्पलों ने सी.ए. साहब के कमरे के साफ-सुथरे फर्श को भी गंदा कर दिया था। उनके कपड़ों से पानी टपक रहा था, जो फर्श पर गिरकर इकट्ठा हो गया था। यह देखकर दोनों लड़के थोड़ा झेंप गए और बाहर की ओर जाने लगे।

सी.ए. साहब ने उनसे तुरंत कहा, 'कोई बात नहीं। फर्श साफ हो जाएगा। तुम लोग बैठो, बहुत भीग गए हो। मैं तौलिया मँगवाता हूँ।'

कहकर वे भीतर वाले कमरे में चले गए।

दोनों खड़े रहे व मन-ही-मन सी.ए. साहब की उदारता की तारीफ करने लगे, किंतु अगले ही पल उन्हें किराए की चिंता सताने लगी। कितना किराया होगा? घर देखकर तो लगता है कि बहुत ज्यादा होगा। वे अब किसी और जगह घर खोजने की सोचने लगे।

लगभग दो मिनट बाद नौकर तौलिया व प्लेट में कुछ मिठाई लेकर कमरे में आ गया।

बालों को पोंछकर दोनों लड़कों ने मिठाई खाई। दोनों बहुत भूखे तो थे, किंतु शरमवश दोनों बड़े धीरे-धीरे मिठाई खा रहे थे। सी.ए. ने उन्हें कुरसी पर बैठने का इशारा किया और स्वयं एक लकड़ी की कुरसी पर बैठ गए। मोटा चश्मा उतारकर बगल में रखी मेज पर रखा व उनसे प्रश्न पूछने लगे—

'व्हिच कॉलेज डू यू स्टडी इन?'

'डी.ए.वी.', दोनों ने एक स्वर में जवाब दिया।

'व्हिच क्लास?'

'11th'

'ओके, वेरी गुड। वैल, व्हाट डज योर फादर डू?'

इस प्रश्न पर दोनों लड़कों ने एक-दूसरे को देखा, मानो प्रश्न का उत्तर पूछ रहे हों। फिर रविंद्र ने जवाब दिया, 'ही इज अ फार्मर सर!'

सी.ए. साहब को लड़कों की पारिवारिक स्थिति जानने में समय नहीं लगा। वे समझ गए थे कि डी.ए.वी. जैसे महँगे स्कूल में पढ़ना सबके वश की बात नहीं है। इनके पिता ने कितना प्रयत्न करके इन्हें दाखिला दिलाया होगा।

कुछ सोचकर बोले, 'पीछे गार्डन के पास एक कमरा खाली है।' इस बार उनके लहजे में लचीलापन व अपनापन था। 'कम, लेट मी शो यू द रूम।'

कहकर वे उठे और गार्डन की तरफ बढ़ने लगे। रविंद्र व सुशील उनके पीछे-पीछे चले। बगीचे से लगा हुआ एक छोटा सा कमरा था, शायद सर्वेंट क्वार्टर था।

किंतु था बहुत सुंदर। सब सुविधाओं से युक्त, एकांत में। ऐसा ही कमरा तो चाहते थे वे दोनों। किंतु किराए की चिंता उनके चेहरे पर स्पष्ट दिखाई दे रही थी। कमरे में टेबल कुरसी, पलंग व पंखा पहले से ही थे। बाथरूम अटैच था। इससे अच्छा कमरा उन्हें कहीं नहीं मिल सकता था। डरते-डरते रविंद्र ने सी.ए. साहब से पूछा, 'कमरा तो बहुत अच्छा है सर! लेकिन किराया कितना होगा इसका?'

यह प्रश्न रविंद्र ने बड़े संकोचवश व धीरे से पूछा था।

किराए की बात सुनकर अरोराजी मुसकुराने लगे और बोले, 'बच्चो, आराम से इस कमरे में रहो। जब तक जी चाहे रहो। पढ़ाई करो। खूब पढ़ो। किराया कुछ भी नहीं है इसका।'

'किराया कुछ नहीं है!' यह सुनकर दोनों को आश्चर्य हुआ। 'इस अर्थयुग में कौन है ऐसा, जो इतने सुंदर व सुसज्जित कमरे को मुफ्त में दे दे? किराया कम-से-कम 3,000 रु. से कम नहीं होना चाहिए इसका।'

किराए न लेने की बात पर रविंद्र बोला, 'नहीं सर, हम किराया देंगे। हम लोग फ्री में नहीं रहेंगे। हमारे पिताजी हमें किराया भेजेंगे गाँव से। प्लीज सर, बताइए न किराया।'

विनम्रपूर्वक आग्रह किया रविंद्र ने।

अरोराजी समझ गए कि लड़के स्वाभिमानी हैं और फ्री में न रहेंगे। लिहाजा हँसते हुए बोले, 'अच्छा ठीक है, बेटा! तुम लोग जो भी किराया दोगे, वह मुझे मंजूर होगा। तुम लोग अभी से यहाँ रह सकते हो।'

रविंद्र ने अपने अभी तक के जीवन में इतना उदार व सज्जन व्यक्ति पहली बार देखा था, जो अनजान लड़कों पर भी इतनी कृपा करने को तैयार हो। उससे कोई रिश्ता नहीं, कोई संपर्क नहीं, फिर भी इतनी कृपा करने को तैयार थे।

रविंद्र को एक पल को तो ऐसा लगा, मानो उनकी मदद करने के लिए ईश्वर ही सी.ए. का रूप धरकर आ गए हों।

जब काफी देर तक कुछ निष्कर्ष न निकला तो दोनों ने आपस में सलाह करके कहा, 'ठीक है सर! हम 1,000 रुपए तक किराया दे सकते हैं। हमारे पास इतना ही बच पाता है।'

अरोराजी ने स्वीकृति में अपनी दोनों आँखों को एक पल के लिए झपकाया और बोले, 'डन, जाओ, अपना सामान ले आओ। मैं तब तक कमरा साफ करवाने की व्यवस्था करता हूँ।'

दोनों दोस्त खुशी-खुशी अपना सामान लेने चल पड़े। उनकी भूख, प्यास, थकान सब दूर हो गई थी। रास्ते में वे दोनों सी.ए. साहब की करुणा व उदारता की तारीफ करते जा रहे थे व अपने भाग्य की भी सराहना कर रहे थे।

उन्हें मकान-मालिक के रूप में आज एक देवता जो मिल गया था।

रविंद्र ने मन-ही-मन ईश्वर को धन्यवाद दिया।

रविंद्र की सरलता, भोलेपन, एकाग्रता व कर्मठता पर अरोराजी मुग्ध हो गए थे। उसके इन गुणों ने उसे अरोराजी को अति प्रिय बना दिया था। अरोराजी उसे अपने बेटे के समान ही प्यार देते। रविंद्र भी उन्हें अपने पिता से कम सम्मान नहीं देता था। रविंद्र व सुशील प्रत्येक महीने 500 रुपए मिलाकर 1,000 रुपए उन्हें किराया स्वरूप देते और अरोराजी प्रसन्नता से किराया ले लेते। रविंद्र को पता था कि 1,000 रुपया तो उस कमरे की साज-सज्जा का ही किराया है। पूरा किराया तो वह उन्हें दे ही नहीं सकता है। अरोराजी भी बच्चों का स्वाभिमान बनाए रखने के लिए उनसे किराया ले लेते थे।

जब कभी रविंद्र व सुशील भोजन न बनाते तो अरोराजी थाली लगवाकर उनके कमरे में भिजवा देते। कोई भी देखकर यह नहीं कह सकता था कि उनमें किराएदार व मकान-मालिक का रिश्ता है, बल्कि वे एक परिवार के सदस्यों की तरह ही रहते। उनमें अब इतनी घनिष्ठता हो गई थी कि पेरेंट्स मीटिंग में रविंद्र के पिताजी को कभी भी राँची आने की जरूरत ही न पड़ी। अरोराजी ही उसके अभिभावक के रूप में उसे अपने स्कूटर पर बैठाकर मासिक पेरेंट्स मीटिंग में जाते थे।

रविंद्र को आई.आई.टी. के लिए ट्यूशन की जरूरत महसूस होने लगी थी। वह प्रथम प्रयास में ही आई.आई.टी. में सिलेक्ट हो जाना चाहता था। कॉलेज में कक्षा 12 में सीमित सिलेबस ही पढ़ाया जाता था। आई.आई.टी. के लिए और अधिक विस्तार से पढ़ने की जरूरत थी। फिजिक्स, केमिस्ट्री और मैथ्स तीनों विषयों के ट्यूशन लगाने थे रविंद्र को, जिनकी फीस भी बहुत ज्यादा थी। कॉलेज की फीस 400 रुपए महीना थी। मकान का किराया, खाना-खर्च सब मिलाकर 2,000 रु. महीना तो हो ही जाता था, जिसे रविंद्र के पिता गाँव से भेजते थे। कभी-कभी रविंद्र भी पैसे लेने बेगूसराय जाता था। पिता भी कभी-कभी राँची आते थे। लेकिन इन तीनों कोचिंग के लिए काफी रुपयों की जरूरत पड़ती थी, जिसकी पूर्ति पिताजी ने अपनी कुछ जमीन बेचकर की थी। रविंद्र को भी भाषण प्रतियोगिता में हिस्सा लेकर व पत्रिकाओं में स्वलिखित लेख छपवाकर थोड़ी सी आय हो जाया करती थी।

(36)

राँची में तपन भट्टाचार्य सर की कोचिंग का खूब प्रचार था। सभी खूब तारीफ करते थे। तपन सर केमिस्ट्री पढ़ाते थे। एक साल का कोर्स था। वहीं से पैदल दूरी पर मैथ्स की भी कोचिंग थी। एक ही जगह तीनों कोचिंग रविंद्र को सुलभ थी। समय की भी बचत होती थी। प्रत्येक सब्जेक्ट की फीस दस हजार थी। कुल 30 हजार का खर्च था। मेहनत भी अधिक होनेवाली थी। स्कूल की पढ़ाई के साथ-साथ कोचिंग की पढ़ाई के लिए बहुत मेहनत की जरूरत थी। अचानक ही खर्च व मेहनत का भार रविंद्र के सामने आ जाने से वह चिंतित रहने लगा था। दुबला-पतला तो था ही, अत्यधिक पढ़ाई व अनियमित भोजन ने उसे और भी दुबला कर दिया था।

सुबह 8 बजे का स्कूल था। तपन सर की कोचिंग का समय सुबह 6 से 7:30 था। रविंद्र को घर से सुबह पाँच बजे निकलना पड़ता था। घर से कोचिंग की आठ किलोमीटर की दूरी को वह साइकिल से तय करता, फिर कोचिंग के बाद सीधा स्कूल चला जाता। ऐसी व्यस्त दिनचर्या में रविंद्र को खाना खाने का समय भी न मिल पाता था। तपन सर की कोचिंग में सैकड़ों लड़के-लड़कियाँ आई.आई.टी. की तैयारी करने आते थे। लेकिन उनमें से बहुत कम लड़के तैयारी के प्रति गंभीर थे। रविंद्र उन विद्यार्थियों में से था, जिसका मुख्य ध्येय प्रथम प्रयास में ही आई.आई.टी. में सलेक्ट होना था। जिसके लिए फिर चाहे जितनी मेहनत करनी पड़े।

सर्वेश भी उसी कोचिंग का छात्र था। उसे केमिस्ट्री कभी भी समझ में नहीं आती थी। रविंद्र और सर्वेश की दोस्ती अब और भी पक्की हो गई थी। सर्वेश चंचल व बेफिक्र स्वभाव का लड़का था। अकसर फिल्मी गीत गुनगुनाता रहता, हँसता रहता। कक्षा में लड़कियों से दोस्ती करना उसे अच्छा लगता था। यदि कोई लड़की उससे कोई मदद माँग ले तो उसकी खुशी का ठिकाना न रहता। दौड़-दौड़कर मदद करता। रविंद्र उसे अपनी पढ़ाई पर फोकस करने की सलाह देता, लेकिन सर्वेश उसकी सलाह को हँसी में उड़ा देता। रविंद्र उसे अपने मन पर कंट्रोल करने की सलाह देता, किंतु सर्वेश उसके सामने तो मान जाता, किंतु बाद में अपने पुराने ढर्रे पर आ जाता।

मन एक डरपोक शत्रु की तरह होता है, जो सदैव पीछे से वार करता है।

ऐरोमैटिक की क्लास चल रही थी। क्लास में सिर्फ तपन सर की आवाज गूँज रही थी। ऐरोमैटिक बहुत कम विद्यार्थियों की समझ में आती थी। ऐसे में वे यहाँ-वहाँ ताकने में अपना समय बिताते थे। तपन सर कन्वर्जन पढ़ा रहे थे। उन्होंने जब लड़कों

को खुसर-पुसर करते देखा तो नाराजगी में एक लड़के से पूछ बैठे, 'बेंजोइक एसिड पर हॉफमैन ब्रोमाइड रिएक्शन कराने पर क्या बनता है? लड़के ने सिर नीचा कर लिया।

सर ने सर्वेश की ओर देखते हुए कहा, 'तुम बताओ, सर्वेश?'

सर्वेश की हालत खराब! उसने ये नाम कभी सुने ही न थे। क्या उत्तर देता? खड़ा होकर कुछ सोचने का बहाना करता रहा।

तपन सर ने एक अन्य छात्रा से पूछा, 'तुम बताओ, काव्या?'

काव्या अपनी जगह पर खड़ी होकर बोली, 'बेंजीन बनती है, सर।'

'वेरी गुड काव्या, सिट डाउन।'

'थैंक्यू', कहते हुए काव्या बैठ गई।

अब तपन सर ने सर्वेश को खा जानेवाली नजरों से घूरा और कड़वाहट भरे लहजे में कहा, 'सिट डाउन, यू स्टूपिड।'

सारी क्लास हँसने लगी।

किंतु सर्वेश को यह हँसी बिल्कुल भी न चुभी। वह तो काव्या को देखे जा रहा था और सोच रहा था, 'कितनी होशियार है! सुंदर भी! जब बोलती है तो मोतियों जैसे दाँत बड़े सुंदर लगते हैं।' रविंद्र ने जब जोर से कोहनी मारी, तब उसका ध्यान भंग हुआ।

काव्या राँची के निर्मला कॉलेज की छात्रा थी। दो साल से आई.आई.टी. की तैयारी कर रही थी। पढ़ने में ठीक-ठाक थी। आई.आई.टी. उसका टारगेट नहीं था। वह तो अपने पिताजी के दबाव के कारण आई.आई.टी. की तैयारी कर रही थी। माता-पिता की इकलौती संतान थी वह। रुपयों की कोई कमी न थी। केमिस्ट्री उसका प्रिय विषय था। उससे दोस्ती करने के लिए सर्वेश अब केमिस्ट्री रटने लगा, ताकि वह काव्या को प्रभावित कर सके। किंतु केमिस्ट्री से मानो उसकी पुरानी दुश्मनी थी। कितनी भी रटो, आती ही न थी।

कोचिंग में एक परंपरा बहुत समय से चली आ रही थी, जिसका भी जन्मदिन होता था, वह पूरी क्लास को चॉकलेट अथवा कचौड़ियाँ बाँटता था। छात्रों ने स्वयं ही यह रिवाज बना लिया था। एक दिन काव्या खूब सज-धजकर कोचिंग आई थी। पिंक ड्रेस में परी सी दिख रही थी। होंठों पर लगी हलकी लाल लिपस्टिक उसकी मुसकान को और भी नयनाभिराम बना रही थी। उसके हाथ में एक जूट का बड़ा सा थैला था, जिसमें से देशी घी की कचौड़ियों की खुशबू आ रही थी।

आज काव्या का जन्मदिन था।

तपन सर ने उसे 'हैप्पी बर्थडे' कहा और पढ़ाना शुरू किया।

क्लास खत्म होते ही काव्या ने सभी सहपाठियों को कचौड़ियाँ बाँटनी शुरू कीं।

सर्वेश का भी नंबर आया।

काव्या ने सर्वेश को कचौड़ी देते हुए कहा, 'लीजिए।'

सर्वेश ने एक कचौड़ी उठाई और काव्या को बर्थडे विश करते हुए कहा, 'हैप्पी बर्थडे।'

काव्या ने मुसकराकर जवाब दिया, 'थैंक्स।'

रविंद्र ने भी कचौड़ी लेकर उसे 'हैप्पी बर्थडे' बोला।

रविंद्र से 'हैप्पी बर्थडे' सुनकर काव्या को लगा कि उसका बर्थडे सचमुच हैप्पी हो गया है।

वह रविंद्र के सीधेपन, सादगी व सरलता से बड़ी प्रभावित थी। उसने रविंद्र जैसा जीनियस लड़का कभी नहीं देखा था, जिसे कोई चीज केवल सुनकर ही याद हो जाती थी।

टेस्ट में हमेशा ही अव्वल आता था रविंद्र।

वह अकसर कॉपी, पेन, नोट्स की अदला-बदली के नाम पर रविंद्र से बात करने के बहाने बहुत दिनों से ढूँढ़ रही थी, किंतु अपनी धुन में मस्त रविंद्र कभी किसी से अधिक बात न करता था। वह कक्षा में केवल पढ़ने ही आता था।

आज काव्या का बर्थडे था तो रविंद्र का आज उससे बात करना किसी को भी अजीब न लगा।

काव्या रविंद्र से बात करने के लिए बातचीत का कोई सिरा ढूँढ़ रही थी। उसने रविंद्र से कहा, 'आई.आई.टी. के बाद क्या करने का प्लान है, रविंद्र?'

रविंद्र ने अधिक रुचि न लेते हुए कहा, 'अभी सोचा नहीं, शायद यू.पी.एस.सी. करूँ।'

तभी बीच में सर्वेश कूद पड़ा। उसे अपना नुकसान होते हुए नजर आ रहा था। सर्वेश ने काव्या से साधारण सा प्रश्न पूछा, 'तुम आई.आई.टी. के बाद क्या करोगी? यू.पी.एस.सी. की तैयारी करोगी क्या?'

'नहीं, मैं तो शादी करूँगी।' काव्या ने सर्वेश की उम्मीदों से उलटा जवाब दिया।

इस जवाब पर रविंद्र जोर से हँस पड़ा। काव्या अन्य छात्रों को कचौड़ियाँ बाँटने चली गई, जबकि सर्वेश बगलें झाँकने लगा।

इसके बाद सभी अपने कॉलेज के लिए निकल पड़े। काव्या अपने घर की

ओर साइकिल से चली। सर्वेश बाहर ही खड़ा काव्या को तब तक देखता रहा, जब तक वह आँखों से ओझल न हो गई। एक सप्ताह बाद रविंद्र का बर्थडे था।

एक दिन पहले कक्षा के एक लड़के ने कोचिंग में कहा, 'कल रविंद्र का बर्थडे है। कल रविंद्र पार्टी देगा।'

यही क्लास का नियम था। खूब पढ़ो और खूब मस्ती करो।

लेकिन रविंद्र के पास पार्टी व मनोरंजन में खर्च करने के लिए पैसे नहीं थे। उसने निस्संकोच कहा, 'मैं कल पार्टी नहीं दे पाऊँगा, क्योंकि मेरे पास खर्च करने के लिए पैसे नहीं हैं।'

रविंद्र को सच कहने में कोई संकोच नहीं हुआ। अगले दिन पार्टी न देने के कारण किसी ने उसे 'हैप्पी बर्थडे' भी नहीं बोला, लेकिन हिम्मती काव्या चॉकलेट ले आई। यह बात अन्य लड़कों को अच्छी न लगी। शायद सर्वेश को भी नहीं, किंतु रविंद्र का दृढ़ निश्चय इन मंद हवाओं से हिलनेवाला नहीं था। उसका मुख्य लक्ष्य आई.आई.टी. था, न कि किशोरावस्था सुलभ आनंद। कोई भी बात उसे अपने लक्ष्य से डिगा न सकती थी।

एक दिन रविंद्र ने कॉलेज में सर्वेश को बड़ी तन्मयता से कुछ लिखते हुए देख लिया। रविंद्र को देखकर सर्वेश ने अपनी कॉपी छुपा ली।

इनकार आमंत्रण देता है।

रविंद्र की उत्सुकता जागी। सर्वेश के पास जाकर रविंद्र ने पूछा, 'क्या लिख रहे हो, सर्वेश?'

'कुछ नहीं, यूँ ही कुछ लिख रहा था।' सकपकाते हुए सर्वेश बोला।

रविंद्र हँसा और बोला, 'तुम यूँ ही कब से लिखने लगे?'

सर्वेश को लगा, शायद रविंद्र ने उसे लिखते हुए देख लिया है, सो हथियार डालते हुए बोला, 'ये बना रहा था'

कहते हुए सर्वेश ने एक गुलाबी कागज रविंद्र की ओर बढ़ा दिया।

यह ग्रीटिंग कार्ड था।

सर्वेश ने उसमें कुछ कविताएँ लिखी थीं, जिनमें काव्या की सुंदरता की प्रशंसा की गई थी।

रविंद्र ने ग्रीटिंग पढ़ा, किंतु खुश होने की बजाय दुःखी होकर बोला, 'भाई सर्वेश, इस प्यार-व्यार में कुछ नहीं रखा है। सब टाइम वेस्ट करने के काम हैं ये। पढ़ाई पर ध्यान दो, बस। इसीलिए तो तुम्हें तुम्हारे माता-पिता ने कोचिंग भेजा है।'

सर्वेश के लिए सचमुच दुःखी था रविंद्र। अपने प्यारे सखा को राह से भटकता देख उसका हृदय पीड़ा से भर गया था। उसे सही राह पर ले जाना उसका कर्तव्य था। वह आकर्षण को प्रेम समझने की भूल कर रहा था। रविंद्र ने सर्वेश के कंधे पर हाथ रखा और उसके बगल में बैठते हुए बोला, 'यदि अभी न सँभले सर्वेश तो फिर कहीं के न रहोगे। यह आकर्षण जीवन बरबाद करके ही मानेगा।'

देवदास सी शक्ल बनाकर सर्वेश ने दार्शनिकों के से अंदाज में कहा, 'तो क्या प्रेम करना गलत है, पाप है?'

रविंद्र इस गंभीर प्रश्न पर तुरंत कोई टिप्पणी करके अपने दोस्त को आहत नहीं करना चाहता था। इसलिए थोड़ा सा ठहरकर बोला, 'नहीं, कोई गलत नहीं है, कोई पाप नहीं है, किंतु प्रेम सफलता में बाधक नहीं बनता। जो आदमी को उन्नति के शिखर पर पहुँचाने में सीढ़ी का काम करे, वही प्रेम है। प्रेम जीवन की कड़वाहट में मधुर औषधि है। निराशा के अथाह सागर में कश्ती की तरह है। जटिल बीमारी भी स्नेह का सान्निध्य चाहती है। हरे-भरे वन भी कोयल के मीठे गीतों में रचना-बसना चाहते हैं। प्रेम का हर शब्द परमेश्वर का अलौकिक आभास है। प्रेम तुम्हारे भीतर ही है, सर्वेश। अपने लक्ष्य को पूर्ण करने के लिए किया गया उद्योग ही प्रेम की अभिव्यक्ति है। प्रेम का वासना अथवा आकर्षण से कोई संबंध नहीं है।'

सर्वेश तन्मयता से प्रेम के इस गूढ़ व अनुपम व्याख्यान को सुनता जा रहा था। रविंद्र एक दार्शनिक की तरह प्रेम पर बोले जा रहा था। उसका एक-एक शब्द सर्वेश के कानों में मधुर रस के समान घुलता जा रहा था और उसके व्यथित मन को आराम दे रहा था। रविंद्र आगे कहता चला गया 'आँखें बंद करके प्रेम को महसूस करो। तुलसी का आचमन, राधा का वियोग, गंगाजल की निर्मलता और शंकर के डमरू से निकली ऋचाओं की अंतर्ध्वनि है प्रेम। एक वियोगी ही सच्चा प्रेमी होता है, क्योंकि योग प्रेम की पराकाष्ठा को पार करने में काफी सफल होने के बाद भी असफल है। प्रेम को जितना नकारा जाएगा, उसका ताप उसे उतना ही प्रगाढ़ बनाता है। आकर्षण प्रेम नहीं, बल्कि एक छलावा है। इस आकर्षण की समाधि ही सभ्यता को लोकमंगल की ओर जाने की दिशा देती है। यह समय इस आकर्षण रूपी छलावे को गले लगाने का नहीं, बल्कि पश्चात्ताप के आँसू बहाने का है। भावना प्रधान प्रेम ही जगत् व जीवन का अलंकरण है। प्रेम जीवन का व्यवधान नहीं, समाधान है। अतः

चलते रहो, सफलता की ओर बढ़ते रहो। प्रेम की दिशा अनंत और आह्लादकारी है। प्रेम का उदय इसी सहज भाव में निहित है।'

सर्वेश को कुछ समय के लिए तो ऐसा लगा, मानो वह सर्वेश्वर भगवान् नारायण से साक्षात् गीता के उपदेश सुन रहा हो, जो गंभीर भाव से उसके कल्याण के लिए बहुमूल्य ज्ञान का प्रसाद दे रहे हों!

सर्वेश रविंद्र के शब्दलाघव पर मुग्ध हो गया।

उसकी उलझनें, द्वंद्व, विचलन एकदम शांत हो गए। ऐसा लगा, मानो कई वर्षों के अंधकार में अचानक तेजस्वी सूर्य का उदय हो गया हो!

सर्वत्र प्रकाश-ही-प्रकाश था।

ज्ञान-ही-ज्ञान था।

अज्ञान, बाधा, भ्रांति, अशांति, सब विलुप्त हो गए थे।

(37)

सर्वेश का प्रेम-भूत उतर चुका था। अब वह अपना सारा ध्यान केवल पढ़ाई में लगाने लगा। एक दिन सर्वेश ने रविंद्र से पूछा, 'रविंद्र, तुमने उस दिन जो प्रेम पर एक भाषण दिया था, वह कहाँ से सीखा था? इतना गहरा ज्ञान कहाँ से आया? और ये बड़े-बड़े शब्द कहाँ से सीखे तुमने?'

रविंद्र ने उसका कौतूहल शांत करते हुए कहा, 'अच्छा साहित्य पढ़ने से। विवेकानंद, ओशो आदि के साहित्य को पढ़ा करो। बहुत ही अच्छा साहित्य है। मैंने ये सब वहीं से सीखा।'

यह कहकर रविंद्र ने सर्वेश को विवेकानंद व ओशो के बारे में विस्तार से बताया। सर्वेश ने ओशो का नाम तो सुना था, कुछ पढ़ा भी था, किंतु इतने विस्तार से आज ही जाना था। इसके अलावा रविंद्र ने उसे योग, ध्यान व योगनिद्रा के लाभों के बारे में बताया। नवोदय में रविंद्र ने योग व ध्यान का खूब अभ्यास किया था।

रविंद्र से योग, ध्यान के बारे में सुनकर सर्वेश की भी इसमें रुचि जाग गई। वह भी इसका अभ्यास करने लगा।

रविंद्र के पैसे खत्म होने को आए थे। भाषण व लेख के द्वारा प्राप्त पुरस्कार राशि से ही खर्च चल रहा था। पिता जो रुपए दे गए थे, वे फीस में ही खर्च हो गए थे।

रविंद्र रुपए लेने अपने गाँव चला गया। पिता ने फिर से थोड़ी जमीन बेचने

का सौदा कर लिया था और एडवांस में मिली रकम में से रविंद्र को 5,000 रु. दे दिए थे। पिता रविंद्र से रुपए का हिसाब कभी न लेते। उन्हें उस पर पूरा भरोसा था कि वह एक रुपया भी अनावश्यक रूप से खर्च नहीं करेगा।

दशहरे के बाद उसकी हाफ-ईयरली परीक्षा शुरू होनेवाली थी। दो दिन गाँव में रहने के बाद वह राँची लौट गया।

उसके कमरे से कोचिंग की दूरी आठ किलोमीटर थी, जिसे साइकिल से तय करने में देर लगती थी और वह बहुत थक भी जाता था। इससे उसकी पढ़ाई प्रभावित हो रही थी।

रविंद्र और सुशील ने इसका उपाय खोज निकाला। उन्होंने कोचिंग के पास की बस्ती में एक कमरा देख लिया था। वहाँ से कोचिंग व कॉलेज पैदल दूरी पर थे। अरोड़ा साहब का कमरा छोड़ते वक्त दोनों को बहुत बुरा लग रहा था। सी.ए. साहब भी दुःखी थे। लेकिन इसमें लड़कों का भला जानकर कुछ न बोले। जब रविंद्र व सुशील ने सी.ए. साहब से विदा ली तो वे उनसे लिपटकर ऐसे रोए, जैसे वे अपने पिता से बिछड़ रहे हों। कुछ ही महीनों में उनसे एक प्रगाढ़ रिश्ता बन चुका था।

नया कमरा पहली मंजिल पर था। तीन कमरे थे। दो कमरों में मकान-मालिक रहते थे। एक कमरे में रविंद्र और सुशील दोनों रहते। दोनों ने अपना-अपना काम बाँट लिया था। खाना बनाने का काम रविंद्र का था एवं बरतन साफ-सफाई का काम सुशील का था। रविंद्र को खाना बनाने का खूब अभ्यास हो गया था। सप्ताह में चार दिन खिचड़ी-चोखा बनता था।

मकान-मालिक के घर पर एक पहाड़ी आदिवासी महिला मेड का काम करती थी। असम की रहनेवाली थी। खाना बनाती व झाड़ू-बरतन भी करती थी। वह सुबह आती व दोपहर को जाती। उसके साथ उसकी 14 वर्षीया बेटी भी आती थी, जो अपनी माँ का हाथ बँटाती थी।

खाना बनाने में रविंद्र का एक घंटा खर्च होता था। उसके पास समय की कमी थी। पढ़ाई के लिए समय कम पड़ जाता था। एक दिन मकान-मालिक ने मेड की बेटी श्रीमुक्ति से रविंद्र व सुशील के लिए खाना बनाने की बात की, जिसके बदले में श्रीमुक्ति को कुछ रुपए भी मिलेंगे। वैसे भी वह यहाँ खाली बैठी रहती थी।

श्रीमुक्ति से पूछा तो वह खुशी-खुशी राजी हो गई। श्रीमुक्ति को खाना बनाने

का अधिक अभ्यास नहीं था। लेकिन सीखने की इच्छुक श्रीमुक्ति 5-6 दिनों में ही अच्छा खाना बनाने लगी थी। दोनों दोस्तों ने श्रीमुक्ति को महीने के 300 रुपए देना तय किया, जो उस गरीब लड़की के लिए बहुत मददगार थे। श्रीमुक्ति अनपढ़ थी। उसके माता-पिता के पास उसे पढ़ाने-लिखाने के लिए न तो रुपए थे और न ही माहौल। उसकी माँ की कमाई व पिता की मजदूरी से मुश्किल से ही दो वक्त का खाना मिल पाता था।

वह सुबह अपनी माँ के साथ आती, रविंद्र व सुशील के लिए नाश्ता बनाती और खाना तैयार कर देती।

रविंद्र उसे अपनी छोटी बहन की तरह स्नेह करता। उसे खाना बनाने का अभी नया-नया अभ्यास था, इसलिए कभी-कभी खाना बनाने में कुछ चूक भी हो जाया करती थी।

वह जैसा भी खाना बनाती, रविंद्र खुशी-खुशी खा लेता था व उसकी तारीफ भी करता। श्रीमुक्ति अपनी तारीफ सुनकर प्रफुल्ल हो जाती। किंतु पता नहीं क्यों सुशील को उसका खाना अच्छा नहीं लगता। जरा सा नमक इधर-उधर हो जाने पर सुशील उसे डाँटने लगता।

एक दिन श्रीमुक्ति ने उनके लिए दाल-चावल बनाए। दाल थोड़ी सी जल गई थी। स्वाद में थोड़ा सा कड़वापन आ गया था। जैसे ही सुशील ने एक निवाला खाया—'थू-थू'।

पूरा निवाला उसने थाली में ही थूक दिया और चिल्लाता हुआ बोला, 'ये क्या जहर बना दिया! पागल हो गई है क्या तू? दिमाग कहाँ रहता है तुम्हारा? सारी दाल बरबाद कर दी। अब कौन खाएगा यह कचरा? तू ही खा।'

सुशील गुस्से में उठा और कमरे से बाहर निकल गया।

यूँ तो सुशील शांत स्वभाव का लड़का था। जरा-जरा सी बातों पर कभी नाराज न होता था। किंतु आज पता नहीं किस कारण से उसने श्रीमुक्ति को डाँट दिया!

बात इतनी बड़ी भी न थी। थोड़ी सी दाल ही तो जली थी।

सुशील के डाँटने पर श्रीमुक्ति को बहुत बुरा लगा। उसने तो बड़े स्नेहपूर्वक दोनों भाइयों के लिए दाल-चावल बनाए थे, किंतु पता नहीं कैसे दाल भगौनी में ही लग गई थी? शायद पानी कम डाला था।

कुछ भी रहा हो, गलती तो उससे हो गई थी।

रविंद्र इस वक्त नहाने के लिए बाथरूम में था।

शोर सुनकर बाहर निकला तो देखा कि श्रीमुक्ति की आँखें डबडबा गई थीं। उसका चमकता चेहरा मुरझा सा गया था। वह स्वयं को अपराधिनी समझ रही थी।

उस गरीब लड़की को दुःखी देखकर रविंद्र को भी दुःख हुआ। उसने सारी बातें सुन ली थीं। तैयार होने के बाद रविंद्र बोला, 'श्री, खाना बन गया हो तो खा लिया जाए।'

रविंद्र उसे 'श्री' कहकर पुकारता था।

यह सुनकर लड़की और भी घबरा गई। अभी-अभी खाई डाँट ने उसे दुःखी कर दिया था। वह दूसरी बार डाँट खाने की कल्पना से भी काँप गई थी। बेचारी गरीब, सीधी-सादी लड़की कुछ न बोल पाई।

रविंद्र ने स्वयं ही दाल-चावल परोसे व जमीन पर बैठकर खाने लगा।

श्रीमुक्ति दोबारा डाँट खाने के लिए स्वयं को मानसिक रूप से तैयार कर रही थी। रविंद्र ने पहला निवाला मुँह में डाला।

श्रीमुक्ति की डर के मारे साँसें रुक गई थीं। सुशील ने तो निवाला थूक ही दिया था। अब रविंद्र की क्या प्रतिक्रिया होगी?

उसने आँखें मूँद लीं और साँसें रोककर खड़ी रही।

जब काफी देर होने पर भी रविंद्र की कोई भी प्रतिक्रिया न सुनाई दी तो धीरे से अपनी आँखें खोलीं।

किंतु ये क्या?

रविंद्र तो बड़े आराम से दाल में चावल सानकर खा रहा था। उसको देखकर ऐसा लगता था, मानो दाल-चावल में उसे बड़ा स्वाद आ रहा हो! पाँच मिनट में ही उसने परोसी हुई सारी दाल खत्म कर दी।

श्रीमुक्ति की ओर देखकर बोला, 'श्री, थोड़ी सी दाल और दे दो, बहुत अच्छी बनाई है तुमने। मजा आ गया।'

श्रीमुक्ति आश्चर्य से मरी जा रही थी।

एक ही वस्तु के बारे में दोनों की बिल्कुल विरोधी प्रतिक्रियाएँ थीं। उसे कुछ समझ नहीं आ रहा था।

उसे शांत खड़ा देखकर रविंद्र फिर बोला, 'अरे श्री, क्या सोच रही हो? दाल न दोगी मुझे?'

'जी भैया, अभी लाई।' दौड़ते हुए वह दाल लेने लपकी।

लेकिन उसका दिमाग आश्चर्य से चकराने लगा था। दाल वास्तव में जली भी थी या नहीं, उसे समझ न आ रहा था।

रविंद्र के खाना खाकर स्कूल जाने के बाद श्रीमुक्ति ने थोड़ी सी दाल चखी।

ऐसा लगा, मानो कोयला खा लिया हो!

बदबू के मारे सारा मुँह कड़वा हो गया था।

दाल वास्तव में बहुत बुरी बनी थी।

किंतु रविंद्र के धैर्य, करुणा, सहनशीलता व स्नेह को देखकर वह भावुक हो गई थी। कितना स्नेह था रविंद्र में उसके प्रति! यद्यपि वह नौकरानी थी, किंतु अपनी बहन की तरह स्नेह दिया था रविंद्र ने उसे। शायद बहन से भी ज्यादा।

किसी की गलती पर डाँटने की बजाय तारीफ करके उसका उत्साह बढ़ाकर उसमें सुधार करना रविंद्र का एक अद्भुत गुण था। यही लीडरशिप का गुण रविंद्र को बाद में एक कुशल प्रशासक बनने में सहायक हुआ।

(38)

दशहरे की छुट्टियाँ हो गई थीं। कोचिंग भी चार दिनों के लिए बंद थी। इन छुट्टियों में रविंद्र ने गाँव जाने की बजाय कमरे पर ही रहकर रिवीजन करने का निश्चय किया।

सुशील भी रविंद्र की देखा-देखी अपने गाँव नहीं गया।

छुट्टी का आज पहला ही दिन था। रविंद्र कोई लेख लिखने में व्यस्त था। सुशील फिजिक्स के नोट्स बना रहा था।

तभी दरवाजे पर किसी ने धीरे से खटखटाया।

दरवाजे पर सर्वेश खड़ा था। शायद वह भी गाँव नहीं गया था। उसे अचानक आया हुआ देखकर रविंद्र बोला, 'अरे सर्वेश, आओ, भीतर आओ।'

सर्वेश कमरे में आया और दरी पर बैठ गया।

'तुम गाँव नहीं गए, सर्वेश?'

'नहीं, गाँव में रहकर पढ़ाई नहीं हो पाती है।'

'अच्छा बताओ, कैसे आना हुआ?' रविंद्र सीधे काम की बात पर आया।

सर्वेश ने कहा, 'क्या तुम आचार्य रजनीश के 'बिहार योग आश्रम' में तीन दिन के योग ध्यान शिविर में चलोगे? इसमें योगनिद्रा व चित्त को विस्तार देने पर प्रशिक्षण होगा।'

रविंद्र को यह प्रस्ताव अच्छा लगा। वह शिविर में जाने के लिए सहर्ष

तैयार हो गया। आश्रम जैसा यह केंद्र पटना से कुछ दूरी पर, एक पहाड़ी पर स्थित था।

रविंद्र 100 रुपए फीस देकर सर्वेश के साथ शिविर में पहुँच गया।

सुशील को 100 रुपए खर्च करना रुपए की बरबादी लगा। उसने जाने से मना कर दिया था। वह कमरे पर ही रहकर पढ़ाई करना चाहता था।

अगले दिन सुबह से ही शिविर की गतिविधियाँ शुरू हो गईं।

'सर्वे भवन्तु सुखिन:' श्लोक पाठ से दिन की शुरुआत होती थी। फिर योग, ध्यान व व्यायाम। उसके बाद देश के महापुरुषों के जीवन पर प्रेरणादायी भाषण देने पूरे बिहार व अन्य राज्यों से विद्वान् आते थे। शाम के चर्चा सत्र में युवाओं के ग्रुप बन जाते थे, जिसमें ज्वलंत मुद्दों, जैसे—नारी सशक्तीकरण, कुरीतियों, युवाओं की दिशा आदि विषयों पर ग्रुप डिस्कशन होते थे। रविंद्र बढ़-चढ़कर सभी गतिविधियों में भाग लेता था।

यहाँ उसे एक विस्तृत समाज मिल गया था, जहाँ से वह न केवल बहुत-कुछ सीखना चाहता था, बल्कि उस योग्य समाज को अपनी योग्यता से प्रभावित भी करना चाहता था। यहाँ तक कि उसकी इच्छा होने लगी थी कि वह कुछ ही दिनों में योग-ध्यान की सारी विधियाँ सीख ले। इसलिए वह योग के सभी सेशंस के बाद अपनी शंकाओं को विद्वानों के सामने रखता। श्रमदान में भी वह सबसे आगे रहता। अधिक सीख लेने की अदम्य इच्छा ही उसकी चलायमान शक्ति थी। सर्वेश भी उसका साथ पाकर अपने व्यक्तित्व में एक नया परिवर्तन महसूस कर रहा था।

रविंद्र को ध्यान व योग में बहुत आनंद आने लगा। वह घंटों ध्यान की प्रैक्टिस करता रहता। निरंतर अभ्यास करके रविंद्र ने अपने भटकते हुए मन को एकाग्र करने की कला सीख ली थी। अब वह कोलाहल में भी शांति खोज लेता था।

शाम के समय एकांत में बैठकर रविंद्र ने अपनी डायरी में लिखा—

'इतना आनंद जीवन में पहली बार प्राप्त हो रहा है। कुछ तो दम है इन लोगों में, जो खुद को कार्यकर्ता कहते हैं। राष्ट्र-निर्माण में योगदान देने की प्रेरणा देते हैं ये लोग। एक श्रेष्ठ व्यक्ति आचार्य कविंदु का व्यक्तित्व बड़ा प्रभावशाली लगा मुझे। वे पटना के एक कॉलेज में मनोविज्ञान के प्रोफेसर हैं। कितना ठहराव है उनके बोलने में! हर शब्द नपा हुआ। विवेकानंद पर दिया गया उनका लेक्चर बहुत ही प्रेरक था। विवेकानंद कहते हैं कि अपने आपको कमजोर मानने से बड़ा

पाप कोई दूसरा नहीं है। यहाँ आकर मुझे लग रहा है कि मैं जीवन में कुछ भी कर सकता हूँ! असीम शक्ति मेरे भीतर भर गई। अब मुझे अहसास होने लगा है कि देश से बड़ा कोई दूसरा धर्म नहीं है और देशभक्ति व देशसेवा से बड़ा दूसरा कोई लक्ष्य हो नहीं सकता। यहाँ आकर मैंने संकल्प ले लिया है कि देश की सेवा करना ही मेरा लक्ष्य होगा। मुझे स्वयं को इस योग्य बनाना होगा कि देश की सेवा कर सकूँ, पीड़ितों को राहत दे सकूँ।'

शिविर समाप्त हो गया। रविंद्र को सर्वश्रेष्ठ प्रतिभागी का प्रमाण-पत्र मिला। उसने अपने स्वतंत्र विचारों को शिविर में बड़े ही प्रभावी ढंग से व्यक्त किया था। उसने अपने भाषण में यह संकल्प लिया कि वह स्वयं को इस योग्य बनाएगा कि वह ईमानदार रहकर देश की सेवा कर सके। वहाँ उपस्थित सभी लोगों ने ताली बजाकर रविंद्र के संकल्प की प्रशंसा की। रविंद्र आत्मविश्वास से भरा था। अब उसके दिमाग में यह स्पष्ट हो गया था कि उसे देश और समाज के लिए कुछ करना है। देश का एक बहुत बड़ा वर्ग गरीब, दुःखी व वंचित है। वह उनका कष्ट दूर करने के लिए स्वयं को शक्तिशाली बनाएगा।

(39)

दशहरे की छुट्टियाँ खत्म हो गई थीं। स्कूल फिर शुरू हो गया था। बोर्ड परीक्षा शुरू होने में तीन महीने ही बचे थे। उसके एक महीने बाद ही आई.आई.टी. की प्रवेश परीक्षा होनी थी। समय कम था और सिलेबस बहुत ज्यादा। रात-दिन एक करने की जरूरत थी।

रविंद्र ने परीक्षा की तैयारी युद्ध स्तर पर शुरू कर दी थी। उसके कमरे पर कभी-कभी सर्वेश भी आकर उसे ज्वॉइन करता था। रविंद्र रात को लगभग आठ बजे से पढ़ने बैठता और पढ़ते-पढ़ते कब सुबह हो जाती, उसे पता ही न चलता। रविंद्र और सुशील ने पढ़ाई के लिए अलग-अलग टॉपिक चुन लिये थे। वे अपना-अपना टॉपिक तैयार करते और एक-दूसरे के साथ डिस्कस करते। यह पढ़ाई का एक अच्छा तरीका था। यह स्ट्रैटजी कम समय में अधिक अध्ययन करने में सहायक होती है।

बारहवीं की बोर्ड परीक्षा रविंद्र ने 75 प्रतिशत अंकों के साथ उत्तीर्ण की। ये अंक उसकी आशा व मेहनत से बहुत कम थे, किंतु रविंद्र का लक्ष्य प्रथम प्रयास में

ही आई.आई.टी. में सलेक्ट होने का था, इसलिए उसने अपना दिमाग आई.आई.टी. प्रवेश परीक्षा पर ही लगाया। एक महीने बाद रविंद्र आई.आई.टी. की प्रवेश परीक्षा देने पटना गया। प्रवेश परीक्षा अच्छी गई थी। उसे आई.आई.टी. में अच्छी रैंक आने की पूरी उम्मीद थी।

एक महीने बाद आई.आई.टी. का रिजल्ट आया। रविंद्र ने प्रवेश परीक्षा पास कर ली थी, किंतु उसकी रैंक अच्छी नहीं आई थी। इस रिजल्ट से उसे निराशा हाथ लगी। रविंद्र वास्तव में दुःखी था। इसके लिए रविंद्र ने जी-तोड़ मेहनत की थी, किंतु अच्छी रैंक प्राप्त न होना उसके लिए पीड़ादायक था। उसकी इच्छा हुई कि वह एक बार फिर आई.आई.टी. की कोचिंग करे और अच्छी रैंक लाए, किंतु धन की कमी ने उसकी इच्छाओं के पर कतर दिए। अभी तक उसकी पढ़ाई के लिए उसके पिता ने आधी से ज्यादा जमीन बेच दी थी। माँ ने अपने जेवर बेच दिए थे। एक बार फिर तैयारी के खर्च की व्यवस्था करना उसके पिता के लिए असंभव था।

आई.आई.टी. में रैंक कम आने से उसे मनोवांछित कॉलेज नहीं मिल सकता था। किंतु बेमन से रविंद्र ने इंजीनियरिंग करने की योजना बनाई। उसे दुःखी देखकर पिता से न रहा गया।

उसे हिम्मत देते हुए पिता ने बड़े स्नेह से कहा, 'बऊआ, दिल छोटा न करो। तुम्हारी मेहनत में कभी कमी नहीं आई। यह रैंक भी बुरी नहीं है। लेकिन तुम चाहो तो एक बार फिर तैयारी कर लो। रुपए की चिंता बिल्कुल मत करना। सब व्यवस्था हो जाएगी। कल ही राँची के लिए निकल जाना और पढ़ाई शुरू कर देना।'

यह सुनकर रविंद्र ने चौंकते हुए अपने पिता की ओर देखा। उनकी बातों पर रविंद्र को आश्चर्य हो रहा था। वह सोचने लगा कि उसके पिता किस मिट्टी के बने हैं? इतना त्याग व धैर्य तो देवताओं में भी नहीं होता, जितना उसके पिता में है। अपनी जमीन, जायदाद व जेवर बेच दिए, स्वयं तकलीफ में रहे, किंतु उसे रुपयों की कभी कमी न होने दी। अपने खेत बेच दिए, जो उनके जीवन का आधार थे। स्वयं के भविष्य की कभी परवाह ही नहीं की। अपना सर्वस्व अपने पुत्र के उज्ज्वल भविष्य के लिए न्योछावर कर दिया। जेब में एक रुपया तक नहीं, लेकिन फिर भी उसे आई.आई.टी. की तैयारी कराने के लिए फिर से तैयार हैं!

इतनी सहनशीलता!

इतना धैर्य!

इतना त्याग!

इतना स्नेह!

धन्य है वह कि उसने पिता के रूप में एक देवता पाया है!

पिता की तरफ आश्चर्यमिश्रित सम्मान से एकटक निहारते हुए रविंद्र के रोंगटे खड़े हो गए। वह अपने पिता को और अधिक कष्ट में नहीं डालना चाहता था। उसका गला रुँध गया। हृदय प्रेम व स्नेह से गद्‌गद हो गया। उसके पास बोलने के लिए शब्द नहीं थे। रविंद्र ने अपने आपको पल भर में ही सँभाला और पिता के चरण छूते हुए बोला, 'नहीं पिताजी, अब मुझे तैयारी नहीं करनी। यह भी अच्छी रैंक है। कोई अच्छा कॉलेज मिल ही जाएगा।'

यह सुनकर पिताजी मुसकुराने लगे। उन्हें पता था कि रविंद्र को आगे तैयारी करने की इच्छा तो है, किंतु वह अपने पिता को और अधिक परेशानी में नहीं देख सकता। उसके पिता को और जमीन न बेचनी पड़े, लोगों के सामने हाथ न फैलाने पड़ें, उनका स्वाभिमान अक्षुण्य रहे, इसके लिए उसने दोबारा तैयारी न करने का मन बनाया है।

रविंद्र के मौसाजी पटना में फर्टिलाइजर्स फैक्टरी में इंजीनियर थे। उन्होंने रविंद्र को दोबारा आई.आई.टी. की तैयारी करने की बजाय 'टी.एस. चाणक्य' नामक एक शिपिंग अकेडमी में दाखिला लेने का सुझाव दिया। यह एकेडमी केवल उन्हीं लड़कों को प्रवेश देती थी, जिन्होंने आई.आई.टी. की परीक्षा पास की हो। यह संस्थान समुद्री विज्ञान में तीन वर्षों में स्नातक की डिग्री देती थी, जिसकी फीस 1,50,000 रुपए थी।

रविंद्र को मौसाजी का यह सुझाव अच्छा लगा। रविंद्र ने आई.आई.टी. करने के बाद 'टी.एस. चाणक्य' ज्वॉइन कर लिया।

पिताजी ने बची हुई जमीन भी बेच दी और अपने बेटे के भविष्य की यात्रा को रुकने न दिया।

अभी तक गाँव में पला-बढ़ा बालक अचानक एक आलीशान एकेडमी में आ गया था, जिसके अपने अलग रूल्स ऐंड रेगुलेशंस थे। इस नई जगह पर रविंद्र को शुरुआत में थोड़ी दिक्कत तो हुई, किंतु रविंद्र में स्वयं को परिस्थितियों के अनुकूल ढालने की गजब की कला थी।

कुछ ही दिनों में गाँव का वह बालक इस आधुनिक तौर-तरीके से संपन्न

संस्थान में घुल-मिल गया। रविंद्र जब भी किसी अनजान जगह पर जाता था तो कुछ ही दिनों बाद वह अजनबी जगह उसे अपने घर की तरह लगने लगती तथा वहाँ काम करनेवाले लोग अपने भाई-बंधु लगने लगते थे।

टी.एस. चाणक्य में दाखिला लेना रविंद्र के जीवन में एक नए चरण की शुरुआत थी। बचपन में मारियाना ट्रेंच के बारे में पढ़ते समय उसके द्वारा की गई कल्पनाएँ साकार हो रही थीं। सागर को निकट से देखने का रविंद्र का सपना पूरा होनेवाला था। यहाँ उसे तीन वर्ष का कठोर प्रशिक्षण लेना था। उसके बाद ही वह अथाह व अनंत सागर की यात्राओं पर निकलेगा। यहाँ का जीवन उसके पूर्व के विद्यार्थी जीवन से अलग था। रविंद्र हमेशा से ही रिश्ते बनाने में माहिर था। उसने अपने इस हुनर से एकेडमी में भी अनेक दोस्त बना लिये थे, जिनमें अमरेंद्र उसका पक्का साथी बन गया था। रविंद्र व अमरेंद्र एक ही कमरे में रहते थे। उन दोनों की आदतें काफी हद तक मेल खाती थीं।

मुंबई में अरब सागर के तट पर बना हुआ टी.एस. चाणक्य संस्थान अपने अनुशासन के लिए जाना जाता था। दिन भर अनेक कक्षाएँ, विभिन्न प्रकार की गतिविधियाँ व स्पोर्ट्स इत्यादि से थक जाने के बाद भी रविंद्र नित्य योग का अभ्यास करता एवं अपने भाषण देने की कला को भी निखारने की कोशिश करता। एकेडमी में अध्ययन करनेवाले सभी लोगों की अंग्रेजी तो बहुत अच्छी थी, किंतु हिंदी में उनका हाथ कुछ तंग था। किंतु रविंद्र की दोनों भाषाओं पर समान पकड़ थी, जो उसे एकेडमी में अन्य लड़कों से अलग बनाती थी।

दिन भर सभी कैडेट्स अंग्रेजी में ही वार्त्ता करते, किंतु रविंद्र रात में हिंदी में भाषण देने का अभ्यास करता।

एक दिन शाम को रविंद्र का एक अन्य रूममेट अश्विनी अपने कमरे में लेटा हुआ आराम कर रहा था। सारे दिन काम से थककर उसने खाना खाया और सोने की तैयारी करने लगा। आँखें मींच लीं। तभी अचानक किसी के बात करने की आवाज से उसकी आँखें खुल गईं। उसने देखा कि रविंद्र कमरे में खड़ा हुआ अकेला ही बड़बड़ा रहा है। वह आईने के सामने खड़ा हुआ स्वयं से ही बातें कर रहा था। बोलते समय वह हाथ से इशारे भी करता और अपने हाव-भाव को बड़ी गौर से देखता, अपनी कही बात को कई बार दोहराता। रविंद्र को ऐसा करता देख अश्विनी अचरज में पड़ गया। उसकी हँसी छूट गई और वह खी-खी करते हुए दबी हुई हँसी हँसने लगा।

उसने पहले कभी भी किसी को भी अकेले में ऐसे बड़बड़ाते हुए नहीं देखा था। यह उसका पहला अनुभव था।

उसे हँसता देख रविंद्र का ध्यान भंग हुआ और उसने अश्विनी की ओर देखते हुए कहा, 'व्हाट हैपेंड अश्विनी ? इज एवरीथिंग राइट ? व्हाई आर यू लाफिंग लाइक फूल्स ?'

इस प्रश्न पर अश्विनी और जोर से हँसा, मानो उसने तीन सिरोंवाला कोई आदमी देख लिया हो! उसे ऐसा करता देख रविंद्र ने फिर पूछा, 'कुछ बताओगे भी, क्या हुआ ? या ऐसे ही खिखियाते रहोगे ?'

अश्विनी ने बड़ी मुश्किल से अपनी हँसी को रोका और बोला, 'व्हाट वाज इट ? व्हाई वर यू टॉकिंग टू योर-सेल्फ ?' कहते हुए अश्विनी फिर हँस पड़ा। वह आगे बोला, 'लगता है कि तुम्हें कोई दौरा पड़ा था, जो तुम अकेले ही स्वयं से बातें कर रहे थे। व्हाट वाज इट रविंद्र ?' अश्विनी ने हँसी उड़ाते हुए कहा।

उसके उपहास पर ध्यान न देते हुए रविंद्र ने अश्विनी के प्रश्न का उत्तर दिया, 'आई एम प्रैक्टिसिंग हाऊ टू डिलिवर अ स्पीच इफेक्टिवली। आई गॉट इट फ्रॉम स्वामी विवेकानंद। जब स्वामीजी भाषण देने का अभ्यास करते थे तो वे जंगल में पेड़ों के सामने खड़े होकर भाषण देते।'

यह सुनकर अश्विनी की हँसी कुछ कम हुई। कुछ गंभीर होते हुए बोला, 'लेकिन मिरर के सामने खड़े होने की क्या जरूरत है ? ऐसे ही प्रैक्टिस कर लो।'

रविंद्र ने मानो कोई नादान सा प्रश्न सुन लिया हो।

मुसकुराते हुए बोला, 'माय डियर! स्पीच देने के लिए केवल कंटेंट ही इम्पॉर्टेंट नहीं होता है, बल्कि फिजिकल जेस्चर भी बहुत इम्पॉर्टेंट होते हैं। मिरर में देखकर मैं अपने जेस्चर को वॉच कर रहा था।'

अश्विनी ने पहली बार इस प्रक्रिया को देखा व सुना था। रविंद्र के द्वारा इसका महत्त्व समझाने के बाद अश्विनी भी इस अभ्यास में रुचि लेने लगा व ध्यान से उसकी स्पीच को सुनता।

अश्विनी ने ऐसे सुंदर हिंदी के शब्द कभी नहीं सुने थे, जो रविंद्र अपने भाषण में बोलता था।

शुद्ध व प्रभावशाली हिंदी बोलता था रविंद्र।

उसके कुछ शब्द तो अश्विनी को कभी-कभी समझ में ही नहीं आते थे, किंतु सुनने में उसे बड़े अच्छे लगते थे।

(40)

मीठीबाई कॉलेज, जुहू, मुंबई में एक भाषण प्रतियोगिता का आयोजन था। रविंद्र ने टी.एस. चाणक्य का प्रतिनिधित्व किया। विभिन्न कॉलेज के छात्र-छात्राओं ने प्रतियोगिता में हिस्सा लिया था। किंतु रविंद्र ने अपने भाषण कौशल से इस प्रतियोगिता में प्रथम स्थान प्राप्त किया। उसकी स्पीच सर्वश्रेष्ठ थी। उसकी शानदार सफलता पर उसके सभी दोस्त, विशेषकर अमरेंद्र व अश्विनी बहुत खुश थे। टी.एस. चाणक्य अव्वल आया था।

अन्य प्रतियोगी तो भाषण को रटकर अथवा लिखकर लाए थे, किंतु रविंद्र का किसी भी विषय पर अलग नजरिया होता था। उसके विचार व सोच मौलिक थी। उसका भाषा-प्रवाह प्रभावशाली था। यही चीजें उसे सदैव अन्य लड़कों से भिन्न व श्रेष्ठ बनाती थीं।

टी.एस. चाणक्य में खेले जानेवाले महत्त्वपूर्ण खेलों में सबसे महत्त्वपूर्ण खेल 'टग ऑफ वॉर' था, जो शक्ति आजमाइश के लिए खेला जाता था। रविंद्र को इस खेल को खेलने में बड़ा मजा आता था। गाँव में अपने दोस्तों के साथ उसने बहुत बार इसे खेला था।

लेकिन उसकी एक चिर समस्या उसके लिए तकलीफदायक हो जाएगी, उसने कभी न सोचा था। उसका दुबला-पतला शरीर देखकर उसकी टीम का लीडर उसे बहुत हलके में लेता था। किंतु उसे शायद यह न पता था कि दुबले शरीर के मालिक भी गजब की स्फूर्ति व ताकत के स्वामी हो सकते हैं।

एक दिन सुबह-सुबह लीडर शैलेश ने सभी लड़कों को मैदान में एकत्र किया और बोला, 'देयर हैज टू बी अ कंपटीशन ऑफ टग ऑफ वॉर नेक्स्ट मंथ। हेयर वी आर टु मेक टू टीम्स। एवरी टीम विल हैव इट्स कैप्टेन हू विल कंट्रोल द टीम।' फर्राटेदार अंग्रेजी में उसने सभी लड़कों को निर्देश दिए और उनका बारीकी से निरीक्षण करते हुए बोला, 'संजय ऐंड सौरभ, कम फॉरवर्ड।'

यह सुनकर शरीर से हृष्ट-पुष्ट संजय व सौरभ जुनेजा लाइन से बाहर आकर शैलेश के सामने सावधान की मुद्रा में खड़े हो गए। लीडर बोला, 'यू आर सपोज्ड टु मेक योर सैपरेट टीम्स राइट नाव। सलेक्ट द प्लेयर्स फ्रॉम दीज बॉयज। ऐंड हू विल बी इन द टीम, इट डिपेंड्स ऑन यू।'

दोनों खुश होते हुए एक साथ तेज स्वर में बोले, 'यस सर, थैंक यू सर।'

रविंद्र समझ गया था कि शैलेश ने इन्हें ही टीम का कप्तान क्यों बनाया है। वे दोनों कद में छह फीट से अधिक थे। दैत्याकार कद-काठी थी उनकी। पहलवान से दिखते थे। चेहरा रौबीला था। इसके विपरीत रविंद्र उनसे कद-काठी में आधा भी न था। शैलेश ने काफी सोच-समझकर ही कप्तान बनाए थे। निर्देश देकर शैलेश चला गया। अब संजय व सौरभ जुनेजा की बारी थी टीम के सदस्यों को चुनने की। वे जिसे चाहेंगे, वही टीम में खेलेगा। प्रत्येक टीम के लिए केवल 8 लड़कों का चुनाव होना था। इस प्रकार दो टीमों के लिए 16 लड़के चुने जाने थे। रविंद्र का खूब मन था कि टीम में वह भी खेले। यह खेल उसके लिए नया नहीं था। वह गाँव में अकसर अपने दोस्तों के साथ यह खेल खेलता था, यहाँ पर भी यह खेल देखकर उसे अपने गाँव की याद आ गई थी।

प्रभुता पाकर घमंड हो जाना स्वाभाविक होता है। संजय व सौरभ खुशी से ऐसे फूले-फूले फिर रहे थे, मानो उन्हें किसी राज्य की सल्तनत मिल गई हो! वे गर्व से अकड़कर खड़े थे। उनके इशारे पर ही सारी टीम बननी थी। वे स्वयं को किसी अधिकारी से कम महसूस नहीं कर रहे थे। उन्होंने अपनी-अपनी टीम बनाने के लिए लड़कों के नाम बोलना शुरू किए।

सौरभ जिनके नाम बोलता, वे लड़के सौरभ की दाईं तरफ खड़े हो जाते और संजय जिनके नाम बोलता, वे बाईं तरफ। युसूफ, आकाश, अमर, गुरमीत, अमरेंद्र व अश्विनी आदि लड़कों का चयन हो गया था। कई ऐसे लड़के भी थे, जिन्होंने खेलने से मना ही कर दिया था, शायद वह इस खेल से परहेज करते थे।

रविंद्र बेसब्री से अपना नाम सुनने की प्रतीक्षा कर रहा था। दोनों कप्तान रविंद्र की ओर देखते, फिर अपनी नजरें घुमाकर किसी और को देखने लगते। रविंद्र के दुबले-पतले शरीर को देखकर शायद उन्हें लगता कि यह दुबला लड़का कैसे इस ताकत के खेल को खेल पाएगा?

पंद्रह लड़कों का चयन हो गया था। अंतिम बचा था। अब रविंद्र से न रहा गया। उसने अपना हाथ ऊपर उठाकर कहा, 'आय एम इंट्रेस्टेड टू प्ले।' यह सुनकर सौरभ और संजय के होंठों पर एक मुसकान आई। व्यंग्य भरी मुसकान। रविंद्र को उनका यूँ मुसकराना अच्छा नहीं लगा।

तभी अचानक सौरभ बोला, 'आर यू श्योर, यू विल बी एबल टू प्ले?'

रविंद्र ने आत्मविश्वास से कहा, 'ऑफकोर्स आई एम।'

सौरभ ने दाएँ हाथ का अँगूठा दिखाते हुए कहा, 'ओके, दैन कम टु माय साइड।'

लेकिन सौरभ के मन में उसको लेकर कुछ संदेह अवश्य था, जिसे उसने प्रकट तो नहीं किया, किंतु रविंद्र उसकी शंका को समझ गया था। अंतर्मुखी स्वभाव होने के कारण रविंद्र ने अपने भावों को व्यक्त तो नहीं किया, लेकिन यह जरूर निश्चय कर लिया कि जल्द ही वह अपनी योग्यता व क्षमता से इन सभी को प्रभावित कर लेगा।

मैच प्रारंभ होने को था। मैदान में दोनों टीमें आ चुकी थीं, टीम के दो कप्तानों में से एक संजय अग्रवाल तो वहाँ पहुँच गया था, किंतु रविंद्र की टीम का कप्तान सौरभ जुनेजा अभी तक नहीं आया था।

समय होनेवाला था, तभी रीडर शैलेष तेजी से वहाँ आया और बोला, 'सौरभ इज डाउन विद फीवर, ऐंड नॉट एबल टु प्ले। विल एनी वन ऑफ हिज टीम रिप्लेस हिम?'

सभी लड़के एक-दूसरे का मुँह ताकने लगे। कोई भी लड़का टीम लीडर बनने की हिम्मत नहीं जुटा पा रहा था। बड़ी जिम्मेदारी का काम था। तभी रविंद्र ने हाथ उठाया और बोला, 'सर, आई विल।'

रविंद्र को अपनी टीम की कप्तानी मिल गई।

'टग ऑफ वॉर' केवल ताकत प्रदर्शन का ही गेम नहीं है, बल्कि दिमाग का भी है। इससे ताकत, निर्णय क्षमता व नेतृत्व के गुणों का विकास होता है।

रविंद्र सबसे आगे लगा था। उसके नेतृत्व में टीम विजयी हुई। बस फिर क्या था, रविंद्र की नेतृत्व क्षमता व ताकत का प्रमाण सभी को मिल चुका था। सौरभ व संजय को भी बहुत खुशी हुई थी। रविंद्र ने एक बार फिर सिद्ध कर दिया था कि साहस व नेतृत्व का शारीरिक दुर्बलता से अधिक संबंध नहीं होता है।

(41)

टी.एस. चाणक्य में तीन साल बिताने के बाद रविंद्र के शरीर में आश्चर्यजनक बदलाव हो गया था। इन तीन वर्षों के दौरान उसने कराटे में कई चैंपियनशिप जीती, तैराकी में कई इनाम जीते और एथलेटिक्स में अपना शानदार प्रदर्शन किया। उसे अकेडमी में एक बॉडीबिल्डर के रूप में जाना जाने लगा। रविंद्र को 'मिस्टर चाणक्य टाइटल' से भी पुरस्कृत किया गया।

प्रशिक्षण के दूसरे या तीसरे वर्ष विभिन्न देशों की कंपनियाँ कैंपस इंटरव्यू से योग्य कैडेट्स का चयन करती हैं, जहाँ वे कैडेट्स विभिन्न प्रकार के मर्चेंटशिप

पर कार्य करना शुरू कर देते हैं। मर्चेंटशिप एक व्यावसायिक जहाज होता है, जो कार्गो या यात्रियों को विश्व के विभिन्न देशों में ले जाता है। रविंद्र ने 2002 में टी.एस. चाणक्य से पास होने के बाद 'फिनावल स्पा' नामक एक इटैलियन शिपिंग कंपनी में काम करना शुरू कर दिया था। इस जहाज पर कुछ यूरोपीय कर्मियों के साथ-साथ भारतीय कर्मियों को भी नियुक्त किया गया था। जहाज पर भारतीय नाविकों की पूर्ति मुंबई में स्थित इसी कंपनी की शाखा से की जाती थी। जहाज पर काम करते समय कार्मिक अपने परिवार ही नहीं, बल्कि पूरी दुनिया से ही अलग हो जाते हैं। केवल जहाज ही उनका घर होता है व जहाज पर काम करनेवाले साथी ही उनका परिवार। कई महीनों तक उन्हें अपने परिवार व शहर की जानकारी तक नहीं मिलती; किंतु इस त्याग की क्षतिपूर्ति कंपनी उन्हें उनकी कल्पना से भी अधिक वेतन देकर करती थी।

रविंद्र को वेतन के रूप में तीन लाख से अधिक रुपए प्रतिमाह मिलते थे, जिन्हें पाकर रविंद्र का अमीर बनने का सपना पूरा होने लगा था। जहाज पर काम करते हुए विश्व का भ्रमण करना ही रविंद्र का लक्ष्य नहीं था। यहाँ काम करके वह अपने पिता को राहत देना चाहता था। माता-पिता को गरीबी की जिंदगी से छुटकारा दिलाकर जीवन के सारे आराम व सुख देना चाहता था, जिन्होंने उसे पढ़ाने के लिए अपने पुरखों की जमीन बेच दी, अपने सपनों को पूरा नहीं किया, गाँववालों के ताने व व्यंग्य बाण सहे, टूटे-फूटे कच्चे मकान में जीवन काटा। जिस माँ ने उसकी पढ़ाई को जारी रखने के लिए अपने जेवर गिरवी रख दिए, अपने सुख की परवाह न करते हुए, उसकी सुख-सुविधा के लिए रात-दिन मेहनत की थी। इन सभी कष्टों को दूर करना रविंद्र की प्राथमिकता थी। वह माता-पिता के द्वारा लिये गए कर्ज को चुकाना चाहता था। जिन वस्तुओं के लिए माता-पिता जीवन भर तरसते रहे, उन चीजों का सुख वह उन्हें देना चाहता था।

रविंद्र का मुख्य उद्‍देश्य यू.पी.एस.सी. पास करना था। उसके लिए भी धन की आवश्यकता पड़नेवाली थी। जहाज पर काम करके रविंद्र इतना धन कमा लेना चाहता था कि वह अपनी माँ के जेवर को छुड़ा सके, पिता व माता को एक सुखद आरामदायक जिंदगी दे सके और अपनी यू.पी.एस.सी. की तैयारी के लिए धन जोड़ सके।

रविंद्र हर माह एक बड़ी रकम अपने गाँव भेजता, जिसे पाकर पिता-माता फूले न समाते। वे जब इन रुपयों को देखते तो इन रुपयों में उन्हें अपना संघर्ष नजर आता।

माँ को इनमें अपने गहने व पिता को खेतों के दर्शन होते। इन रुपयों में उन्हें कभी दिखाई देता कि वे साइकिल पर नन्हे रविंद्र को बैठाकर स्कूल ले जा रहे हैं। साथ-ही-साथ लोगों के द्वारा बोली गईं अपमानजनक व्यंग्यपूर्ण बातें भी नजर आतीं।

इन रुपयों से पिता ने अपने कर्जों को चुका दिया था। माँ के गिरवी रखे हुए जेवर छुड़ा लिये थे। अब वे खुश थे। उनके पास अब सब कुछ था। कष्ट दूर हो गए थे, गरीबी दूर हो गई थी। अगर नहीं था तो बस उनका लाड़ला रविंद्र। रह-रहकर नानी, रंजना, माँ, पिता, गुड्डू और दोस्तों को रविंद्र की याद सताती। उससे बात करने का कोई साधन नहीं था। केवल पत्र ही अपनी बात कहने का एकमात्र माध्यम था। लेकिन वह भी दो या तीन महीने बाद जहाज पर पहुँचता था। जब कोई कार्मिक ड्यूटी ज्वॉइन करने जहाज पर जाता तो उसके हाथों ही डाक और अन्य सामग्री भिजवाई जाती थी।

रविंद्र को जहाज पर आए हुए एक साल होने को था। इस दौरान उसे अपने गाँव जाने की छुट्टी न मिल पाई। कभी-कभी सैटेलाइट फोन पर गाँव में बात हो जाती थी। फोन पर बात करके रविंद्र को खुशी तो मिलती थी, किंतु फिर उसे बहुत अकेलापन महसूस होता। यद्यपि जहाज पर उसके बहुत से इटैलियन, यूरोपियन व इंडियन लड़के दोस्त बन गए थे, किंतु वे या तो अपने काम में व्यस्त रहते या काम से थकने के बाद आराम करते। आपस में बात करने के लिए अधिक लोग नहीं थे। जहाज का जीवन विलासितापूर्ण था। खाने के लिए हर प्रकार का शाकाहारी व मांसाहारी भोजन व पीने के लिए महँगे-महँगे विदेशी पेय पदार्थों व दुर्लभ शराब का अंबार था। किसी भी बात की कोई कमी न थी।

नीले सागर में जब जहाज विशाल लहरों को चीरता हुआ आगे बढ़ता तो ताकतवर लहरों से टकराकर एक मदमस्त हाथी की तरह झूमता। जहाज के साथियों के अलावा सूरज, चाँद व सितारे ही वे साथी थे, जिनसे रविंद्र की रोज ही मुलाकात होती थी।

प्रमोशन पाकर रविंद्र चीफ ऑफिसर बन गया था। वेतन के साथ-साथ जिम्मेदारियाँ भी बढ़ गई थीं। रविंद्र को अकसर वह समय याद आ जाता था, जब उसे हजार रुपए की व्यवस्था करना भी मुश्किल पड़ जाता था। लेकिन अब लाखों रुपए कमाना उसके लिए बड़ा आसान हो गया था। उसे वह समय भी याद आता था, जब उसकी फीस भरने के लिए पिताजी को रुपयों का इंतजाम करने के लिए भूखे-प्यासे कई दिनों तक भटकना पड़ा था, फिर भी रुपयों की व्यवस्था न हो पाई थी।

जहाज पर आकर्षक वेतन, रोमांचक व साहसिक यात्राएँ, प्रकृति की सुंदर छटा व विश्व के खूबसूरत स्थानों का भ्रमण करने के अलावा रविंद्र को विभिन्न देशों के लोगों से मिलने का मौका मिला था, जिसके फलस्वरूप रविंद्र के व्यक्तित्व में भी आश्चर्यजनक सुधार हुआ। उसने अनेक देशों की यात्राओं से विभिन्न भाषाएँ सीख ली थीं। उसे फिल्म देखने का बड़ा शौक था। जहाज पर रहते हुए उसने शायद ही किसी नई रिलीज फिल्म को न देखा हो। महीने-दो महीने बाद जब कोई कैडेट ड्यूटी ज्वॉइन करने जहाज पर आता तो उसी के हाथों डाक, आवश्यक कागजात व फिल्मों की ढेर सारी कैसेट्स जहाज पर भेजी जाती थीं। काम खत्म करने के बाद जहाज पर टाइम पास करने का ये बढ़िया साधन थीं।

हर शाम को स्मोकिंग चैंबर में खूब चहल-पहल होती थी। लगभग सभी लोग शाम को वहाँ एकत्र होते। यूरोपियंस, इटैलियंस व इंडियंस का मेला सा लगता था। यहाँ पर महँगी सिगरेट, कीमती सिगार व महँगी व दुर्लभ शराब का आनंद लिया जाता था। साथ-ही-साथ भारतीय व विदेशी गानों की धुनों पर लड़के नाचते थे। जब मौसम अच्छा होता तो जहाज के पीछे वाले भाग (पूप डैक) पर सभी लोग बारबेक्यू पार्टी का आनंद उठाते।

संक्षेप में जहाज पर जीवन अति आमोद-प्रमोद से भरा था। वहाँ लोग बहुत ही विलासितापूर्ण व खूबसूरत जिंदगी जी रहे थे।

शाम को खाना खाने के बाद रविंद्र फिल्म देखता व अपने सहकर्मियों की बातों को सुनता था। किंतु इस ऐशो-आराम से भरी जिंदगी में भी बहुत से ऐसे लोग थे, जो खुश नहीं थे। उनके पास रुपयों की तो कोई कमी न थी, किंतु घर की याद उन्हें भावुक व दु:खी बना देती थी।

शायद जहाज के सुंदर जीवन का यही सबसे वीभत्स रूप था।

जहाज पर पर्वों व त्योहारों का भी पता न चल पाता था। कोई त्योहार कब आया, कब चला गया, कुछ भी पता न लगता। ऐसे में कभी-कभी ऐसा लगता कि जिंदगी नीरस सी हो गई है। रक्षाबंधन पर भेजी गई राखियाँ भी उन्हें दो महीने बाद मिलतीं, जिन्हें पाकर शायद ही कोई होगा जो भावुक न होता हो। रविंद्र को भी जब अपनी बहनों की चिट्ठी मिलती तो उसे पढ़कर उसे ऐसा लगता, मानो वह अपनी बहनों के साथ ही खेल रहा हो, उसे अपने गाँव के बाग-बगीचों व दोस्तों की याद आ जाती; किंतु अगले ही पल उसका दिवास्वप्न टूट जाता और वह पुनः एकाकी जहाजी जिंदगी में लौट आता। रविंद्र अकसर देखता कि जिन

लड़कों की हाल ही में शादी हुई है, वे अधिक दु:खी रहते थे। उनका अपनी पत्नी अथवा बच्चों से एक लंबे अरसे बाद मिलनेवाली छुट्टी पर ही मिलना हो पाता था।

रविंद्र को अपने परिवार से मिले हुए अरसा बीत चुका था। इस दौरान उसे अपने गाँव, माता-पिता, नाना-नानी व दोस्तों के बारे में कोई समाचार नहीं मिला। उनसे मिलने की प्रबल इच्छा रविंद्र के मन में हमेशा ही उमड़ती रहती थी, किंतु वह बेबस होकर अपनी इच्छा को मार देता। उसने घर जाने के लिए एक महीने की छुट्टी का आवेदन किया था। आवेदन किए हुए भी उसे चालीस दिन से अधिक का समय हो गया था, किंतु अभी तक कंपनी से इस संबंध में कोई पत्र नहीं आया था। जब भी जहाज पर कोई नाविक डाक लेकर आता तो रविंद्र अपनी छुट्टी के पत्र को प्राप्त करने की आशा से कार्यालय पहुँच जाता, किंतु उसे मायूसी ही हाथ लगती। लेकिन एक दिन एक नाविक ने डैक पर आकर रविंद्र से कहा, 'सर, देयर इज अ गुड न्यूज फॉर यू। योर लीव हैज बीन सैंक्संड। द ऑफिस सुपरिंटेंडेंट हैज ऑर्डर्ड मी टु इनफॉर्म यू।'

यह खबर सुनकर रविंद्र को ऐसा लगा, जैसे तपते रेगिस्तान में उसे कोई मरुद्यान मिल गया हो! उसका मन खुशी से उछलने का करने लगा, किंतु उसने अपनी खुशी को अपने मन में ही कैद किया और गर्मजोशी के साथ उस संदेशवाहक से हाथ मिलाते हुए 'थैंक्यू वेरी मच' कहा। रविंद्र का जहाज दस दिन बाद मुंबई डॉकयार्ड पर पहुँचने वाला था, लेकिन रविंद्र ने उसी रात अपना बैग लगा लिया था और बेसब्री से इन दस दिनों के बीतने का इंतजार करने लगा। ये दस दिन उसे दस साल की तरह लग रहे थे। उसे न भूख लगती है, न प्यास। रविंद्र की स्थिति ऐसी थी, जैसे किसी कैदी की रिहा होने के एक दिन पहले होती है।

पूरे आठ वर्ष बाद रविंद्र को उसके उस प्रिय गाँव के दर्शन हुए थे, जहाँ उसने अपना बचपन बिताया था, पढ़ाई की थी, मित्रों के साथ अठखेलियाँ की थीं। वही नानी का गाँव—बरियारपुर।

जिस समय वह अपने प्यारे ननिहाल से विदा हुआ था, उस समय रविंद्र किशोरावस्था में था। अब वह पानी के जहाज पर एक बड़ा अफसर बन गया था। पूरी दुनिया घूमता। सागर की नीली व विशाल लहरों का वक्ष चीरता हुआ आगे बढ़ता।

कई वर्षों बाद उसे अपने नानी के गाँव आने का अवसर मिला था, जिसकी स्मृतियाँ उसके अंत:पटल पर सदैव गतिमान रहती थीं। खूब धन कमाया था। अपने भाइयों की पढ़ाई व बहनों की शादी की जिम्मेदारी रविंद्र की ही थी।

जब रविंद्र पानी के जहाज पर भारत से सुदूर किसी देश में जाता तो उसके हृदय में एक काँटा सा खटकता। वह सोचता कि मैं अपनी मातृभूमि से अलग हूँ। यह देश मेरा नहीं हैं, मैं इस देश का नहीं हूँ।

जहाज के डैक पर खड़े हुए जब वह अनंत आकाश की जलराशि को देखता तो आकाश में उड़ते पंछियों को देखकर उसे अपने प्यारे बाल-सखाओं की स्मृति आ जाती।

जल में जब कोई बड़ी मछली अपने नन्हे बच्चों के साथ जल-विहार करती तो उसे देखकर रविंद्र को अपनी माँ की याद आती। भाग्य ने उसे अपनी माता का सान्निध्य अल्पकाल के लिए ही दिया था।

वह जननी भी धन्य है, जिसने अपने हृदय के अंश को देश को समर्पित कर दिया था। देश-प्रेम व पुत्र-प्रेम में उस माँ ने देश को प्राथमिकता दी थी।

(42)

सफेद रंग की स्कोर्पियो गाँव के बाहर ही मैदान में रुकी। रविंद्र नीचे उतरा और उस चिर-परिचित भूमि को नमन करने के उद्देश्य से एक चुटकी मिट्टी अपने मस्तक पर लगा ली, जिस मिट्टी की गोद में उसने अपना अमूल्य बचपन बिताया था।

पैदल ही गाँव में गया। निगाहें बचपन के साथियों को खोजने लगीं, किंतु हाय दुःख! उसे कोई न दिखा। उसका विद्यालय, जहाँ कई वर्षों तक वह पढ़ा था, खेला था, जहाँ बचपन की बेफिक्री के आनंद लूटे थे और जिसका चित्र अभी तक उसकी आँखों में था, वही उसका प्यारा स्कूल अब टूटकर मिट्टी का ढेर हो गया था, जहाँ जंगली बबूल के कुछ वृक्ष उग आए थे। टूटे हुए कमरे अब गाँव के आवारा पशुओं के स्थायी आवास बन गए थे। वहाँ से कुछ 500 मीटर दूर ही नए विद्यालय की एक शानदार इमारत दिखाई दी। वह पहले विद्यालय की तुलना में आकर्षक व विशाल थी, किंतु उसमें उसके बचपन की सुगंध व बाल सखाओं की स्मृतियाँ नहीं थीं।

कई आदमी चलते हुए उसकी बगल से गुजरते। वह उन्हें नहीं पहचान सका और न वे उसे। वे अदालत-कचहरी और थाना-पुलिस की बातें कर रहे थे, उनके मुखों से चिंता, निर्जीवता और उदासी प्रदर्शित होती थी और वे सब

सांसारिक चिंताओं से व्यथित मालूम होते थे। उसके बचपन के साथियों के समान ओजपूर्ण, तेजस्वी चेहरेवाले लोग कहीं भी नजर नहीं आते। रविंद्र सोचता कि क्या यही मेरा गाँव है? तभी आम के विशाल वृक्ष की ओर रविंद्र दौड़ पड़ा, जिसकी सुहावनी छाया में उसने बचपन के साथियों के साथ आनंददायक दिन बिताए थे, जो उसके छुटपन का प्रिय स्थल था व किशोरावस्था का सुखद वास-स्थान था। आह! इस प्यारे वृक्ष को देखते-ही-देखते उसके हृदय को एक बड़ा आघात सा पहुँचा। दिल में महान् शोक उत्पन्न हुआ। उसे देखकर ऐसी-ऐसी सुखद-दुःखद एवं हृदय विदारक स्मृतियाँ ताजी हो गईं कि घंटों पृथ्वी पर बैठे-बैठे आँसू बहाता रहा। हाँ, यही वह आम का पेड़ है, जिसकी डालों पर वह उसकी फुनगियों तक पहुँचता था, जिसकी विशाल पसरी हुई शाखाएँ उसका झूला थीं और जिसके फल उसे संसार की मिठाइयों से भी अधिक स्वादिष्ट मालूम होते थे। उसके गले में बाँहें डालकर खेलनेवाले लंगोटिया यार, जो कभी रूठते, लड़ते, कभी मनाते थे, कहाँ गए? हाय! बिना सखाओं के अब वह अकेला ही है? क्या उसका कोई भी साथी नहीं?

इधर से निराश होकर रविंद्र उस चौक की ओर चला, जहाँ शाम के वक्त नाना एवं गाँव के अन्य बुजुर्ग बैठते थे। कोई हुक्का पीते, हँसी कहकहे उड़ाते थे। कभी-कभी वहाँ पंचायत भी बैठती थी, जिसमें निर्णायक मंडल में नानाजी का नाम होता था।

शोक! अब उस चौपाल का पता तक न था।

अब वहाँ गाँव मे टीका लगाने का स्थान व एक डाकखाना था। हाँ, केवल वहाँ लगा नीम का वृक्ष यथावत् था, जिसे देखकर ऐसा लगता, मानो वह भी बीते सुखद दिनों की याद करके जार-जार रोए जा रहा हो और रविंद्र को आया देखकर आशीर्वाद स्वरूप अपनी सूखी पत्तियाँ बरसा रहा हो व आशीष दे रहा हो!

उस समय इसी चौपाल से कुछ दूरी पर एक कोल्हू था, जहाँ जाड़े के दिनों में ईख पेरी जाती थी और गुड़ की सुगंध से मस्तिष्क भर जाता था। अनेक चरवाहे, ग्रामीण व मजदूर वहाँ नित्य ही बैठे रहते थे व गुड़ बनानेवाले किसानों के हस्तलाघव को देखकर वाह-वाह कर उठते एवं गरम, सुगंधित व नरम गुड़ को देखकर ललचाते। वहाँ हजारों बार रविंद्र ने कच्चा रस पिया था व आस-पड़ोस के बच्चे भी अपने-अपने लोटे में रस भरवाकर ले जाते थे।

शोक! उस कोल्हू की जगह अब रस पेरने की मशीन ने ले ली थी और उसके सामने ही एक तंबोली व सिगरेटवाले का खोखा भी बन गया था।

खोखे पर एक साँवला, लंबे कद का, खिचड़ी बालोंवाला एक युवक बैठा था। उसे देखकर रविंद्र अचानक ही चौंक गया। आश्चर्य व दुःख के कारण उसका बैग हाथों से छूट गया। वह युवक बालमुकुंद था, उसके बचपन का दोस्त। उसे तंबाकू बेचते देख रविंद्र के नेत्र डबडबा गए। रविंद्र ने बालमुकुंद को ऐसी स्थिति में देखने की कभी कल्पना भी न की थी। बालमुकुंद पढ़ाई में औसत दर्जे का विद्यार्थी था, किंतु पता नहीं किन परिस्थितियों के चलते उसे एक छोटी सी पान की दुकान चलानी पड़ रही थी। बालमुकुंद को देखकर रविंद्र के हृदय की पीड़ा उसकी आँखों से साफ झलक रही थी।

'पान लगाऊँ, बाबूजी?' रविंद्र को न पहचानाते हुए पूछा बल्लू ने।

रविंद्र का पहलवानों जैसा बलिष्ठ शरीर, तेजस्वी चेहरा, अनुशासित जीवन से कमाया गया ओज उसे एक प्रभावशाली चितवन देता था।

बल्लू तो दुबले-पतले, बीमार रहनेवाले रविंद्र को ही पहचानता था।

'नए आए मालूम होते हो, किसके यहाँ जाना है, बाबूजी?' बल्लू ने पूछा।

रुँधे हुए गले से रविंद्र ने उत्तर तो देना चाहा, किंतु केवल इतना ही कह सका, 'बल्लू, मेरे दोस्त, कैसे हो?'

गाँव में कोई भी उसे बल्लू न पुकारता था।

बचपन के नाम को इस शहरी बाबू के मुँह से सुनकर अचरज में पड़ गया बालमुकुंद। प्रश्नवाचक दृष्टि से रविंद्र को पहचानने की चेष्टा करता हुआ बल्लू विस्मय से रविंद्र को टकटकी लगाकर देख रहा था। तभी हर्ष-मिश्रित आश्चर्य से बालमुकुंद की आँखें गोल हुईं और मुँह खुला रह गया। अपने प्यारे बालसखा को अचानक अपने सामने खड़ा पाकर बालमुकुंद एकदम चीख पड़ा, 'अरे! रविंदर!'

खोखे से लगभग कूद ही तो गया था वह।

आस-पास खड़े लोग उसके इस अप्रत्याशित व्यवहार से डर से गए थे।

'मेरा रविंदर, मेरा रविंदर, मेरा दोस्त आ गया, मेरा भाई आ गया!' पागलों की तरह झूमता-नाचता, मानो नशे में हो।

वास्तव में वह नशे में ही तो था—प्रेम के नशे में!

दोनों दोस्त वर्षों बाद जो मिले थे। भावुक होना स्वाभाविक था।

एक-दूसरे से लिपट गए व आँखें मींचकर अनेक वर्ष पूर्व के बचपन की यादें

ताजा करने लगे। न रविंद्र कुछ बोलता, न बल्लू। दोनों मौन, बस दोनों के हृदय व आँखें सामान्य गति से अधिक कार्य कर रहे थे।

हृदय धड़के जा रहा था।

आँखें बरसे जा रही थीं।

रविंद्र के राँची जाने के बाद बल्लू की पढ़ाई उसके पिता के असमय किसी महामारी के कारण निधन हो जाने के कारण बीच में ही रुक गई थी। गाँव में इलाज की उचित सुविधा न होने के कारण से उन्हें बचाया न जा सका।

सभी मित्र किसी-न-किसी अच्छी जगह व्यवस्थित थे। गुड्डू भैया तो डॉक्टर हो ही गए थे।

बालमुकुंद के पिता के देहांत ने उसके साहस को जमीन में मिला दिया था। उसका विवाह भी हो गया था।

रोजी-रोटी अब पान की दुकान से ही चलती थी।

रविंद्र पान-सिगरेट का सेवन नहीं करता था, किंतु उसने बल्लू से सिगरेट की दो डिब्बियाँ खरीदीं व जबरन उसका मूल्य चुकाया। बचपन से ही स्वाभिमानी बालमुकुंद की सहायता करने का उसे उस समय केवल यही एक उपाय सूझा था।

बल्लू रविंद्र की चाल समझ गया था, आखिर बचपन का दोस्त जो था और भाव-विह्वल सा अपने सबसे सीधे, सरल, दुबले, किंतु समझदार मित्र को देखे जा रहा था।

दोनों ने घंटों बैठकर बातें कीं व सभी मित्रों के बारे में विस्तार से चर्चा हुई।

नाना-नानी मामाजी के साथ पटना में ही रह रहे थे। रविंद्र उनसे मिलकर ही घर की चाबी लेकर गाँव आया था। घर पर नारायण काका थे। रविंद्र के आने की खबर उन्हें पहले ही मिल गई थी, लिहाजा उसके लिए खाने-पीने की व्यवस्था कर दी गई थी। खाने के बाद दो घंटे विश्राम करने के बाद शाम पाँच बजे रविंद्र गाँव के भ्रमण पर निकला। उसे लग ही नहीं रहा था कि यह उसी का गाँव है। पक्की सड़कें, पक्के मकान, बिजली के खंभे आदि ने गाँव की सूरत ही बदल दी थी। उसे लगता क्या यही उसका गाँव है ?

चलते-चलते रविंद्र आम के बाग में गया। कुछ देर वृक्षों को निहारता रहा, मानो उनसे कुछ कह-सुन रहा हो, फिर धीरे कदमों से आगे बढ़ता गया।

थोड़ी ही देर बाद वह बाग के उस पार था। यह बूढ़ी गंडक नदी का किनारा था।

नदी अपने तीव्र वेग से बह रही थी व आगे बढ़ने का संदेश दे रही थी।

उसकी लहरें रविंद्र को चिरपरिचित लगीं और उसे गुड्डू भैया के डूबने की वह घटना किसी चलचित्र की भाँति उसकी आँखों के सामने चलने लगी।

रविंद्र ने अपनी पतलून व कमीज उतारकर फेंक दी और बूढ़ी गंडक नदी की गोद में जा गिरा, जैसे कोई भोला-भाला बालक दिन भर निर्दयी लोगों के साथ रहने के बाद संध्या समय अपनी प्यारी माता की गोद में दौड़ा चला आता है व उसकी छाती से लिपट जाता है। हाँ, अब वह अपने गाँव में है, यही उसका प्रिय गाँव है। इसी गाँव के दर्शन की उत्कट इच्छा ही उसे यहाँ खींच लाई थी।

रविंद्र जितने दिन गाँव में रहा, नित्य ही प्रात: एवं सायंकाल नदी में स्नान करने जाता। कदाचित् नदी के जल का सुखद स्पर्श उसे बचपन के मित्रों की याद दिला देता था, जो पता नहीं अब कहाँ होंगे?

नारायण बड़े सम्मान व प्यार से रविंद्र को भोजन कराता। नारायण के भोजन परोसने में सम्मान अधिक था, किंतु अब वह लाड़-दुलार नहीं था। नारायण ने उसे 'बबुआ' न कहकर जब 'साहब' कहकर संबोधित किया तो रविंद्र का मानो हृदय ही फट गया। रविंद्र ने दु:खी मन से कहा, 'ये क्या कह रहे हो, मामू? मुझे साहब न कहो। मैं तो तुम्हारा वही पुराना रविंदर ही हूँ। मुझे बऊआ ही पुकारो।'

नारायण को मानो अचानक अपनी भूल का अहसास हुआ। वह रविंद्र को उसी पुराने संबोधन से ही पुकारना चाहता था, लेकिन अब रविंद्र बड़ा हो गया था। एक बड़ा अधिकारी भी बन गया था। खूब धन कमा लिया था उसने। उसे इतना बड़ा आदमी जानकर नारायण की हिम्मत नहीं हो रही थी कि वह उसे नाम से पुकारे। क्या पता नाम लेने से वह नाराज ही न हो जाए। वह इतना जोखिम नहीं उठा सकता था। किंतु रविंद्र के द्वारा जब उसे 'साहब' कहे जाने से मना किया गया तो नारायण को रविंद्र में वही पुराना नन्हा बालक नजर आने लगा, जिसे वह अपने कंधों पर बैठाकर गाँव की कच्ची सड़कों पर दौड़ता फिरता था। उसके हृदय में छिपा वात्सल्य अचानक प्रकट हो गया। गमछे से अपनी गीली आँखों को पोंछता हुआ वह मन-ही-मन रविंद्र को हजारों आशीष देने लगा। नारायण व अन्य गाँववाले भी रविंद्र की सरलता के मुरीद हो गए थे। जब वह गाँव में आया था तो लोग उसकी दौलत का सम्मान कर रहे थे, लेकिन अब वे रविंद्र के प्रशंसक हो गए थे। दौलत से आदमी को जो सम्मान मिलता है, वह उसका नहीं, उसकी दौलत का होता है। और रविंद्र को मिलनेवाला सम्मान केवल उसी का सम्मान था।

(43)

शुभ समय जल्दी बीत जाता है। यह एक महीना कैसे बीत गया, रविंद्र को पता ही न चला। अब उसे वापस जहाज पर जाना था। इस एक महीने की छुट्टी में रविंद्र ने एक साल की खुशियाँ बटोर ली थीं। वह अधिक-से-अधिक लोगों से मिला था। घर पर तो वह केवल सोने के लिए ही आता था, बाकी सारा समय लोगों से बात करने, पुराने दोस्तों से मिलने, उनके परिवारवालों के पास बैठने एवं बचपन की यादें ताजा करने में ही बीत जाता था। जहाज पर तैनात सभी कर्मचारी इसी प्रकार जीवन का आनंद उठाना चाहते थे। परिवार से पूरी तरह ही कट जाना शिपिंग की नौकरी का सबसे बड़ा साइड-इफेक्ट था, जो बड़ा दुःखदायी होता था।

रविंद्र सकारात्मक विचारों से भरा एक मेहनती अफसर तो था, किंतु वह कभी-कभी सोचता कि जब उसका भी परिवार होगा तो उसे भी यही वियोग, यही तड़प झेलनी होगी। इसके साथ ही उसे बार-बार अपने बचपन में सँजोए हुए सपनों की याद आती। वह एक ऐसा मुकाम हासिल करना चाहता था, जहाँ से वह गरीबों की मदद कर सके, उनका दर्द कुछ कम कर सके। अकसर ही उसे अपने मामा के रुतबे का ध्यान हो आता। उनके व्यक्तित्व व रुतबे ने रविंद्र को हमेशा ही प्रभावित किया था। मामा एक प्रकार से रविंद्र के हीरो थे। जब भी वे गाँव आते तो उनको वरदी में देखकर रविंद्र फूला न समाता। रौबदार चेहरा, कंधों पर लगे हुए चमचमाते सितारे, सिर पर लगी शानदार कैप मामा को एक योद्धा का रूप देती थी। जब उनकी गाड़ी रुकती तो एक सिपाही लगभग चलती गाड़ी से उतरकर दरवाजा खोलता, सभी सिपाही एड़ियों को जमीन पर कसकर पटककर सैल्यूट मारते। गाँव के लोग मंत्रमुग्ध से अपने-अपने घरों के दरवाजे पर खड़े होकर मामा को ऐसे देखते, जैसे कोई देवता धरती पर उतर रहा हो। उन्हें देखकर रविंद्र बहुत प्रभावित होता और मामा में अपनी तसवीर को देखता। तब उसे ऐसा महसूस होता कि यह रुतबा, प्रभाव व सम्मान सब उसे ही हासिल हो गया है। रविंद्र बड़ा होकर ऐसा ही रुतबा पाने की कल्पना करता व मामा से पूछता

'मामाजी, क्या आप ही सबसे बड़े अफसर हैं पूरे शहर में? आपसे बड़ा कोई नहीं है क्या?'

बालक के इस भोले प्रश्न पर मामा मुसकुराते और कहते, 'नहीं बऊआ, मुझसे भी बड़े-बड़े कई अफसर हैं।'

तब रविंद्र कौतूहल से पूछता, 'तो क्या उनको भी ऐसा ही सम्मान मिलता होगा, जितना आपको? क्या उन्हें भी पुलिस के सिपाही व दरोगा सैल्यूट मारते हैं?'

पहले की तरह ही मुसकुराते हुए मामा ने बालक की जिज्ञासा को शांत करने की मंशा से कहा, 'बेटा, उन्हें तो मैं भी सैल्यूट मारता हूँ।'

यह सुनकर रविंद्र कुछ सोचने लगा। अभी तक वह यह सोचता था कि उसके मामा ही सबसे बड़े अफसर हैं, लेकिन उनसे भी बड़े अफसरों के बारे में सुनकर रविंद्र मन-ही-मन उनके रुतबे की कल्पना करने लगा कि जब मामा का इतना सम्मान व रुतबा है तो उनसे बड़े अफसरों का तो कहना ही क्या!

कुछ सोचते-सोचते रविंद्र अचानक बोल पड़ा, 'मामा, मुझे भी ऐसा अफसर बनना है।'

बालकों की कल्पनाएँ व लक्ष्य समय के साथ-साथ बदलते रहते हैं। वे एक पल तो पहलवान बनना चाहते हैं तो कभी किसी फिल्म को देखकर उनका मन एक वकील, योद्धा या डॉक्टर बनने का होने लगता है। लेकिन रविंद्र का संकल्प अन्य बालकों से अलग था। वह अटल था।

मामा ने जब रविंद्र के अफसर बनने की निर्मल लालसा को सुना तो उसके माथे को चूमते हुए बोले, 'बऊआ, तू तो मुझसे भी बड़ा अफसर बनेगा। मुझसे क्या, सबसे बड़ा अफसर बनेगा। सारे अफसर तुझे सैल्यूट मारेंगे, देखना।' कहते हुए मामा ने जेब से दस रुपए का नोट निकालकर रविंद्र को देते हुए कहा, 'ले बऊआ, मिठाई ले आ और सभी बच्चों में बाँट दे और खुद भी खाना।'

बच्चे का मन रखने के लिए मामा ने यूँ ही उसे एक बड़ा अफसर बनने का आशीर्वाद दे तो दिया था, किंतु शायद उस समय उन्हें भी न पता था कि उनके द्वारा लाड़ में बोले गए ये वचन एक दिन सत्य सिद्ध होंगे और उनका सबसे प्यारा भांजा इस देश की सर्वोच्च सेवा में जाएगा व देश के चुनिंदा अफसरों में शुमार होगा।

नियति को कोई भी नहीं जानता, वह तो ठीक समय आने पर अपने अतरंगी पन्नों को पलटती है।

जहाज के डैक पर शाम के समय बैठा रविंद्र अतीत की इन सुखद यादों को बंद आँखों से दोहरा रहा था। उसने जहाज पर नौकरी पाकर बहुत सारा धन तो कमा लिया था, अपनी व परिवार की सभी जरूरतों को पूरा कर लिया था, वैभव व ऐश्वर्य जुटा लिये थे, कर्जे चुका दिए थे, माँ के गिरवी जेवर छुड़ा लिये थे,

बेची गई जमीन को वापस ले लिया था, किंतु वह अपनी आत्मा के गहरे गड्ढे को नहीं भर पाया था, जो तभी भरेगा, जब वह अपने सपनों को साकार करेगा व एक ऐसे पद पर पहुँचेगा, जिसमें शक्ति हो, रुतबा हो, गरीबों व असहायों की मदद करने की क्षमता हो। वह ग्रामीणों व गरीब किसानों के लिए कुछ करना चाहता था। उसने अपने पिता व माता को जीवन भर कष्ट उठाते देखा था। वह ऐसी नौकरी पाना चाहता था, जिसमें वह अपने पिता ही नहीं, बल्कि उन सभी किसानों व मजदूरों के लिए कुछ सकारात्मक कर सके, जो तकलीफों व कष्टों में रहकर अथक मेहनत करते हैं। वह गाँव में रहनेवाले उन गरीब बच्चों के लिए कुछ करना चाहता था, जो धन व अन्य संसाधनों के अभाव में पढ़ाई से वंचित रह जाते हैं। वह समाज में फैली अनेक कुरीतियों को दूर कर समाज को दर्पण की तरह स्वच्छ बनाना चाहता था। जहाज की नौकरी ने उसे धन-संपदा तो दे दी, विश्व की सैर करने के स्वर्णिम अवसर तो प्रदान कर दिए थे, किंतु उसके मन की लालसा को, उसके सपनों को पूरा नहीं कर पाई थी।

यह सब सोचकर रविंद्र कभी-कभी बेचैन हो जाता। स्वयं को स्वर्ण पिंजरे में कैद एक ऐसे परिंदे की तरह महसूस करता, जिसके पास विभिन्न भोज्य पदार्थ तो हैं, किंतु वह अपना प्रिय फल नहीं खा सकता। सुविधाओं ने इच्छाओं को ढक लिया था। धन-संपदा के बोझ तले उसकी इच्छाएँ कराह रही थीं और यह पीड़ा उसकी नाड़ियों से होती हुई उसके हृदय को भी झकझोर देती थी। वह अपने तड़पते हुए सपनों को राहत देना चाहता था, इच्छाएँ पूरी करना चाहता था। उसे पता था कि किसी भी नौकरी में इतना धन और ऐश्वर्य नहीं है, जितना शिपिंग की नौकरी में उसे मिल रहा है। किंतु उसके आगे बढ़ने के दृढ़ संकल्प व समाज की सेवा करने की लालसा ने शिपिंग की नौकरी के इंद्रजाल को भेदना प्रारंभ कर दिया था। अब पिंजरे में कैद पंछी स्वादिष्ट व सरस भोज्य पदार्थों का मोह त्यागकर अनंत व अनिश्चित अंबर में मुक्त उड़ान भरना चाहता था। धन-वैभव का मोह त्यागकर स्वयं को समाज की सेवा के लायक बनाने की योजना रविंद्र के मन में आकार लेने लगी। बहुत पहले उसके द्वारा देखा गया यू.पी.एस.सी. का सपना फिर से जीवंत हो उठा। यू.पी.एस.सी. की कठिन मानी जानेवाली परीक्षा की तैयारी करने का उसने मन-ही-मन संकल्प कर लिया।

यद्यपि उसे पता था कि इस परीक्षा की तैयारी करना उसके लिए अन्य प्रतियोगियों की अपेक्षा कठिन होगा। उसे पढ़ाई छोड़े हुए लगभग 8 वर्ष बीत चुके

थे। पुनः विद्यार्थी जीवन जीना उसके लिए आसान न होगा, लेकिन अपने मामा का रुतबा तथा एक आई.ए.एस. अधिकारी का वैभव उसे हमेशा ही अपनी ओर आकर्षित करता था। वह अकसर स्वयं को एक जिलाधिकारी के रूप में देखता और अपनी कल्पनाओं में उस पद की गरिमा व आकर्षण का अनुभव करता था। हमेशा से चुनौतियों का सामना करने का अभ्यस्त रविंद्र अब एक कठिन व नवीन चुनौती के लिए तैयार हो रहा था। उसकी इस कठिन यात्रा की प्रारंभिक सीढ़ी दिल्ली के मुखर्जी नगर से प्रारंभ होती थी। यही तो वह स्थान था, जिसे सिविल सर्वेंट्स की जननी के रूप में जाना जाता है।

एक नया कीर्तिमान बनाने के लिए रविंद्र अनंत सागर की विशाल गोद को त्यागकर एक भीड़ व शोरगुल से भरे, पसीना बहाते व संघर्ष करते हुए शहर की ओर चल पड़ा।

उसके साथ था तो केवल उसका दृढ़ संकल्प, सकारात्मक सोच और अपने सपनों को साकार करने का हौसला, और यही हौसला उसके सपनों का सारथी था, जो उसके स्वप्न-रथ को ऊँचाइयों तक लिये जा रहा था।

क्रमशः...

□□□